第三届中国考古学大会
（2021·三门峡）会志（上册）

中国考古学会
中国社会科学院考古研究所
河南省文物局　　　　　编著
河南省文物考古研究院
三门峡市人民政府

科学出版社
北　京

内 容 简 介

本书是对 2021 年在三门峡召开的"仰韶文化发现暨中国现代考古学诞生 100 周年纪念大会"、第三届中国考古学大会的全面记录与总结。大会由中国考古学会、中国社会科学院考古研究所、河南省文物局、三门峡市人民政府联合主办，河南省文物考古学会、河南省文物考古研究院、中共三门峡市委宣传部、三门峡市文化广电和旅游局承办，陕西省考古研究院、山西省考古研究院协办。会志延续以往的结构框架及设计风格，设置有简介、开幕式致辞、主题学术报告、中国考古学会各专业委员会分组研讨、配套活动、公共考古讲座、学术考察及闭幕式讲话等内容。会志的出版既是会议工作的总结，又是中国考古学国际影响力的体现，彰显了中国考古学的整体实力与学术水平。

本书适合于从事考古学、历史学等方面的专家、学者以及高等院校相关专业师生参考、阅读。

图书在版编目（CIP）数据

第三届考古学大会（2021·三门峡）会志：全二册 / 中国考古学会等编著. —北京：科学出版社，2023.10
　ISBN 978-7-03-076663-2

　Ⅰ. ①第⋯　Ⅱ. ①中⋯　Ⅲ. ①考古学—会议资料—汇编—中国—2021　Ⅳ. ① K87

　中国国家版本馆 CIP 数据核字（2023）第 187189 号

责任编辑：雷　英／责任校对：邹慧卿
责任印制：肖　兴／封面设计：金舵手世纪

科学出版社 出版
北京东黄城根北街 16 号
邮政编码：100717
http://www.sciencep.com
北京汇瑞嘉合文化发展有限公司 印刷
科学出版社发行　各地新华书店经销
*
2023 年 10 月第 一 版　开本：787×1092　1/16
2023 年 10 月第一次印刷　印张：35 3/4
字数：847 000
定价：560.00 元（全二册）
（如有印装质量问题，我社负责调换）

目录

主题学术报告／57

中国考古学会各专业委员会分组研讨／95

配套活动／315

公共考古讲座／331

简　介

仰韶文化发现暨中国现代考古学
诞生100周年纪念大会

中国·河南·三门峡
2021.10.17

大 会 简 介

　　中国考古学大会是中国考古学界规模最大、范围最广、规格最高的国际性高端学术会议，由中国考古学会主办。大会旨在全面展示中国考古学的发展现状和成果，促进考古学对外开放和国际学术交流，推动中国考古学的全面发展。

　　2021年恰逢仰韶文化发现100周年，也是中国现代考古学诞生100周年。为深入贯彻落实习近平总书记"9·28"重要讲话精神，建设中国特色、中国风格、中国气派的考古学，全面展示中国考古学百年来的发展现状和成果，加强考古成果和历史研究成果的传播，促进考古学对外开放和国际学术交流，推动中国考古学的全面发展，于2021年10月17日在河南省三门峡市召开仰韶文化发现暨中国现代考古学诞生100周年纪念大会，并于10月18～20日举办第三届中国考古学大会（2021·三门峡），两次大会相互衔接，共同将纪念中国考古学百年系列活动推向高潮。

　　第三届中国考古学大会（2021·三门峡）受国家社会科学基金资助，在国家文物局、中国社会科学院、河南省人民政府的支持与指导下，由中国考古学会、中国社会科学院考古研究所、河南省文物局、三门峡市人民政府联合主办，河南省文物考古学会、河南省文物考古研究院、中共三门峡市委宣传部、三门峡市文化广电和旅游局承办，陕西省考古研究院、山西省考古研究院协办。本届大会认真学习贯彻《习近平致仰韶文化发现和中国现代考古学诞生100周年的贺信》^①，围绕"建设中国特色、中国风格、中国气派的考古学"主题，聚焦新时代新使命，谋划考古学新发展。来自国内外及中国港澳地区的700余位专家学者通过现场或线上的方式参会。另外，来自30个国家和地区的60位外国考古专家通过贺信和录制视频的方式向本届大会的召开和中国现代考古学百年诞辰致贺词。

本届大会采用线上线下相结合的方式，依照中国考古学会各专业委员会划分设立23个分会场，参会专家学者围绕最新考古发现、前沿研究成果、考古学理论与方法、考古学科教学等方面展开了深入研讨，共进行了416场报告，充分展示了中国考古学各领域的研究动态。

本届大会邀请了包括人民日报、新华社、中央广播电视总台、光明日报、人民政协报、中国新闻社、中国文物报、中国考古网等30余家国内主流媒体和行业媒体，对大会进行了全方位的报道宣传。大会开幕当晚，中央广播电视总台新闻联播对大会开幕式进行了报道，引起了强烈的社会反响，有力提高了社会公众对于中国考古学的关注度。本届大会首次采用分组讨论线上同步直播的方式，极大地扩展了中国考古学成果宣传的力度和广度。

① 《习近平致仰韶文化发现和中国现代考古学诞生100周年的贺信》，
https://www.gov.cn/xinwen/2021-10/17/content_5643148.htm.

　　大会期间，中国考古学会联合中共三门峡市委宣传部和三门峡市文化广电和旅游局，面向当地干部群众和中、小学生组织了22场公共考古讲座，邀请考古学界各学科领域知名专家讲授考古知识，教育引导广大干部群众特别是青少年认识中华文明起源和发展的历史脉络，认识中华文明取得的灿烂成就，认识中华文明对人类文明的重大贡献，不断增强民族凝聚力、民族自豪感。系列讲座惠及三门峡市内十余家社会单位近千名现场听众。

组 织 机 构

　　中国考古学会是由从事考古工作的事业单位、科研院所、社会团体及个人自愿结成的全国性、学术性、非营利性社会组织，成立于1979年，会址设在北京。学会宗旨是团结全国考古工作者，在马克思主义理论的指导下，遵循实事求是的优良学风，提高考古学研究的科学水平，为推动我国考古事业的健康发展而积极努力。截至2021年10月，学会共下设旧石器考古、新石器考古、夏商考古、两周考古、秦汉考古、三国至隋唐考古、宋辽金元明清考古、文化遗产保护、动物考古、植物考古、人类骨骼考古、新兴技术考古、公共考古、丝绸之路考古、环境考古、古代城市考古、水下考古、建筑考古、考古教育、宗教考古、边疆考古、考古年代学、数字考古共23个专业委员会。现有包括省、市级考古文物机构、大学考古文博学院（系）和地方考古学会等在内的团体会员130家，个人会员近3000名。

　　中国社会科学院考古研究所成立于1950年，是中国科学院建院伊始组建的首批研究所之一，1977年改属中国社会科学院。中国社会科学院考古研究所是目前我国学科门类最全、研究领域最广、专业人员最多、学术成果最丰硕的国内一流、国际著名的国家级考古研究机构。建所以来，在全国31个省、自治区、直辖市及香港、澳门特别行政区的200多个市县开展了近400项田野工作，长期在我国的重要古代都城、陵墓及其他各类遗址进行发掘。现有史前考古研究室、夏商周考古研究室、汉唐考古研究室、边疆民族与宗教考古研究室、世界考古研究室、石窟寺考古研究室、考古科技与实验研究中心、文化遗产保护研究中心、考古编辑室、考古学理论研究室、人类起源与演化研究中心、考古大数据资料中心，另有西安研究室、洛阳工作站和安阳工作站三个派出机构。中国社会科学院考古研究所主办有誉满学界的中文期刊《考古学报》《考古》《考古学集刊》和我国目前唯一的英文期刊 *Chinese Archaeology*。

河南省文物考古研究院成立于1952年，是全国最早的文物考古研究院所之一，承担着河南省地下文物的调查、发掘、保护和科学研究等任务。全院设有史前时代考古研究室、夏商周考古研究室、汉唐宋考古研究室、科技考古研究室、技术室、文物科技保护中心、资料信息中心、公共考古与文化遗产保护中心、《华夏考古》编辑部等13个科室，还设有郑州工作站、新郑工作站、郑州西山工作站、登封工作站等长期工作站点。2009年以来，初步建成全国唯一的"动物考古标本数据库"科研平台，城市考古与保护国家文物局重点科研基地，设有省级文物科技保护中心1个，省级国际联合研究中心1个，省级科研基地3个。

三门峡市简介

　　三门峡市位于黄河中游、河南省西部，是1957年随着万里黄河第一坝——三门峡水利枢纽工程的建设而崛起的一座新兴城市，现辖2区、2市、2县，1个省级经济开发区、1个城乡一体化示范区、1个现代服务业开发区，面积10496平方千米，先后荣获"中国优秀旅游城市""国家园林城市""国家森林城市""中国十佳魅力城市""中国摄影艺术之乡"等称号，被誉为黄河明珠、文化圣地、天鹅之城。

　　相传大禹治水，将高山劈成"人门""鬼门""神门"三道峡谷，引滔滔黄河东流而去，三门峡由此得名。这里是黄河文化重要的发祥地、发展地和承载地，是仰韶文化、老子文化、虢国文化的发源地，也是华夏人文始祖黄帝的铸鼎地、老子《道德经》的著就地、佛教禅宗始祖菩提达摩的圆寂地、中华民族不朽精神象征——中流砥柱的所在地。境内有世界文化遗产1处、全国重点文物保护单位12处、省级文物保护单位64处、馆藏文物7万余件、4A级旅游景区16家。这里还是世界数量最集中、距离城区最近的白天鹅栖息地和观赏区，每年10月底到来年3月初，成千上万只白天鹅在这里栖息越冬，形成人与自然和谐相处的生态画卷，三门峡也因此被誉为"中国大天鹅之乡"。

仰韶文化发现暨中国现代考古学
诞生100周年纪念大会

2021年恰逢仰韶文化发现100周年，也是中国现代考古学诞生100周年。1921年10月河南省渑池县仰韶遗址的发掘，揭开了中国现代考古学的序幕。

2021年10月17日上午，仰韶文化发现暨中国现代考古学诞生100周年纪念大会在河南省三门峡市召开。纪念大会由中国社会科学院、国家文物局、河南省人民政府联合主办。中国考古学会、中国社会科学院考古研究所、中共河南省委宣传部、河南省文化和旅游厅、河南省文物局、中共三门峡市委、三门峡市人民政府承办。

大会宣读了中共中央总书记、国家主席、中央军委主席习近平贺信。习近平总书记代表党中央向全国考古工作者致以热烈的祝贺和诚挚的问候，充分肯定100年来我国考古工作取得的重大成就、发挥的重要作用，对努力建设中国特色、中国风格、中国气派的考古学提出明确要求①。

---

① 《习近平致仰韶文化发现和中国现代考古学诞生100周年的贺信》，https://www.gov.cn/xinwen/2021-10/17/content_5643148.htm.

中国社会科学院考古研究所所长
陈星灿研究员发言

　　1921年10月27日，时任中国政府矿政顾问、农商部地质调查所研究人员的瑞典地质学家安特生和年轻的中国地质学家袁复礼先生，一起在中国中央政府和河南渑池县地方政府的大力支持下，对河南省渑池县仰韶村遗址进行了科学的考古发掘，发现了以磨制石器和彩陶为特征的史前文化，并将这命名为仰韶文化。

　　仰韶文化是中国现代考古学史上命名的第一个考古学文化，也是中国第一个为科学认知的新石器时代文化，它的发现推翻了中国无石器时代文化的结论。仰韶村的发掘标志着中国新石器时代考古学的开始，也标志着中国现代考古的诞生，影响深远、意义重大。今天我们在这里开会，隆重纪念仰韶文化发现暨中国现代考古学诞生100周年，也是具有重要意义的。

　　仰韶文化是距今7000～5000年前后，以黄河中原为中心发展起来的一种新石器时代文化，也是全国规模最大、影响最为深远的一种核心文化。仰韶文化是早期中国文化圈最亮丽的一道风景线，为中华文明的形成奠定了重要的物质基础。仰韶文化的发现和研究历程，也从侧面反映出中国现代考古学探本求源、揭示中华文明发展脉络和辉煌成就的百年历程。

经过我们几代考古学家的接续努力奋斗，中国考古工作在百年间取得了一系列重要发现和重大研究成果。比如第一，中国和东亚人类是本土连续演化的。我国已经发现距今200万年以来的直立人、早期智人、晚期智人化石地点70余处，旧石器时代文化遗址近2000处，这些发现从人类活动、人类化石、古DNA三个方面的证据，表明中国旧石器时代文化自成体系、连续独立地发展，人类的演化链条基本前后相继，为中国和东亚人类本土演化的连续进化、古代杂交的理论提供了坚实的考古学基础。

第二，中国是世界粟作和稻作农业的起源地。北京东胡林人遗址出土了世界上最早的粟，内蒙古敖汉兴隆沟遗址发现了世界上最早的黍，浙江浦江上山、湖南道县玉蟾岩遗址发现了距今万年的水稻遗存，湖南澧县彭头山、浙江萧山跨湖桥、浙江嵊州小黄山、河南舞阳贾湖等遗址出土的植物遗存，表明距今8000年前后，中国已经初步形成了南稻北粟的农业经济格局，为中华5000多年文明的诞生奠定了坚实基础。

第三，中华文明具有5000多年绵延不绝的历史。距今5300年前后，以良渚文化为代表的长江流域，以仰韶文化为代表的黄河流域和以红山文化为代表的西辽河流域社会快速发展，启动了文明化进程。各地区密切互动，形成被称为中国相互作用圈的文化共同体，中华文明由此形成。距今4300年前后，长江和西辽河流域的古国逐步衰落，而黄河中游地区开始崛起，山西陶寺、陕西石峁等遗址出现了超大型城址。在各地区文明的竞相发展和激烈碰撞中，中原土地最终崛起，中华文明的发展步入新阶段。

第四，夏商周三代创立大一统的王朝文明。在探索夏商周王朝的过程中，考古学发挥了决定性作用。河南偃师二里头遗址发现10万平方米的工程，是迄今为止可确认的、中国最早的王朝都城遗址，有可能是夏王朝晚期都邑。河南安阳殷墟出土的甲骨文考古遗存和文献记载相互印证，使商代历史成为现实。洹北商城的发现则可能是商王盘庚迁殷以前的另一个都城。以湖北黄陂盘龙城、四川广汉三星堆为代表的发现，则结束了以夏王朝为中心的中原与周边地区的政治文化关系，深刻证明了自古以来中国文化的多元一体。西周是王朝文明重要的发展阶段，陕西扶风和岐山一带的中原遗址，发现有贵族居住区、墓葬区、社稷建筑、作坊、窖穴和水利设施等，而周代的考古发现，以湖北随州曾国贵族墓地最具代表性，实证不见于文献记载的曾国历史。

第五，秦汉开启统一的多民族国家的历史进程。秦汉及以后的宏大的历史进程，则体现在制度建设、对边疆地区的有效管辖、与周边国家的和平交往等方面。都城的规划与建设体现在中央王朝的政治制度，西汉长安城、曹魏邺城、北魏洛阳城、隋大兴城、唐长安城，中国古代都城规划一直在承继和创新地发展。到元明清北京城，中轴对称的宫城、皇城、郭城的格局始终未变。帝王陵寝则构成了历代政治制度的重要部分，从秦始皇陵、西汉景帝阳陵、江西海昏侯墓到北魏洛阳景陵、唐关中十八陵陵园，再到辽祖陵等，都体现了秦汉以后帝王陵寝制度一脉相承。

统一的多民族国家的巩固和发展，既有内在逻辑，也需要强有力的维护。丝绸之路作为商贸和文化交流的通道，历代中央王朝都尽力维护其畅通与安全。目前已经找到的汉代疏勒城、唐代北庭都护府遗址，以及新疆尉犁克亚克库都克烽燧遗址出土的简牍文书，以及大量文物、军事设施，是统一的多民族国家的历史见证。自秦汉以来统一的多民族国家意识，体现在国家制度上，也深深渗入中华民族的文化之中，维护多民族国家的统一、完整成为每个时代的潮流。总之，100年的考古学实践不仅完全重建了中国史前史，也极大地丰富和完善了有文献以来的历史时代的中国历史。

中国考古学辉煌的100年即将过去，经过100年发展，中国考古学迎来了黄金时代。我们要认真贯彻落实习近平总书记"9·28"重要讲话精神，按照总书记关于做好考古和历史研究工作的要求，认真学习、系统思考考古学的成就及其对国家发展的重大社会政治意义。加强考古学科建设，从当代中国的伟大变革中发现新视角、构建新理论，深入开展多学科融合发展，引导打破学科壁垒，使考古学研究发挥更大的价值和作用。加强文明交流互鉴与比较研究，有序开展赴外考古发掘和研究，促进我国由考古大国向考古强国转变。进一步发挥考古学在增强文化自信、传承中华文明方面的突破作用；进一步增强中国考古学的国际影响力，加快构建学科体系、学术体系、话语体系，努力建设有中国特色、中国风格、中国气派的考古学，使下一个百年的中国考古学研究更上一层楼，取得更加辉煌的成绩！

谢谢大家！

时任中国社会科学院院长、党组书记
谢伏瞻同志讲话

尊敬的楼书记、胡部长、王省长，
尊敬的各位专家学者，同志们、朋友们：

大家上午好！

今天，我们在这里举办仰韶文化发现暨中国现代考古学诞生100周年纪念大会。这是中国考古学界的一次盛会，我谨代表中国社会科学院向广大考古工作者表示热烈祝贺，向与会嘉宾和专家学者表示诚挚欢迎。

会前，严文明等7位专家给习近平总书记联名致信，受中办委托，我代为转达习近平总书记对严文明、李伯谦、徐光冀、樊锦诗、王巍、赵辉、陈星灿同志的亲切问候。总书记高度重视考古事业，专程发来贺信。刚才胡部长宣读了习近平总书记的贺信。贺信立意高远、思想深邃、内容丰富、语重心长，充分体现了总书记对考古工作的高度重视，对广大考古工作者的殷切期望和重托。我们深感荣幸、倍感振奋，我们要认真学习领会，抓好贯彻落实。

党的十八大以来，习近平总书记高度重视历史科学和考古工作，做出一系列重要论述。总书记强调，"考古工作是一项重要文化事业，也是一项具有重大社会政治意义的工作"，"认识历史离不开考古"，"要高度重视考古工作，努力建设中国特色、中国风格、中国气派的考古学，更好认识源远流长、博大精深的中华文明，为弘扬中华优秀传统文化，增强文化自信提供坚强支撑"，"各级党委和政府要牢固树立保护历史文化遗产责任重大的观念，关心爱护考古工作者，积极提供人力、物力、财力等方面的支持，为考古事业、文物保护、历史研究创造良好条件"①。总书记的重要论述和贺信精神一以贯之，是指导我国哲学社会科学发展的纲领性文件，为新时代做好考古工作指明了前进方向，提供了根本遵循。广大考古工作者要积极响应总书记的号召，自觉肩负起党中央赋予的崇高使命，不断开创考古工作繁荣发展的新局面。

2021年是伟大的中国共产党成立100周年，中国现代考古学也走过了波澜壮阔的百年历程。1921年仰韶遗址的发掘，揭开了中国现代考古学的序幕，开辟了利用地下出土资料研究中国古代历史的新道路。新中国成立后，考古学迎来新的发展机遇，出现了夏鼐、裴文中等享誉世界的考古学家。改革开放后，考古学进入快速发展期，学术事业不断拓展，对外交流日益密切。

党的十八大以来，中国考古学界与世界各国，尤其是丝绸之路沿线国家的交流更加深入，国际学术话语权不断增强，中国由考古大国向考古强国迈进。100年来，几代考古人筚路蓝缕、不懈努力，中国考古学成为20世纪以来哲学社会科学中发展最快的学科之一。中国考古工作取得重大成就，仰韶、二里头、殷墟、良渚、三星堆等一系列重大发现，充分展示了中华文明起源和发展的历史脉络，呈现了中华文明的灿烂成就，见证了中华文明兼容并包、吸收外来文化的强大能力，揭示了中华文明的统一性和多样性，以无可辩驳的事实证明，中华民族有5000年的文明史，是世界几大文明中唯一延续至今、不曾中断的文明。

长期以来，中华民族同世界其他文明互通有无、交流借鉴，向世界贡献了深刻的思想体系、丰富的科技文化艺术成果、独特的制度创造，深刻影响世界文明进程。

历史总是在一些特殊的时刻，给予汲取智慧、继续前行的力量。回望百年历程，中国考古取得了辉煌成就，是几代考古人严谨求实、艰苦奋斗、敬业奉献，挥洒汗水干出来的。新征程上，广大考古工作者要继承和发展中国考古事业，深入学习贯彻习近平总书记贺信精神，锐意进取、开拓创新，创造出更加辉煌的成就。

一是以习近平新时代中国特色社会主义思想为指导，奋力开创中国考古学和考古工作的新气象。习近平总书记指出，坚持以马克思主义为指导，是当代中国哲学社会科学区别于其他哲学社会科学的根本标志，必须

---

① 习近平：《建设中国特色中国风格中国气派的考古学　更好认识源远流长博大精深的中华文明》，《求是》2020年第23期。

旗帜鲜明加以坚持①。马克思主义传入中国，并成为中国哲学社会科学研究的指导思想，大大改变了传统经济学的研究范畴和发展体系，深入推动了中国考古学研究的理论创新和方法的创新，为科学认识中华文明、弘扬中华优秀传统文化、增强文化自信提供了强有力的理论支撑。广大考古工作者要坚持以马克思主义，特别是习近平新时代中国特色社会主义思想为指导，准确把握中国考古学的发展道路，做真学问、大学问，为更好地认识源远流长、博大精深的中华文明发挥积极作用。

二是加快构建中国特色考古学学科体系、学术体系、话语体系。广大考古工作者要按照习近平总书记的要求，加强考古能力建设和学科建设，推动历史学与考古学的融合，努力建设中国特色、中国风格、中国气派的考古学。聚焦重大历史问题，集中力量、联合攻关，融通古今中外各种学术资源，着力提升原创能力和水平，探索未知、揭示本源，有力推出一批有思想穿透力的精品力作。积极做好考古成果的挖掘、整理、阐述工作，把我国文明起源和发展，以及对人类的重大贡献更加清晰、更加全面地展现出来，更好发挥以史育人的作用。要坚持辩证唯物主义和历史唯物主义，深入进行理论探讨和探索，用考古讲好中国故事，不断增强中国考古学在国际上的影响力和话语权。

三是加强考古队伍建设，特别是加大对青年人才的培养力度。习近平总书记指出，要积极培养壮大考古队伍，让更多年轻人热爱、投身考古事业，让考古事业后继有人、人才辈出②。贯彻落实总书记的要求，要努力将建设中国特色、中国风格、中国气派考古学与人才培养有机结合起来，着力发现、培养、聚集一批有深厚马克思主义理论功底、学贯中西的考古学大家，一批理论功底扎实、勇于开拓创新的学科代表，一批年富力强、锐意进取的中青代学术骨干，构建种类齐全、梯队衔接的考古专家体系。要为青年考古人才的成长创造条件，充分激发年轻人的创新活力，使他们能够早日成才。

同志们、朋友们，周虽旧邦，其命维新。希望广大考古工作者增强历史使命感和责任感，高举习近平新时代中国特色社会主义思想伟大旗帜，发扬严谨求实、艰苦奋斗、敬业奉献的优良传统，持之以恒、久久为功，努力建设中国特色、中国风格、中国气派的考古学，更好展示中华文明风采，弘扬中华优秀传统文化，为实现中华民族伟大复兴的中国梦而奋斗。

预祝大会取得圆满成功，谢谢大家。

---

① 《习近平主持召开哲学社会科学工作座谈会并发表重要讲话》，https://www.gov.cn/xinwen/2016-05/17/content_5074162.htm.

② 习近平：《建设中国特色中国风格中国气派的考古学　更好认识源远流长博大精深的中华文明》，《求是》2020年第23期。

文化和旅游部党组书记、
部长胡和平同志讲话

金秋十月，天朗气清。我们在仰韶文化发现地河南省三门峡市，举办仰韶文化发现暨中国现代考古学诞生一百周年纪念大会，学习贯彻习近平总书记贺信精神和关于考古工作重要论述精神，研究探讨推进新时代考古工作，恰逢其时、意义重大。

刚才，我受黄坤明同志委托，宣读了习近平总书记贺信。习近平总书记在百忙之中向大会发来贺信，充分肯定100年来我国考古工作取得的重大成就、发挥的重要作用，对新时代做好考古工作、发展考古事业提出明确要求。总书记贺信立意高远、思想深邃、饱含深情，充分体现了以习近平同志为核心的党中央对做好考古工作、弘扬中华优秀传统文化的高度重视和关心关怀，为考古工作定方向、明思路、提要求，让广大考古工作者备受鼓舞、倍感振奋、倍增干劲。下面，我讲四个方面意见。

一、深入学习贯彻习近平总书记贺信和关于考古工作
重要论述精神

党的十八大以来，习近平总书记高度重视考古工作，发表一系列重

要论述，特别是向本次纪念大会发来贺信，以我国考古最新发现及其意义为题、主持中央政治局第二十三次集体学习并发表重要讲话，多次就良渚古城遗址、二里头遗址与夏文化研究、尧舜禹古史研究等作出重要指示批示，为我们做好工作提供了根本遵循。必须认真学习领会、深入贯彻落实。

要增强工作责任感使命感。习近平总书记在贺信中指出，希望广大考古工作者增强历史使命感和责任感，发扬严谨求实、艰苦奋斗、敬业奉献的优良传统，对广大考古工作者提出殷切期望、寄予殷殷嘱托。总书记还强调，考古工作是展示和构建中华民族历史、中华文明瑰宝的重要工作。强调考古工作是一项重要文化事业，也是一项具有重大社会政治意义的工作。强调我们必须高度重视考古工作，用考古事实证实中华民族光辉灿烂的发展历史，为弘扬中华优秀传统文化、增强文化自信提供坚强支撑。总书记重要论述从构建中华民族历史和传承中华文脉、坚定文化自信高度，充分肯定考古工作的重大意义。我们要提高站位，增强工作责任感使命感，以科学可信的考古成果，塑造全民族正确历史认知、构建各民族共有精神家园，为中华民族伟大复兴提供深厚滋养。

要加强考古学学科建设。习近平总书记在贺信中强调，继续探索未知、揭示本源，努力建设中国特色、中国风格、中国气派的考古学，为我国考古学发展指明方向。总书记还强调，要运用科学技术提供的新手段新工具，提高考古工作发现和分析能力。强调要积极培养壮大考古队伍，让更多年轻人热爱、投身考古事业，让考古事业后继有人、人才辈出。强调要关心爱护考古工作者，积极提供人力、物力、财力等方面的支持。总书记重要论述对加强考古能力建设、学科建设、队伍建设提出明确要求。我们要牢固树立保护历史文化遗产责任重大的观念，积极动员凝聚各方面力量，建强考古学科、考古队伍，为新时代考古事业健康可持续发展创造良好条件。

要推动考古成果利用。习近平总书记在贺信中强调，要更好展示中华文明风采、弘扬中华优秀传统文化，深刻阐明了我国考古工作的目标任务。总书记还强调，考古遗迹和历史文物是历史的见证，必须保护好、利用好。强调加强考古成果和历史研究成果的传播，教育引导广大干部群众特别是青少年认识中华文明起源和发展的历史脉络，认识中华文明取得的灿烂成就，认识中华文明对人类文明的重大贡献。强调运用我国考古成果和历史研究成果，向国际社会展示博大精深的中华文明，讲清楚中华文明的灿烂成就和对人类文明的重大贡献。总书记重要论述明确提出加强考古成果研究阐释利用的具体要求，我们要铭记于心、落实于行，转变为推动工作的思路举措，将考古成果更加系统、更加生动地转化为坚定文化自信的宝贵资源，更好发挥以史育人、以文化人作用。

二、充分认识我国考古工作百年来的巨大成就

100年前，以仰韶文化发现为标志，中国现代考古学诞生。100年来，几代考古人筚路蓝缕、栉风沐雨，接续奋斗、不懈努力，推动我国考古事业取得重大成就。

考古发现展现了中华文明的发展脉络。100年来，我国考古工作者用无数次考古发现，以无可辩驳的事实证明了中国百万年的人类史、一万年的文化史、五千多年的文明史：元谋人遗址、蓝田人遗址、周口店遗址等考古发现，实证了中华大地上古人类进化演进历程；仰韶村遗址、良渚遗址、河姆渡遗址、石峁遗址、陶寺遗址等考古发现，实证了中华文明源远流长；二里头遗址、殷墟遗址、周原遗址等考古发现，实证了夏商周王朝真实存在；汉代疏勒城、唐代北庭故城、高句丽渤海遗址等考古发现，实证了中华民族和中华文明多元一体的发展格局。这些重大考古发现，为我们更好梳理中华文明脉络、构建中华民族历史提供了珍贵一手资料、实物证据。

考古发现展现了中华文明的灿烂成就。100年来，我国考古工作者将无数文物遗迹拼合连缀，描绘出一幅幅气势恢宏、波澜壮阔的宏伟历史画卷，揭示了古代中国社会点点滴滴、悠久中华文明方方面面：汉唐长安城洛阳城、明清北京城等遗迹遗存，揭示了古代都城大邑"建中立极"的营造理念和"以中为尊"的价值观念；甲骨文、金文、简牍文字、金石碑刻等文物古迹，展示了中国古代文字一脉相承、发展演变过程，保存了丰富的历史史料；仰韶彩陶、良渚玉琮、红山女神像、二里头绿松石龙、三星堆神树、秦始皇陵兵马俑、石窟造像等艺术形象，反映了中国古人沟通天地、和合众生的精神世界。这些文物遗迹是蕴涵着丰富知识、智慧、艺术的无尽宝藏，是坚定文化自信的重要源泉。

考古发现展现了中华文明的世界贡献。100年来，我国考古工作者立足中国、放眼世界，在与国际考古界开展广泛合作、与世界其他古代文明进行比较研究中，深化对中华文明的认识、展示中华文明对世界的贡献：发达的青铜器、钢铁冶炼制作技艺和大量制成品，精美的丝绸、瓷器、漆器等手工艺产品，在世界文明史上具有鲜明独创性；"四大发明"和水稻栽培、大豆栽培、制茶用茶、育蚕治丝等古代农业技术，向世界贡献了丰富科技成果；郡县制、科举制和儒、释、道等制度、文化，

对周边国家产生深刻影响。这些重大成就，展示了古代中国为人类文明进步作出的突出贡献，实证了中华文明同世界其他文明互通有无、交流借鉴的优良传统。

特别是党的十八大以来，我们深入推进"中华文明起源与早期发展综合研究""考古中国"等重大项目，加大基本建设考古工作力度，积极开辟科技考古、水下考古、实验室考古等新领域，广泛开展国际考古交流合作，取得累累硕果。比如，"十三五"期间，实施主动性考古发掘项目1127项、发掘面积88.2万平方米；实施基本建设考古发掘项目3945项、发掘面积325.6万平方米；实施南海海域深海考古、南海一号整体打捞保护、甲午三舰（致远、经远、定远舰）水下考古等重大水下考古项目。2016年至2019年，32家机构赴海外开展联合考古项目36项，涉及21个国家和地区。这些成就的取得，根本在于习近平新时代中国特色社会主义思想科学指引、以习近平同志为核心的党中央坚强领导，离不开各级党委政府、社会各界的大力支持，离不开广大考古工作者的辛勤耕耘、无私奉献。

三、扎实推进新时代考古工作

贯彻落实习近平总书记贺信精神，我们要将考古工作放在更加重要的位置，作为文物保护利用一项管根本、夯基石的重要工作，花更多精力、下更大功夫，把工作做实、把基础打牢。

要加大考古发掘工作力度。深入开展考古调查，持续实施好"中华文明起源与早期发展综合研究""考古中国"等重大工程项目。深入推进"中华文化资源普查工程"，探索建设国家文物资源大数据库。提高考古工作规划水平，加强古代遗址有效保护，有重点地进行系统考古发掘。落实基本建设考古前置制度，将考古和文物保护纳入国土空间规划，对可能存在历史文化遗存的土地坚持"先考古、后出让"。

要强化考古成果研究阐释。加强出土文物和遗址等考古成果的挖掘、整理、阐释，讲精、讲透其中蕴涵的中国文化基因、呈现的中华文明脉络、反映的中华文明成就。发挥国家自然科学基金、国家社会科学基金、国家艺术基金等的引领作用，设立一批重大课题、项目，围绕史前文明、中国文化基因、夏代历史研究等重大问题开展专项攻关，形成一批跟得紧、做得实、用得上的优秀成果。

要推动考古成果利用。始终坚持把文物安全放在第一位，健全文物安全长效机制，坚决防止出土文物或遗址遗迹发生盗窃、火灾、破坏等问题。全方位加强宣传推介，让考古新发现、研究新成果走出库房、走出实验室，走进博物馆、走近群众。深化考古领域国际交流合作，加强中外联合考古、推动成果互展，积极参与国际组织工作和规则制定，向国际社会展示中国考古事业发展成就、讲好中国历史故事。

四、努力营造考古事业发展良好环境

贯彻落实习近平总书记贺信精神，我们要在提供坚强有力的政策保障和学科、人才、科技等支撑上下功夫，切实为考古事业发展"保驾护航"。

要完善政策法规体系。加快推进《文物保护法》修订，丰富支持考古事业发展相关内容，完善相关配套政策法规。健全考古工作管理规范、标准体系。加强顶层设计，谋划好"十四五"时期考古工作总体思路、目标任务、工程项目、政策举措。建立健全考古工作机制，协调各方面资源、调动各方面力量，形成工作合力。推进考古工作机构改革发展，完善管理运行机制、释放发展活力。

要加强考古学科建设。坚持以马克思主义立场观点方法研究考古和历史问题。继承发展中国考古学传统，提出解读人类文明史的中国视角、理解世界历史演进规律的中国标准、认识当今人类社会发展趋势的中国思路，建设中国特色、中国风格、中国气派的考古学。开展跨学科、多领域协同研究，努力打造一批考古学研究高地，增强学科影响力吸引力。

要建好用好人才队伍。加强考古工作机构建设、落实人员编制，保持队伍稳定、不断扩大队伍。建立涵盖人文、社科、自然科学等学科的跨学科人才队伍，重点培养高水平考古研究领军人才、科技人才、职业技能人才。继承发扬严谨求实、艰苦奋斗、敬业奉献的优良传统，打造具有深厚爱国情怀、坚定学术志向、顽强工作作风的考古队伍。关心爱护考古工作者，吸引更多人才特别是年轻人加入考古工作队伍。

要提升科技创新能力。加强考古领域科技研发与应用，依托考古机构建设国家级实验室和科研基地。加强文博单位与高校、科研机构合作，构建产学研用深度融合的文物科技创新体系。提升全行业科技应用水平，用好新材料、新工艺、新技术，用好5G、大数据、AR、VR等信息化手段，推动考古发掘、出土文物保护修缮和展示传播等环节关键技术突破。

同志们，做好新时代考古工作任务艰巨、责任重大。让我们更加紧密地团结在以习近平同志核心的党中央周围，不忘初心、锐意进取，推动新时代考古工作再上新台阶，为弘扬中华优秀传统文化、实现中华民族伟大复兴中国梦作出新的更大贡献！

谢谢大家！

中共河南省委书记、省人大常委会主任
楼阳生同志讲话

尊敬的胡和平部长、谢伏瞻院长，
尊敬的各位专家、各位嘉宾，
女士们，先生们，朋友们：

今年是中国共产党成立100周年，也恰逢中国现代考古学诞生100周年。在这收获耕耘、播种希望的美好时节，我们相聚在黄河明珠、仰韶圣地——三门峡，举办仰韶文化发现暨中国现代考古学诞生100周年纪念大会。习近平总书记对这次纪念大会高度重视，专门发来贺信，我们备受鼓舞、倍感振奋。河南作为文化大省、文物大省、考古大省，一定认真学习、深刻领会总书记的贺信精神，坚决抓好贯彻落实。

刚才胡和平部长、谢伏瞻院长分别作了讲话，陈星灿所长回顾了百年考古的辉煌成就，对我们加强考古工作和考古学科建设都具有很强的指导意义。在此，我代表河南省委和省政府，向各位领导、各位专家和各兄弟省市文物考古战线的同志们，表示热烈的欢迎！向长期以来关心和支持我省改革发展和文物工作的文化和旅游部、中国社会科学院、国家文物局和社会各界人士，表示衷心的感谢！

文物是历史的印记，考古学是一门十分重要的学科。习近平总书记高度重视考古和文物工作，主持会议审议加强文物保护利用改革的文件，以我国考古最新发现及其意义为题主持召开中央政治局第二十三次集体学习，在敦煌研究院主持召开座谈会，多次就文物保护利用发表重要讲话、作出重要指示。总书记强调，考古工作是展示和构建中华民族历史、中华文明瑰宝的重要工作，要努力建设中国特色、中国风格、中国气派的考古学；强调历史文化遗产是不可再生、不可替代的宝贵资源，要始终把保护放在第一位；强调要让收藏在博物馆里的文物、陈列在广阔大地上的遗产、书写在古籍里的文字都活起来，丰富全社会历史文化滋养。总书记的重要论述、重要思想，深刻阐述了文物的重要功能和时代价值，系统揭示了考古与历史、保护与利用、传承与发展的辩证关系，为做好新时代文物和考古工作提供了根本遵循。这次大会前，习近平总书记专门发来贺信，再次体现了总书记和党中央对考古工作和文化发展的关心和高度重视，对考古工作者的关爱和激励，进一步增强了我们的文化自信、文化自觉，必将推动新时代考古工作和文化发展不断开创新局面。

河南是中国现代考古学的摇篮。1921年，河南渑池县仰韶村遗址的发掘，拉开了中国现代考古学的大幕。仰韶文化的发现，第一次证实了中国存在先进的远古文化，点燃了"中华文明的第一缕曙光"。自此开始，中国现代考古学担负起了延伸中华民族历史轴线、认识灿烂中国古代文化、揭示悠久中华文明的历史使命。一百年来，中国现代考古学从仰韶出发，犹如星星之火，播撒大河两岸、长城内外，迅速由最初的证经补史到自成体系，再到发展成为与传统文献史学并重的人文学科和重要文化事业。一百年来，中国考古事业植根广袤中华大地，吮吸五千年华夏文明，考古发现不断实现重大进展，考古研究持续取得丰硕成果，有力实证了我国百万年的人类史、一万年的文化史、五千多年的文明史。一百年来，中国考古工作者满怀爱国热情，发扬顽强作风，风餐露宿、青灯黄卷，为探究中华文明起源和发展作出了卓越的贡献。

以仰韶文化发掘为起点，河南考古工作迎来重大契机，取得了累累硕果。在这片沃土上，先后发现了栾川人、灵井人、仙人洞原始人化石，勾勒出中原地区人类进步演变的鲜活图景。在这片沃土上，发现了仰韶村遗址、庙底沟遗址、北阳平遗址、双槐树遗址，展现了华夏文明诞生的宏阔画卷。在这片沃土上，发掘了二里头、偃师商城、郑州商城、安阳殷墟、汉魏故城、隋唐洛阳城、开封宋城，实证了国家诞生发展的历史进程。在这片沃土上，产生了考古学的很多重要方法，建立了考古学的基本时空框架，涌现出一批著名考古学家，为中国现代考古学发展打下了坚实基础、贡献了河南力量。在即将揭晓的"百年百大考古发现"初评中,我省有26项入围,居全国首位。

各位嘉宾,女士们、先生们、朋友们!

百年考古,百年辉煌。当前,我国考古和文物事业站上了新的历史起点,迎来了更加光明的前景。河南作为华夏文明和中华民族的重要发祥地,我们将深入贯彻习近平总书记关于考古和文物工作的重要论述和这次贺信精神,以对历史、对未来、对人民高度负责的政治自觉,扎实做好新时代考古和文物工作,坚定文化自信,强化文化担当,推动优秀传统文化创造性转化、创新性发展,为加快现代化建设、实现中华民族伟大复兴的中国梦凝聚强大精神力量。

我们将加强遗产保护,守护历史文脉、传承文化基因。文物承载灿烂文明,维系民族精神。河南有不可移动文物6.5万多处、居全国第2位,可移动文物478万件、居全国第4位,世界文化遗产5处,全国重点文物保护单位420处,国家考古遗址公园13处,国家历史文化名城8个,中国八大古都河南有其四。这些都是先辈留给我们的无价之宝,是中华民族生生不息发展壮大的实物见证,也是新时代建设现代化河南的宝贵财富和精神动力。我们要增强对历史文物的敬畏之心,加大文物保护力度,开展相关领域文物资源调查,加强文物资源资产管理,健全文化遗产保护管理制度。加强文物保护规划与国土空间规划的有机衔接,推进"考古前置"改革,严格涉文物项目审批程序,严格规范老城改造、城市建设,加强不可移动文物、历史街区等保护和管控。加快文物安全监管体系建设,加强重要田野文物巡护,严厉打击文物违法犯罪行为,把凝结着中华文明的文物保护好、传承好。加强教育引导,增强各级领导干部和全社会文物保护意识,像爱惜生命一样保护好历史文化遗产。

我们将做好研究阐释,更好寻根溯源、揭示文明脉络。河南地处中原腹地,是中华文明多元一体格局形成和发展的关键地区。长期以来,我们的祖先在中原大地繁衍生息、繁荣发展,留下了大量历史遗存,当代中国最具重大历史使命的三大考古学难题——"人类起源""文明起源""国家起源",都与河南考古息息相关、密不可分。比如,殷商文化起源于河南商丘,兴盛于河南安阳,殷墟的发现,把中国有文字记载的历史前推了约1000年。当前,我国古代历史还有许多亟待考究的领域,夏代史研究存在大量空白,"三皇五帝"等史前人物缺乏实物印证,这些都需要考古工作去揭开谜底。我们将聚焦"中华文明探源工程""夏商周断代工程""中原地区文明化进程研究项目"等重大课题,科学谋划河南文物考古研究工作规划,构建跨系统跨学科科研联合体,加大偃师二里头、登封王城岗、禹州瓦店等重要遗址考古发掘力度，推进夏文化关键区域考古学调查和重点遗址勘探工作，努力形成一批夏文化研究和传播的突破性、标志性成果；加强黄河文化、丝绸之路、大运河、石窟寺等重点领域研究，持续探索未知、揭示本源，形成一批科学阐释中华文明形成和发展的重大考古成果，为解决重大历史性问题提供关键答案，充分发挥河南考古对中华文明研究的支撑作用。

我们将推进合理利用，加强活态展示、推动创新发展。文化遗产生动述说着过去，也深刻影响着当下和未来。我们要深入挖掘历史文物蕴含的时代价值，创新文物表现形式，大力弘扬黄河文化，讲好新时代黄河故事，让历史文物走进现实、映照未来。推进重点遗址保护展示，加快考古遗址公园和遗址博物馆建设，推进黄河、长城、大运河、长征国家文化公园建设，打造中华文明标识和国家文化地标。创新文物利用方式，通过生态美化绿化、提升环境风貌等方式，打造各类文化公园、考古遗址公园等，提升城市品位，更好满足人民群众精神文化生活需要。实施文旅文创融合战略，依托丰富历史文化遗产，打造文旅特色精品线路，做优文旅文创产品，让游客在游览河南中感悟中原文化、探求中华文明。

我们将坚持开放合作，深化文化交流、促进文明互鉴。考古是让中国走向世界、让世界了解中国的重要纽带。我们要主动参与"中华文明走出去工程"等国家项目，积极配合重大外交活动的文物出境和入境展览，深化与"一带一路"沿线国家交流合作，推动国际友好城市间文物交流展览，实施中原文物交流展览计划，用河南文物讲好中国故事，在互学互鉴中增进互信互通。积极开展世界文化遗产申报，继续办好郑州"世界大河文明论坛"、洛阳"世界古都论坛"，举办更多文化活动，不断提升中原文化影响力。加强与港澳台地区的交流合作，创新方式、拓展领域、提升实效，增进港澳台同胞对中华文化、中华民族的认同感。

河南省委将进一步加强对考古工作的领导，全面落实国家有关政策和要求，大力支持考古工作和考古学建设，不断培养壮大考古队伍，持续提升考古能力，为考古工作取得更加丰硕成果提供有力保障。我们坚信，在以习近平同志为核心的党中央坚强领导下，在文化和旅游部、中国社会科学院、国家文物局有力指导下，广大考古工作者携起手来、开拓进取，一定能为建设中国特色、中国风格、中国气派的考古学作出新的更大贡献。

最后，祝本次大会圆满成功，祝中国考古事业再创辉煌！祝各位领导、各位专家、各位嘉宾在豫期间工作顺利！

谢谢大家。

文化和旅游部党组成员、副部长，
国家文物局党组书记、局长李群同志讲话

各位领导、专家，同志们：

大家上午好。

今天，我们在仰韶遗址召开专题会议，隆重纪念仰韶考古百年的历史时刻，深入学习领会习近平总书记关于考古工作的重要指示批示精神，共同谋划如何建设中国特色、中国风格、中国气派的考古学这一重大命题。

习近平总书记非常关心考古工作，为我们今天的会议发来了贺信。习近平总书记的贺信，充分体现了总书记弘扬传承中华优秀传统文化、实现中华民族伟大复兴的历史站位，体现了他对广大考古工作者的关心关爱，对考古学科和考古事业发展的殷切希望。我们要认真学习领会习近平总书记的贺信，准确把握习近平总书记关于考古和文物工作的新理念、新战略、新要求，坚守初心、主动作为，做出更大成绩。

刚才，中国社会科学院考古研究所陈星灿所长高度概括了百年仰韶、百年考古的重要学术成果，谢伏瞻院长充分肯定了考古学在历史学科体系中的重要地位与作用，胡和平部长深刻阐释了新时代中国考古学肩负重大责任和光荣使命，楼阳生书记的讲话充分展示了一个文物大省的博大胸襟与责任担当。仰韶文化研究，具有重要的学术意义和历史意义。今天，我们召开仰韶文化发现暨中国现代考古学诞生100周年纪念大会，就是要学习领会习近平总书记重要指示批示精神，总结经验、把握形势，谋划部署好"十四五"期间各项工作。

国家文物局将深入贯彻落实习近平总书记重要指示批示，重点做好以下工作：

第一，深入学习习近平总书记重要指示批示精神。习近平总书记高度重视考古和文物工作，对良渚申遗、石窟寺保护、夏文化研究、中华文明研究、考古队伍建设等工作作了重要指示批示。2020年9月28日中共中央政治局第二十三次集体学习时，习近平总书记作了重要讲话，深刻阐释了考古工作的重大成就、重要意义，提出了工作要求。今天，总书记又为大会召开发来贺信，这充分体现了总书记、党中央对考古工作的深切关怀和殷切期望，也是对全国文博系统的巨大鼓舞和鞭策。

各省要及时传达和部署学习习近平总书记的贺信，深入领会习近平总书记关于考古和文物工作的重要指示批示、重要讲话和重要论述，将其作为当前最重要的政治任务，作为不断增强"四个意识"、坚定"四个自信"、做到"两个维护"的具体实践。要抓紧落实会议成果，增强历史责任感和使命感，谋划好、实施好重大政策、重大工程、重大项目，将总书记的要求落实落细。

第二，加强中华文明起源发展研究。国家文物局将继续推进中华文明探源和"考古中国"重大项目，持续支持良渚、石峁、二里头、殷墟、三星堆等遗址考古工作，力争取得新的突破。我们将以重大项目为依托，支持多学科、跨学科合作，支持交叉学科、前沿学科发展，不断拓展考古学研究的广度和深度，继续探索未知、揭示本源。

第三，加强行业能力建设和人才队伍建设。国家文物局将做好政策保障，结合简政放权和文物保护利用改革，提升行业服务大局能力、科技创新能力、考古管理能力、文化传播能力，促进行业高质量发展。同时，积极落实中央人才工作会议精神和中央编办的文件要求，支持国家级科研机构和文物大省考古机构建设发展，为行业树立标杆和样板。我们还将支持北京大学、吉林大学、西北大学等更多高校创建世界一流考古学科，为行业持续输送优秀人才，让考古事业后继有人、人才辈出。

同志们，我国将进入"两个一百年"奋斗目标历史交汇期，时不我待，需要我们坚守初心使命、不负国家人民重托，以团结向上、勇立潮头的精神，开拓创新、奋发有为，迎接中国考古发展的新时代、新百年。

第三届中国考古学大会（2021·三门峡）开幕式

时任三门峡市委书记、人大常委会主任
刘南昌同志致欢迎辞

尊敬的各位领导、各位专家，同志们、朋友们：

百年考古颂盛世，一眼千年悦今朝。在仰韶文化发现和中国现代考古学诞生100周年之际，习近平总书记发来贺信，向全国考古工作者致以热烈的祝贺和诚挚的问候，对百年来考古人所做出的重要贡献给予充分肯定，对建设中国特色、中国风格、中国气派的考古学提出希望。今天，第三届中国考古学大会在美丽的天鹅之城——三门峡隆重举行，这是中国考古学界的盛会，是数千年仰韶文化的盛宴，是三门峡期待已久的盛事，更是贯彻习近平总书记贺信精神最生动、最直接的具体实践。在此，我谨代表三门峡市委、市政府和全市人民，向远道而来的各位领导、各位专家和大会代表表示热烈欢迎！向长期关心支持三门峡工作的各界人士致以崇高敬意！

三门峡是河南省的"西大门"，地处豫晋陕三省交界，位于郑州、西安两大国家中心城市之间，历史底蕴深厚、文化资源丰富、自然山水秀丽，是中华文明的重要发祥地之一。跨越数千年，仰韶先民在这里筚路蓝缕、辛勤耕作，点亮中华文明的第一缕曙光；崤函古道驼铃声声、蜿蜒起伏，架起了东西方文明交流互鉴的桥梁；函谷关前，老子昼夜不辍、刀笔疾书，写下不朽著作《道德经》；"四知先生"杨震、唐朝名相姚崇等千古贤儒心系国家、廉洁修身，在历史上留下了光辉印记。回望百年，党在这里由最早的两名党员不断发展壮大，红二十五军从卢氏长征突围北上抗日，刘少奇撰写《论共产党员的修养》（提纲）并首次宣讲，1957年三门峡随着万里黄河第一坝的建设而崛起。近些年来，我们深入贯彻习近平总书记关于文物考古工作的重要论述，坚持考古先行、全程参与、科研为主、保护第一，高水平保护利用仰韶村、庙底沟、西坡等重要遗址，高标准建成一批重大文化项目，高质量推进考古事业不断发展，崤函大地持续焕发出独特的文化魅力！

　　各位领导、各位专家，100年前，仰韶文化在我市渑池县仰韶村首次发现，中国现代考古学由此诞生。今天，第三届中国考古学大会在我市召开，为展示仰韶文化在中国历史上的辉煌地位提供了广阔舞台，必将推动我市考古事业空前发展。三门峡将深入贯彻落实习近平总书记贺信精神，借本次大会东风，乘势而上、应势而谋、顺势而为，深入实施黄河文化高地建设战略和文旅文创融合战略，以保护传承弘扬黄河文化为主题，以"黄河三门峡·美丽天鹅城"为主打品牌，高质量开展黄河文化遗产本体保护工程，进一步探索未知、揭示来源，扎实做好文物考古发掘研究和成果运用传播工作，持续扮靓"早期中国文明长廊"，进一步彰显黄河文化之"魂"、探究华夏文明之"源"，为建设中国特色、中国风格、中国气派的考古学贡献强劲的三门峡力量。也希望各位专家继续聚焦仰韶文化，加强对其中蕴含的哲学思想、民族精神、文化内涵、艺术风采等的研究和阐释，更好展示中华文明，弘扬中华优秀传统文化。会议闲暇之余，欢迎各位领导、各位专家多走走、多看看，行黄河之旅，听千古传颂，览名胜佳境，博人文精华，享身心愉悦。

　　最后，预祝第三届中国考古学大会圆满成功！祝各位领导、各位专家、各位来宾身体健康、工作顺利！

　　谢谢大家。

时任河南省人民政府党组成员、副省长
陈星同志致辞

尊敬的宋新潮副局长，尊敬的各位领导、各位专家，同志们、朋友们：

今天我们相聚黄河之滨美丽的天鹅城三门峡，参加由中国考古学会、中国社会科学院考古研究所、河南省文物局、三门峡市政府共同主办，由河南省文物考古学会、河南省文物考古研究院、三门峡市委宣传部、三门峡市文化广电和旅游局承办的第三届中国考古学大会，这是中国考古学界的一件大事，也是河南考古事业发展中的一件盛事。在此，我谨代表河南省政府向大会的成功召开表示热烈的祝贺，向国内外与会代表表示诚挚的欢迎，向长期以来关心支持河南发展的各位领导，各位专家学者和社会各界表示衷心的感谢！

昨天，由中国社会科学院、国家文物局、河南省人民政府联合主办的仰韶文化发现暨中国现代考古学诞生100周年纪念大会在三门峡召开。党中央高度重视，习近平总书记为大会发来贺信，来自中央有关部委和各省文物考古战线的领导和专家、来自全国各地的文物考古工作者，共同学习了习近平总书记的贺信。总书记的贺信立意高远，思想深邃，要求我们发扬严谨求实、艰苦奋斗、敬业奉献的优良传统，努力建设中国特色、中国风格、中国气派的考古学。我们深刻感悟到总书记对文物工作和考古事业发展的殷切期望，深深感受到我省作为文化大省、文物大省，肩上所担负的传承文明基因、构建文化自信的历史使命和责任。我们要认真学习领会习近平总书记的贺信精神，站在增强"四个意识"、坚定"四个自信"、做到"两个维护"的政治高度，不断开拓创新，锐意进取，努力推动河南文物保护和考古工作高质量发展，确保总书记的指示批示在河南落地生根。

河南位于我国中东部，黄河中下游，区位优越，位居天地之中，素有"九州腹地""十省通衢"之称，总面积16.7万平方千米，辖17个省辖市和济源示范区，157个县市区，总人口1.09亿人，常住人口9640万人，是全国重要的综合交通枢纽和人流、物流、信息流中心。郑州国际航空货运枢纽客货吞吐量保持中部地区双第一。郑州东站是全国最大的高铁站之一。郑州北站作业量居亚洲编组站前列，中欧班列（郑州）在全国率先开展进出口双向运营业务。河南是全国农业大省、粮食转化加工大省，发展较快。2020年，全省生产总值达到5.5万亿元，居全国第五位，中西部首位，河南已成为全国重要的经济大省、人力资源大省、现代农业大省、新兴工业大省和有影响力的文化大省。

2021年面对错综复杂的外部环境，艰巨繁重的改革发展稳定任务，特别是近期遭遇的暴雨灾害和新冠疫情的严重冲击，全省上下在党中央、国务院的坚强领导下，全力以赴统筹防汛救灾、疫情防控和经济社会发展，全省实现经济平稳复苏向好，民生福祉持续改善。

河南是中华民族和华夏文明的重要发祥地，自5000年前中华文明在河南初露曙光，历经夏、商、东周、东汉、魏、晋、隋、唐及北宋达到鼎盛。河南作为全国政治经济文化中心长达3000余年，一部河南史就是半部中国史，文明的起源、文字的发明、城市的形成和国家的建立均发端于河南，构成了中国历史的血脉筋骨，给我们留下了丰富的文物资源。

全省现有不可移动文物6.5万处，其中世界文化遗产5项24处，全国重点文物保护单位420处，总数居全国前列。中国八大古都中，河南有郑州、开封、洛阳、安阳4座。近年来，河南省委、省政府把文物事业作为提升文化软实力、增强综合竞争力的重要支撑，采取多种措施，加快文化资源大省向文化强省跨越，文化事业呈现持续健康快速发展的良好态势，有效发挥了执政育人、传承文明、丰富生活、促进发展的重要作用。

河南是仰韶文化的发现地和命名地，也是中国现代考古学的发祥地。100年来，河南考古工作者同无数考古学人在河南这片沃土上探索、发掘、研究，在这里产生了中国考古学的基本方法论，建立起了中国考古学基本的时空框架，培育出了董作宾、李济、郭宝钧、安金槐等一大批著名考古学家，为中国现代考古学的发展奠定了坚实的基础。在这里先后发现了栾川人、许昌人和仙人洞原始人化石，勾勒出了中原地区人类进化演变的途径；发现了仰韶村、庙底沟、北阳平、双槐树等一系列重要的新石器时代遗址，展现了华夏文明诞生前夜各种史前文明逐鹿中原的宏阔画卷；考古工作者在二里头、偃师商城、郑州商城、安阳殷墟、汉魏故城、隋唐洛阳城、北宋东京城等遗址持续发掘，更是证实了中国大一统王朝国家从诞生到发展、再到辉煌的历史进程。

河南考古事业的成绩既是河南考古工作者百年来孜孜以求、刻苦奋斗的结果，更离不开中央各研究机构和全国考古工作者的大力支持、通力合作。从20世纪二三十年代的中研院历史语言研究所，到中华人民共和国成立后的中国社会科学院考古研究所，以及北京大学考古文博学院等单位，都曾长期在河南开展考古工作。在此，我谨代表河南省政府和全省全体考古工作者，对国家文物局及多年来支持河南考古工作的中央研究机构和全国考古工作者表示衷心的感谢！

近年来，河南省委、省政府高度重视文物考古工作，不断加大文物考古经费投入，支持考古单位增加人员编制，并在全省范围内大力推行建设用地"先考古后出让"的考古前置改革。在经济开发区产业集聚区范围内，推行文物保护区域评估政策，基本建设中的考古发掘和文物保护工作制度日益完善成熟。我们先后批准成立了河南省夏文化研究中心、开封市文物考古研究院等考古机构，进一步加大殷商文化和宋文化的挖掘、传承、弘扬工作力度；推动建成了黄河考古研究院、黄河文化研究院，进一步强化对黄河文化研究的支持。全省每年完成文物勘探项目2000项左右，完成考古发掘项目300多项。在国家文物局的大力支持下，我省"夏文化研究""中原地区文明化进程研究"纳入了"考古中国"重大项目，二里头、王城岗、瓦店、禹庄、时庄等遗址的考古发掘获得重要发现。多学科综合研究深入开展，社会传播丰富多彩。我省49个考古项目先后被评为全国十大考古新发现，总数位居全国榜首。

当前，我国考古事业正迎来一个难得的发展机遇。习近平总书记的贺信以及关于我国考古事业发展的重要论述，为新时代考古事业发展指明了前进方向，提供了重要遵循。下一步，河南将认真贯彻落实习近平总书记关于文物考古工作的重要指示批示精神，按照党中央、国务院的部署，进一步加强对全省考古发掘研究工作的支持力度，广泛利用河南已有考古发掘研究成果，聚焦中华文明探源、夏商文化研究等关键领域，加强与中国历史研究院、北京大学、中国社会科学院考古研究所等全国科研单位合作，建设具有世界先进水平的考古研究机构，并坚持"走出去"战略，持续推动"一带一路"合作伙伴的考古研究合作。我们将紧抓黄河流域生态保护和高质量发展的重大机遇，以本次大会成功举办为契机，深入实施文旅文创融合战略，进一步加大黄河文化保护、传承、弘扬力度，以前瞻30年的气魄，勾画河南文物考古事业新蓝图，为增强文化自信贡献更多的河南力量。

最后预祝本次大会圆满成功，祝各位领导、专家、来宾身体健康，工作顺利。谢谢大家！

时任国家文物局党组成员、副局长
宋新潮同志讲话

尊敬的陈星副省长，尊敬的各位专家、各位代表，同志们：

　　大家上午好！非常高兴受中国考古学会的邀请，参加第三届中国考古学大会。首先，请允许我代表国家文物局向大会表示热烈的祝贺，向莅临会议的各位专家学者新老朋友们表示诚挚的问候！

　　去年的9月28日，习近平总书记在中央政治局第二十三次集体学习时，发表了重要讲话[①]。昨天习近平总书记又向仰韶文化发现暨中国现代考古学诞生100周年纪念大会发来贺信，充分肯定了百年中国考古学所取得的重要成就，也祝愿中国考古事业更好更快地发展[②]。我们大家都深受激励，备受鼓舞。

　　本次会议的主题是"建设中国特色、中国风格、中国气派的考古学"，大会将深入学习习近平总书记的重要讲话和贺信精神，聚焦新时代

---

　　①　习近平：《建设中国特色中国风格中国气派的考古学　更好认识源远流长博大精深的中华文明》，《求是》2020年第23期。

　　②　《习近平致仰韶文化发现和中国现代考古学诞生100周年的贺信》，https://www.gov.cn/xinwen/2021-10/17/content_5643148.htm.

新使命，谋划考古学的新发展。大会期间还将开展多场面向公众的报告会，我相信在大家的共同努力下，将呈现出一场特色鲜明、富有成效的盛会。

习近平总书记指出，考古工作是一项重要文化事业，也是一项具有重大社会政治意义的工作。要努力建设中国特色、中国风格、中国气派的考古学①。通过学习领会习近平总书记的重要指示批示精神，我们认识到建设中国特色、中国风格、中国气派的考古学，就是要始终坚持历史唯物主义的历史观，坚持用马克思主义最新理论指导考古和文物保护工作的实践，树立正确的历史观，以科学详尽的考古研究成果，丰富和发展马克思主义的理论；就是要努力发展中国特色的考古学理论方法和技术，积极构建中国考古学的学科体系、学术体系、话语体系；就是要发扬严谨扎实、实事求是的学风，不断探索未知、揭示本源，把握历史的规律，坚定文化自信；就是要把中国考古学放在人类文明发展的大背景下加以研究，中国考古学必将也应该对人类社会发展普遍规律的研究做出应有的贡献。

中国气派的考古学，它不是发掘面积有多么宏大，发掘的场面如何壮观，也不是出土的文物如何丰富，而是要通过考古的方法、缜密的理论，全面、系统地揭示中国古代社会的面貌和历史演进规律，并为当今社会的发展提供中国案例和中国智慧。因此，我们要深入学习习近平总书记重要指示批示精神，在百年伟大变革中认识、把握中国考古学的时代定位和前进方向。

近期，中央编办印发了《关于加强文物保护和考古工作机构编制保障的通知》，昨天李群副部长也在会上向各位做了说明。《通知》要求在"十四五"期间，北京、河北、山西、浙江、山东、河南、湖北、湖南、四川、陕西10个文物大省（直辖市）以逐年增加编制的方式，将考古研究机构人员编制规模调整到180名以上，并且对其他省份的编制也要求增加到90名以上，对文物大省、大市、大县的考古机构也要给予重点保障。对于考古学领域的学科实力较强的地方高校，由所在的省调剂部分的编制。这是中央编办对各地考古机构建设提出的非常具体的要求。国家文物局也将积极地沟通地方党委、政府积极地推动工作的落实。

"十四五"期间，国家文物局还将继续推动考古队伍建设和人才培养，努力打造一批世界一流的考古学机构。实施考古人才的振兴计划，会同教

---

① 习近平：《建设中国特色中国风格中国气派的考古学　更好认识源远流长博大精深的中华文明》，《求是》2020年第23期。

育部门实施考古学国家急需高层次人才的培养专项，有效地扩大高层次考古人才的培养规模。目前中国社会科学院考古研究所正会同北京大学考古文博学院编制考古学国家急需高层次人才培养专项工作指南，今年年底有望发布。完善人才引进、评价、激励的机制，形成全社会关注考古工作、关心考古工作者的良好的氛围。

我们将持续强化考古能力的建设和学科建设，坚持科技创新驱动行业发展，完善中国考古学专有设备体系建设，支持国家级考古实验室和重点地区考古标本库建设。加强考古成果的挖掘、整理、阐释，深入推进"考古中国"重大项目，聚焦重大历史问题。支持多学科综合研究，支持交叉学科、前沿学科的发展，不断地拓展考古学的深度和广度。

同志们，中国考古学新的百年征程已经开启，让我们牢记初心使命，发扬考古工作者严谨求实、艰苦奋斗、敬业奉献的优良传统，接续奋斗、砥砺前行，为建设有中国特色、中国风格、中国气派的考古学，实现中华民族的伟大复兴做出我们考古人的贡献！

最后预祝本次大会圆满成功，祝各位代表身体健康，事业发达。谢谢大家！

时任中国社会科学院科研局局长崔建民同志致辞

尊敬的宋新潮副局长、陈星副省长，各位专家，各位代表：

大家上午好！非常高兴在这里参加第三届中国考古学大会，我谨代表中国社会科学院向出席大会的各位专家学者表示热烈的欢迎，向指导此次大会举办的国家文物局、河南省人民政府致以崇高的敬意，向精心主办此次大会的中国考古学会、河南省文物局、三门峡市政府表示衷心的感谢！

三门峡地处黄河中游，历史悠久，文化积淀深厚。从史前的仰韶文化遗址到西周虢国贵族墓地，从战国齐赵会盟台到北宋陕州漏泽园，三门峡这块神奇的土地，见证了中华文明传承不衰，中华民族繁荣兴盛的伟大奇迹，为我们贡献了丰富的历史文化遗产。伟岸雄健的三门峡黄河大坝，至今仍在诉说着黄河安澜、国泰民安的民族故事，传递着坚强不息、天人和谐的民族精神。

1921年，我国开始对仰韶文化遗址进行考察，中国现代考古学由此诞生。如今走过百年历程，尤其在新中国成立后，我们党高度重视考古工作，经过几代人的不懈努力，逐步建立和完善了考古工作体系，培养和壮大了考古专业队伍，组织实施了一大批重要考古发掘项目，考古学研究水平不断提高，考古技术应用不断革新，中国考古学在国际考古学界的影响力和话语权明显提升。我国考古发现和考古研究所取得的重大成就，延伸了历史轴线，增强了历史信度，丰富了历史内涵，活化了历史场景，充分展示了中华文明独特的文化基因、灿烂的发展成就和对世界文明的重大贡献。

党的十八大以来，以习近平同志为核心的党中央高度重视考古工作和历史研究。2019年1月3日，根据中央决策部署，中国社会科学院专门成立了中国历史研究院，习近平总书记亲自致信祝贺，提出"新时代坚持和发展中国特色社会主义，更加需要系统研究中国历史和文化，更加需要深刻把握人类发展历史规律，在对历史的深入思考中汲取智慧、走向未来"的重要论断①。

2020年9月28日，习近平总书记在十九届中央政治局第二十三次集体学习时发表重要讲话，强调"考古工作是展示和构建中华民族历史、中华文明瑰宝的重要工作"，建设中国特色中国风格中国气派的考古学，更好认识源远流长博大精深的中华文明②。总书记的重要讲话极大丰富了中国现代考古学的内容内涵，赋予了考古工作和考古工作者新的历史使命，为新时代中国考古学发展指明了方向。中国特色考古学的提出与实践是坚定道路自信、理论自信、制度自信、文化自信的必然要求，是推动中华优秀传统文化创造性转化和创新性发展的必要前提，也是中国考古学百年传承发展的必然趋势。

在仰韶文化发现和中国现代考古学诞生100周年之际，习近平总书记再次发来贺信，代表党中央向全国考古工作者致以诚挚的问候，提出了殷切希望，期待中国考古学能够更好展示中华文明风采，弘扬中华优秀传统文化，为实现中华民族伟大复兴的中国梦作出新的更大贡献③。此时此刻，我们齐聚三门峡，共庆此次考古盛会，深入学习贯彻习近平总书记贺信精神，共同回望百年中国考古的光辉历程和伟大成就，共同传承老一辈考古工作者的优良传统和学术情怀，共同擘画中国特色、中国风格、中国气派考古学的新发展，充分体现了当代考古学人不忘初心、牢记使命、砥砺前行、开创未来的政治自觉和学术担当。相信本次大会将为大家呈现一场丰富而精彩的学术盛宴和文化盛宴，可以预见中国考古事业和考古学发展必

---

① 《习近平致中国社会科学院中国历史研究院成立的贺信》，
https://www.gov.cn/xinwen/2019-01/03/content_5354515.htm.

② 习近平：《建设中国特色中国风格中国气派的考古学　更好认识源远流长博大精深的中华文明》，《求是》2020年第23期。

③ 《习近平致仰韶文化发现和中国现代考古学诞生100周年的贺信》，
https://www.gov.cn/xinwen/2021-10/17/content_5643148.htm.

将迎来又一个新的黄金时代。

考古工作是一项重要文化事业，也是一项具有重大社会政治意义的工作。我们欣喜地看到，本次大会采用主题学术发言与学科分组研讨相结合的方式，充分反映了当代考古学的学科特点和发展趋势。与会同志积极发挥各自学科优势，勇于打破学科壁垒，共同为考古学事业提供新视角、新工具、新方法、新理论。与此同时，越来越多的年轻人加入考古人行列，投入中国考古事业当中，在全国各地以及海外重要遗址从事发掘研究工作，为考古工作注入了更多新的活力，为中国特色考古学发展奠定了坚实的人才基础，探索中国古代历史的未知领域，揭示中华文明起源与发展的历史脉络，为弘扬中华优秀传统文化，增强文化自信提供坚强支撑。中国考古工作使命光荣，任重道远。

衷心希望中国考古学会充分发挥行业引领作用，凝聚同行力量，整合学术资源，努力推动中国考古事业取得新突破，达到新高度。衷心希望新时代考古工作能够坚持以习近平新时代中国特色社会主义思想为指导，坚持辩证唯物主义和历史唯物主义的立场、观点和方法，坚持以传承中华文明，服务中华民族伟大复兴为使命，切实加强考古能力建设和考古学科建设，积极探索符合历史实际的人类文明，特别是中华文明的认定标准，努力打造考古研究的中国学派，为国际考古学发展贡献中国力量。衷心希望新时代考古工作者牢记总书记嘱托，积极传承老一辈考古工作者严谨求实、艰苦奋斗、敬业奉献的优良传统，主动把对国家、对民族、对人民的责任扛在肩上，努力提高业务能力，磨炼田野本领，积极推动考古学与社会科学、自然科学相关学科的交流合作和融合发展，积极做好考古成果和历史研究成果的社会转化和国际传播，努力为中国特色社会主义现代化建设积聚更多精神力量，努力为中华文明传承发展和中华民族伟大复兴做出新的更大的贡献。

最后，预祝本次考古学大会取得圆满成功！谢谢大家！

中国社会科学院学部委员、历史学部主任、中国考古学会理事长王巍研究员讲话

线上、线下参加会议的各位学者、各位来宾，女士们、先生们：

大家上午好！

今年恰逢中国考古学诞生100周年，以1921年河南渑池仰韶遗址的发掘为标志，中国现代考古学走过了100年的辉煌历程。在这个具有重要纪念意义的时刻，今天我们欢聚一堂，在历史底蕴深厚的三门峡市迎来了第三届中国考古学大会。本届大会由中国考古学会、中国社会科学院考古研究所、河南省文物局、三门峡市人民政府主办，河南省文物考古学会、河南省文物考古研究院、三门峡市委宣传部、三门峡市文化广电和旅游局承办，陕西省考古研究院、山西省考古研究院协办。来自内地和中国港澳地区以及美国、英国、日本、德国、韩国、印度、土耳其、澳大利亚、巴基斯坦9个国家，共计713位中外考古学者以线下或线上方式出席本届大会。参加这次会议的代表分别来自124家高校、100家科研院所和47家博物馆，另外有30个国家和地区的60位国外学者以贺信或视频方式发来祝贺。

本届大会是我们中国考古学的第三届大会。首届大会于2016年5月在河南省郑州市召开，大会的主题是"走向世界、走向未来的中国考古学"。第二届大会于2018年10月在四川省成都市召开，会议的主题是"古代文化交流的考古学研究"。我们这次的主题是"建设中国特色、中国气派、中国风格的考古学"。

党的十八大以来，中国考古学界在田野考古发掘、理论方法、专题研讨、综合研究、遗址保护、公共考古、科研管理、人才队伍建设等方面都取得了重要进展，中国考古学会的会员们在其中发挥了重要作用。我们继续实施"走出去"战略，在俄罗斯、蒙古国、乌兹别克斯坦、洪都拉斯、埃及、伊朗等20多个国家开展考古工作，取得了一系列引人瞩目的重要收获。2020年以来，我们遭遇了新冠疫情，在疫情下的中国考古学并没有止步，广大考古学者克服重重困难，在考古发掘、研究、交流等方面仍然做出了重要的努力，取得了可喜的成果。

关于本届大会的举办地点，中国考古学会曾有若干个选择，但是我们最终决定在三门峡市召开，是因为今年恰逢仰韶遗址发掘和中国现代考古学诞生100周年，在这样一个中国考古学史上值得纪念的重要时刻，在仰韶村所在的三门峡市召开这次大会，具有格外深远的意义。

本届大会主题是"建设中国特色、中国风格、中国气派的考古学"，这一主题是深入贯彻习近平总书记"9·28"重要讲话精神，认真总结百年来中国考古走过的历程、取得的成绩，也是深入探讨中国考古学前进发展方向的一次动员会。本届大会与前两届一样，是以中国考古学会各专业委员会为单位组织研讨，我也欣喜地看到很多学者都做了认真的准备，提供了具有相当学术深度的发言提纲。我相信这次会议也将是在学术上有丰硕成果的大会。

习近平总书记指出，"当今中国正经历广泛而深刻的社会变革，也正进行着坚持和发展中国特色社会主义的伟大实践创新。我们的实践创新必须建立在历史发展规律之上，必须行进在历史正确方向之上"[①]。昨天习近平总书记发来贺信，贺信当中对中国考古学者表示亲切的慰问，同时对中国考古学今后的发展方向做了明确的指示。因此在本届大会召开之前，学习习近平总书记的贺信具有格外重要的意义。希望广大考古工作者能够认真学习习近平总书记"9·28"重要讲话精神，认真学习领会习近平总书记的贺信精神，要站在新的历史高度，团结一心、牢记使命、努力拼搏、砥砺前行，继续探索未知、揭示本源，讲好中国故事，更好展示中华文明风采，展示中华文明的灿烂成就和对世界的贡献。我相信这次大会在大家的努力下一定会取得圆满的成功。

另外，在此我也向为大会的成功召开付出艰辛努力的各方，尤其是为这次大会提供了良好条件的三门峡市各部门的同志，致以诚挚的谢意！

预祝大会圆满成功，谢谢大家！

---

① 习近平：《建设中国特色中国风格中国气派的考古学 更好认识源远流长博大精深的中华文明》，《求是》2020年第23期。

国家夏商周断代工程首席科学家、北京大学考古文博学院李伯谦教授致辞

尊敬的各位朋友，各位考古学界的代表：

大家好！在全国以热烈的心情迎接中国考古学百年华诞、迎接仰韶文化发现百年这样一个美好的日子里，第三届中国考古学大会顺利召开。我作为一个考古界的老兵，感到特别的高兴。昨天，习近平总书记特别向中国现代考古学百年庆典发来了贺信，总书记在信中对中国考古学过去做出的成绩进行了非常全面的肯定，我觉得这是我们考古学界的各位朋友值得骄傲的地方。同时，总书记也对今后如何建设中国特色、中国风格、中国气派的考古学做出了号召，这为我们今后做好考古工作提供了明确的方向。

回顾百年，中国考古学既有坎坷，也有收获。虽然经历了抗日战争、解放战争两次战火，但是我们广大的考古工作者在非常困难的情况下，仍然坚持不懈地做好自己的本职工作，取得了丰硕的成果。因此，总书记指出考古学对构建中国五千多年的文明史做出了积极的贡献，我觉得这个评价是非常中肯的。

从夏商周断代工程开始倡导的多学科联合攻关，人文社会科学和自然科学共同围绕着具体的工作目标来开展研究，这一趋势现在是越来越兴盛了。现在我们可以看到，以三星堆发掘为标志的多学科运用方兴未艾，这标志着中国考古学进入了一个新时代。同时，我们现在还有一个很好的苗头，就是各种各样的媒体都介入了考古发掘和研究成果的传播，我觉得这也是一个非常好的现象。今后我们怎么样更好地把考古工作做好，把考古成果通过各种形式传播到广大的人民群众当中去，使大家都认识到考古学取得的成果，对丰富中华民族五千多年的文明历史，增强我们的文化自信，能够发挥更大的作用。

从中国考古学科产生开始，老师就教导我们要修国史，修国史就是要把我们中华民族、中华人民共和国的悠久历史，通过考古发掘一铲子一铲子挖出来，通过各种技术手段把它解析出来，这样子才增加了我们的自信。所以，在中国考古学的新时代，我觉得广大考古人一定要围绕着"中国特色、中国风格、中国气派"这三个总书记给我们提出来的目标做出新的贡献。

今天看到有这么多年轻的朋友坐在会场上，我也特别高兴。新时代中国考古学一定会有新的面貌出现，一定会有新的成果出来。我想我们下一次考古学大会一定会有更丰富、更精彩、更加振奋人心的成果，我们期待着这一天的到来。

同时，此次中国现代考古学诞生100周年纪念大会和第三届中国考古学大会能够一同召开，我要特别感谢河南省、三门峡市各级党政领导努力付出，我们参加大会的代表都深受感动。我也利用这样一个机会，代表全体与会代表对他们表示深深的感谢！

国外专家代表英国牛津大学中国艺术考古学教授
杰西卡·罗森爵士致辞

我很荣幸受邀参与此次盛会。感谢王巍教授及大会组织方的邀请。我相信此次会议会成为中国考古事业一个崭新篇章的开始。我于1968年加入大英博物馆，此前我曾于剑桥大学学习历史与考古并在约旦进行了三年的考古发掘。自那时起，古代中国就成了我关注的焦点。近年来，考古新发掘和新发现，为我们了解古代中国提供了许多宝贵的新信息。大量的考古工作在中国遍地开花。许多成就对于我们理解整个世界都意义重大。在此感谢所有考古学家为我们了解过去所做出的贡献。来自中国各个省份的考古新成就让世界看到了早期中国历史的多元性。借由诸多考古报告的出版和重要的特展，中国这片土地独特的风貌和文化遗产被全世界的专家和公众熟悉并欣赏。由此，中国古代的伟大成就也得以被全世界了解。如今，我们可以研究和肯定中国早期的这些特质。这都基于一些新发现的大型古代城市，例如震惊世界的良渚、陶寺和石峁遗址，新的科技考古研究也加深了我们对各时期考古的认识。此次会议的主题也会开启一批新的研究，去关注中国独特的地理和历史。我非常有幸能见识中国的广袤大地，并拜访各处考古遗址和考古工作站。我想要感谢所有让我得以成行的考古同仁，谢谢你们给我宝贵时间和关于中国考古的知识。这是中国考古令人激动的时代，经由这些宝贵的机会我了解了中国许多不同的区域。未来，我希望这些不同地域，从黄土高原到长江流域和更南方的福建广州，都能被世界更好地了解认识。

预祝本次大会圆满顺利。

国外专家代表美国斯坦福大学考古中心主任
伊恩·霍德教授致辞

我很高兴能为中国现代考古学100周年庆典致辞。对于中国和世界来说，这都是一个值得庆祝的重要时刻。过去100年中国的考古研究绝大部分是由中国考古学家完成，真正改变了我们对全球人类故事的理解。中国独特的发展进程是一个重要的转折点，近年对这一进程的新解释逐渐明晰，令人激动万分。中国考古对世界考古做出了重要贡献。我很高兴斯坦福大学有颇具实力的中国考古研究。最后，祝贺你们，我真希望我能在会场和你们一起庆祝。

国外专家代表日本中国考古学会会长、九州大学人文科学研究院宫本一夫教授致辞

今年是纪念1921年安特生发现河南省仰韶遗址调查的100周年，也是中国现代考古学诞生的100周年。在这样的日子里，在河南省召开第三届中国考古学大会暨仰韶文化发现和中国现代考古学诞生100周年的纪念大会，具有十分深远的意义。这些年来中国考古学的发展令人赞叹，从最近三星堆的发掘调查也可以看到，纵观世界，中国考古学已经拥有最先进的发掘调查的技术、水准。通过这次大会的召开，全球静候中国考古学应有的姿态，也期待今后探索包括方法论在内的向更加科学的考古学方向发展的美好愿景。我本来预计参加此次大会，但是受到新冠疫情的影响，很遗憾不能再亲自前往中国访问。在这里我真心预祝大会取得圆满成功，同时也祝庙底沟博物馆开馆、仰韶村考古遗址公园开园顺利。

国家文物局考古司司长闫亚林同志公布
"百年百大考古发现"

为了纪念这在中国考古学史上具有重要意义的发掘，系统回顾中国考古学百年发展历程和取得的辉煌成就，在国家文物局的指导下，中国考古学会与中国文物报社联合主办了"百年百大考古发现"遴选推介活动。

百年百大考古发现的遴选推介得到了各省市自治区文物管理部门和各地考古机构的积极响应。按照活动的要求，以省市自治区为单位汇集了各地百年重大考古发现的推荐项目，并提供了较为详尽的书面和图像推荐材料。在此基础上，中国考古学会和中国文物报社组织了初选和终选两轮评选，从各省推荐的321个项目当中投票产生了100项入选项目：

旧石器（5项）

北京周口店遗址、河北阳原泥河湾遗址群、山西襄汾丁村遗址、辽宁营口金牛山遗址、宁夏灵武水洞沟遗址。

新石器（33项）

河北武安磁山遗址、山西夏县西阴村遗址、山西襄汾陶寺遗址、内蒙古敖汉旗兴隆洼遗址、辽宁朝阳牛河梁遗址、上海青浦崧泽遗址、浙江浦江上山遗址、浙江余姚河姆渡遗址、浙江余杭良渚遗址、安徽含山凌家滩遗址、福建闽侯县石山遗址、江西万年仙人洞－吊桶环遗址、山东泰安大汶口遗址、山东章丘城子崖遗址、河南舞阳贾湖遗址、河南新郑裴李岗遗址、河南渑池仰韶村遗址、河南三门峡庙底沟遗址、河南巩义双槐树遗址、湖北荆门屈家岭遗址、湖北天门石家河遗址、湖南道县玉蟾岩遗址、湖南澧县城头山遗址、广西桂林甑皮岩遗址、重庆巫山大溪遗址、西藏昌都卡若遗址、陕西神木石峁遗址、陕西西安半坡遗址、陕西临潼姜寨遗址、甘肃秦安大地湾遗址、甘肃临洮马家窑遗址、青海民和喇家遗址、香港马湾岛东湾仔北遗址。

夏商（10项）

江西新干商代大墓、河南偃师二里头遗址、河南偃师商城遗址、河南郑州商城遗址、河南安阳殷墟（含洹北商城、后冈遗址）、湖北黄陂盘龙城遗址、湖北大冶铜绿山古铜矿遗址、四川广汉三星堆遗址、新疆若羌小河墓地、台湾卑南遗址。

两周（15项）

北京琉璃河遗址、河北易县燕下都遗址、河北平山战国中山王墓、山西临汾晋侯墓地及曲村－天马遗址、山西侯马晋国遗址、山东临淄齐国故城、山东曲阜鲁国故城、河南三门峡虢国墓地、河南洛阳东周王城遗址、湖北随州曾侯墓群、四川成都金沙遗址、陕西宝鸡周原遗址、陕西西安丰镐遗址、陕西凤翔秦雍城遗址、甘肃张家川马家塬遗址。

秦汉（16项）

北京大葆台汉墓，河北满城汉墓，吉林集安高句丽王城、王陵及贵族墓葬，江苏徐州汉楚王墓群，江西西汉海昏侯墓，山东临沂银雀山汉墓，湖北云梦睡虎地秦墓，湖南里耶古城遗址，湖南长沙马王堆汉墓，广东广州南越国宫署遗址及南越王墓，广西合浦汉墓群，云南晋宁石寨山古墓群，陕西汉长安城遗址，陕西秦咸阳城遗址，陕西秦始皇陵，新疆民丰尼雅遗址。

三国至隋唐（9项）

河北临漳邺城遗址及磁县北朝墓群、黑龙江渤海国上京龙泉府遗址、河南汉魏洛阳城遗址、河南隋唐洛阳城遗址、陕西法门寺遗址、陕西唐大明宫遗址、甘肃敦煌莫高窟、青海都兰热水墓群、新疆吐鲁番阿斯塔那古墓群。

宋辽金元（9项）

内蒙古辽上京遗址、内蒙古元上都遗址、黑龙江金上京会宁府遗址、浙江杭州南宋临安城遗址及官窑遗址、山东青州龙兴寺遗址、河南许昌白沙宋墓、广东"南海I号"沉船、贵州遵义海龙屯城址及播州杨氏土司墓群、宁夏西夏陵。

明清（3项）

北京明定陵、江西景德镇御窑厂窑址、四川江口明末战场遗址。

中国考古学会副理事长、北京大学考古文博学院赵辉教授公布"考古遗址保护展示优秀项目"

由中国考古学会文化遗产保护专业委员会提名，从已挂牌的考古遗址公园项目中推荐22项候选项目，线上投票产生5项考古遗址保护展示优秀项目：

北京周口店遗址

浙江余杭良渚遗址

福建三明万寿岩遗址

四川成都金沙遗址

陕西秦始皇陵

第三届中国考古学大会（2021·三门峡）

考古新书展示

考古新书展示

为了迎接仰韶文化发现和中国现代考古学诞生100周年，全国考古学界同仁踔厉奋发，推出了许多新成果，本届大会选取了3项进行成果展示：

《中国出土彩陶全集》（十卷本）

《中国考古学百年史（1921—2021）》（四卷十二册）

《三门峡庙底沟》（三卷本）

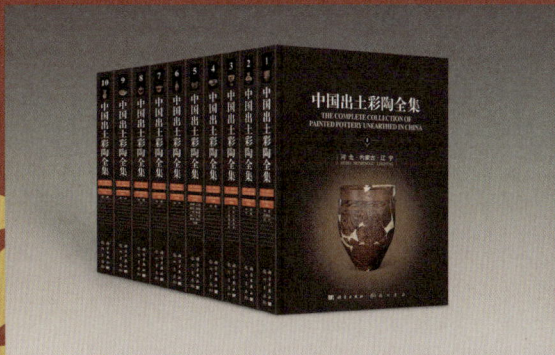

陈星灿主编：《中国出土彩陶全集》，科学出版社、龙门书局，2021年。

河南省文物考古研究院、三门峡市考古研究所、武汉大学历史学院考古系：《三门峡庙底沟》，文物出版社，2021年。

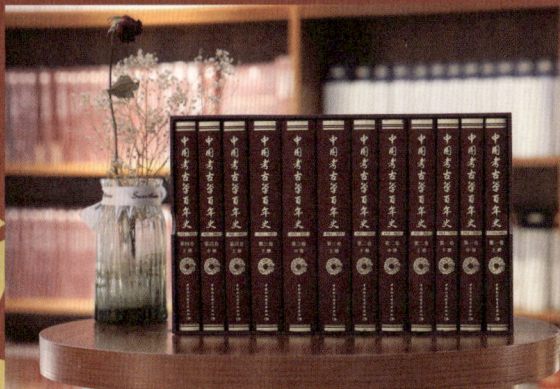

王巍主编：《中国考古学百年史（1921—2021）》，中国社会科学出版社，2021年。

主题学术报告

■ 王 巍

　　吉林大学历史系考古专业毕业，双博士学位（中国、日本）。史前及夏商周考古学家，中国社会科学院考古研究所原所长，《考古》前主编。中国社会科学院学部委员、历史学部主任，研究员，博士生导师，享受国务院政府特殊津贴。中国考古学会理事长。第十二、十三届全国人大代表，中国历史研究院咨询委员会副主任，国务院第七届学位委员会委员，考古学科评议组组长，国家社会科学基金考古专家组组长，国家"十五""十一五""十二五"科技支撑项目——"中华文明探源工程"项目负责人、执行专家组组长，国家社会科学基金重大委托项目——"蒙古族源与元朝帝陵综合研究"（2012～2022年）首席专家。

　　迄今发表、主编论著多部，发表论文百余篇。曾主持河南偃师商城宫殿区、安阳殷墟孝民屯铸铜作坊和居民区的大规模发掘及陕西周原西周宗庙的发掘，三次获得国家田野考古奖。曾任中国与乌兹别克斯坦合作对明铁佩古城发掘中方总领队、中国与中美洲洪都拉斯合作对玛雅文明核心遗址——科潘遗址发掘中方总领队、中国与埃及合作对埃及新王国首都底比斯孟图神庙发掘中方总领队。

中国考古学百年历程回眸

2021年10月，是河南渑池仰韶村遗址发掘100周年，也是现代中国考古学诞生100周年。百年来，几代中国考古学者筚路蓝缕、薪火相传、接续奋斗，取得了辉煌成就。

一、百年中国考古的阶段划分

早在北宋时期，就出现了以传世或零星出土的古代铜器铭文和石刻文字为研究对象的金石学。金石学尤其偏重著录和考证文字资料，以期达到证经补史的目的。金石学在清代乾隆年间迎来鼎盛时期，发展到清末民初，收集资料和研究的范围更为扩大。金石学收集、著述、保存了许多有价值的古代铭刻资料，有的著作还描绘了器物的图像，并且部分地记录出土地，为这些古器物的研究做出贡献。通过金石学的研究，历代文史家关注古代器物成为传统，也为后来中国考古学的研究打下了基础。

（1）中国考古学的起步期（1921～1949年）。1921年，瑞典地质学家安特生发现了北京周口店遗址和河南渑池仰韶村遗址，并正式开始对仰韶村遗址进行科学发掘，标志着中国现代考古学的诞生。随后进行的山西夏县西阴村遗址、北京周口店遗址、河南安阳殷墟遗址和山东历城城子崖遗址的发掘工作，揭开了中国人自主进行考古发掘和科学研究的序幕。

（2）中国考古学的初步发展期（1950～1965年）。中华人民共和国成立后，因战争而中断的考古工作得到了复苏。以中国科学院考古研究所和北京大学考古专业的创立为标志，我国考古机构和人才队伍不断发展壮大。

（3）中国考古学的停滞期和恢复期（1966～1978年）。20世纪60～70年代，中国考古学研究一度陷入停滞。1972年，以《考古学报》《考古》《文物》三大期刊的复刊出版为契机，中国考古学研究得到了恢复。

（4）中国考古学的快速发展期（1979～2000年）。党的十一届三中全会确定了改革开放的发展方针，中国考古学的快速发展迎来了大好局面。

（5）中国考古学的蓬勃发展期（2001～2020年）。进入新世纪，随着

"中华文明探源工程"等国家级重大考古课题的开展，中国考古学呈现出前所未有的良好态势。党的十八大以来，以习近平同志为核心的党中央高度重视文物考古工作，多次做出重要指示批示，为我国考古事业的发展指明了方向。

（6）中国考古学的黄金发展期（2021～   ）。习近平总书记发表"9·28"重要讲话后[①]，各级政府积极采取各项举措，助力考古工作深入开展，考古工作者更加奋发图强，中国考古学进入黄金发展期。

二、百年来的中国考古学的发展历程与成就

（一）旧石器时代考古研究：探讨"我从哪里来？"

（1）周口店猿人头盖骨的发现，是东亚地区首次科学发掘获得猿人化石，激起了考古人寻找中华大地上最早出现人类的年代和文化的探索热情。此后，相继发现了元谋人、蓝田人、丁村人、金牛山人、山顶洞人等数十处旧石器时代人骨化石遗址和数以百计的古人类生活的遗址。考古发现证明，距今200万年前，中华大地就有古人类生活。东亚地区是较早出现古人类的区域之一。北京周口店发现用火遗迹表明，距今50万年前的先民已经能够用火，在世界范围内是比较早的，是人类生活史上具有重大意义的进步。

（2）基于考古材料探讨东亚地区现代人的起源。针对20世纪80年代国际遗传学界提出著名的"夏娃理论"，即全世界所有现代人的祖先都是距今10万年前后从东非走出来的，以及"夏娃理论"的支持者提出的"中国缺乏距今7万到3万年之间古人类活动遗址的考古发现，所以不能构成否认东亚地区现代人的祖先来自东非证据"的观点。近年来，从事旧石器时代考古研究的学者组织力量，对我国河南荥阳织机洞、郑州老奶奶庙及广东英德青塘等多个距今6万～3万年的遗址开展考古发掘，获得了丰富的人类活动遗迹和遗物，弥补了原来较为缺乏这一时期遗址发掘成果的薄弱环节。

发掘结果显示，从旧石器时代早期到晚期，中国北方和南方地区都有古人类生活，他们的石器制作技术和生活行为等方面仍然沿袭了本土自北京猿人时期已经形成的以石片石器为主的文化传统，并没有出现原有文化传统被新的外来文化所取代的现象。与此同时，在新疆通天洞、宁夏水洞

---

① 习近平：《建设中国特色中国风格中国气派的考古学　更好认识源远流长博大精深的中华文明》，《求是》2020年第23期。

沟、河南登封西施等少数遗址发现了欧亚草原流行的独特石器工艺技术制作的石器，表明确有外来人群少量进入到了现今中国境内，但并未出现对原有人群及其文化传统的取代现象，而是实现了融合。有理由认为，中华大地的古人类及其文化是"连续进化，偶有杂交"，目前的考古材料支持以元谋猿人、蓝田猿人和北京猿人为代表的旧石器时代早中期的古人类是现代中国人的祖先。

（二）新石器时代考古研究：从史前时期文化面貌的揭示到文化来源的追溯，证明中华史前文化系本土起源

（1）中国史前文化的来龙去脉。仰韶村的发掘，是在我国第一次进行的科学意义上的考古发掘，第一次认识到以彩陶为代表的史前时期的文化面貌。安特生向西追溯彩陶文化的来源，提出中国史前文化西来说。中国考古学家通过发掘西阴村、城子崖、殷墟等遗址，认识到存在彩陶文化、黑陶文化、灰陶文化三种文化遗存。梁思永通过后岗三叠层的发现，解决了这三种文化的相对年代关系。尤其是中华人民共和国成立后，通过考古工作者的努力，距今9000～7000年的裴李岗文化、磁山文化、北辛文化、河姆渡文化的发现，证明中国史前文化是本土起源的。

（2）考古学文化研究的新突破。我们经历了从单个考古学文化的研究，到各个区域考古学文化年代序列的建立，再到考古学文化谱系即不同区域之间考古学文化关系的研究。此后，各地区考古工作的相继开展，逐步了解了各地区史前文化的面貌。夏鼐先生提出考古学文化命名的标准，苏秉琦先生提出"区系类型理论"，指导各地逐渐建立起各地区考古学文化的序列。在苏秉琦先生的引领及张忠培、李伯谦等先生的推动下，各地考古学文化谱系逐渐建立。从年代序列到谱系研究，使中国的考古学文化研究达到了一个新的阶段，为此后各区域文明化进程和多元一体的中华文明形成研究奠定了基础。

（3）史前社会的研究。20世纪50～60年代，学界围绕仰韶文化时期为母系社会还是父系社会展开了广泛探讨。而自20世纪80年代中期开始，以牛河梁和良渚反山、瑶山墓地的发现为契机，新石器考古学呈现出以考古学文化的研究为主转向以对史前社会的研究为主的趋势，并延续至今。

2002年起实施的中华文明探源工程，继承了国家夏商周断代工程开辟的多学科联合针对人文科学重大课题进行研究的路径，以各地区文明化进程和多元一体格局的形成过程为主要研究任务，激发了各地区学者围绕文明化进程开展考古工作和研究的积极性。牛河梁、西坡、双槐树、石家河、东山村、凌家滩、良渚、焦家、西朱封、陶寺、石峁等一批反映各地区早期文明形成的考古发现为古国时代的社会研究提供了关键材料。中华文明探源工程据此提出了通过考古遗存判断进入文明社会的中国标准。

值得一提的是，2019年良渚遗址成功申报世界文化遗产，使得中华五千年文明得到国际社会承认。

（4）史前时期考古取得一系列重要发现，比如：距今1.3万年前的陶器，万年稻、粟、黍栽培；距今八九千年前的彩陶、造酒、家猪饲养、骨笛、龟甲刻划、玉器、绿松石器；距今8000年前的独木舟、漆器；距今6000年前的丝绸、高温陶窑、快轮制作陶器、犁耕等。这些考古发现无不展示出早期中华史前先民的聪明才智和发明创造。

（三）历史时期考古研究

1928年开始的殷墟发掘，拉开了中国历史时期考古的序幕，使中国考古学从一开始便以研究中华文明、中华民族和中华国家的历史为己任，成为大历史学的重要组成部分。历史时期考古有三大学术研究课题，即"中华文明的形成与发展""中国统一的多民族国家的形成与发展"和"中华民族共同体的形成"。围绕这三大课题，历史时期考古取得了一系列重要成果：

（1）殷墟的发掘了解商代晚期社会。通过商代甲骨文的发现，与《史记·殷本纪》记载的商王世系对照，证明商王朝的存在。通过殷墟小屯宫殿区、西北冈王陵区等地的大规模发掘，逐步揭示了商代晚期文化与社会面貌。20世纪50年代，通过考古发掘又将商代历史向前追溯到商代前期的郑州商城。

（2）夏朝及其文化的探索。《史记·殷本纪》的可信性被甲骨文所证实，激励了中国先秦史学者和考古学家们探讨夏王朝、寻找夏代遗存的热情。1959年，徐旭生进行夏墟调查，发现二里头遗址，此后持续开展发掘。进入新世纪，在中华文明探源工程的支持下，通过聚落考古的方法对二里头遗址进行研究，在遗址布局方面取得突破性发现。根据二里头遗址的年代和规模，结合其在遗址布局、青铜器和玉礼器的创造，尤其是二里头文化的分布和玉礼器对周围地区影响的空前范围，史学界和考古学界都普遍认为二里头遗址是夏代晚期的都城，二里头文化是夏代后期的文化。

（3）在二里头之外，广汉三星堆、新干大洋洲、青州苏埠屯等一批重要商代方国遗迹的发现，证明商王朝对广阔区域的方国产生强烈影响。

（4）丰镐和周原的考古发现，揭示了西周王朝都城和文化的面貌。

（5）各地春秋战国都城和贵族墓葬的发现，展现出当时百花齐放、百家争鸣、文化繁荣的景象。

（6）秦都咸阳、秦始皇陵园和汉长安城的发掘，反映了实现全国统一的秦汉帝国的强盛。各地大量汉代诸侯和中下层民众墓地的发现，反映出"文景之治"促进了汉代人口显著增长、经济发展和汉王朝在全国范围内的稳固统治。

（7）各地魏晋南北朝时期都城和墓地以及石窟寺的发现，反映出这一时期高度活跃的文化交流和民族融合。

（8）隋唐两京都城里坊、市场、佛寺和陵墓的发现，反映了中国古代历史上最为繁荣昌盛的隋唐盛世政治经济文化的景象。

（9）有关秦汉到隋唐时期边疆地区地方政权的一系列考古发现，对于探讨中原王权对周边的经略、统一的多民族国家的形成过程等课题具有重要意义。

（10）宋辽金元明清考古，为都城、墓葬、手工业、民族融合与文化交流等领域的研究提供了重要资料。

同时，随着中国考古学理念与方法的不断发展，历史时期考古研究也产生了一系列重要变化：

（1）在城址发掘与研究方面，从城墙发掘入手，解决修建和使用及废弃年代，到寻找城门和道路，确定道路网分布，进而研究城内的布局；从将发掘重点放在宫殿区，发展到对池苑、寺院、手工业作坊、市场、里坊等遗址均开展深入发掘研究，全面了解城内不同阶层居民的生活。都城考古为全面了解文化和社会提供了重要资料，其研究模式亦可从都城推及对郡治及一般村镇的发掘与研究中。

（2）在墓葬发掘与研究方面，从针对单个墓葬的研究发展到对于墓地、墓园的研究，进而深入研究当时的埋葬制度。

（3）在王朝与方国、封国、属国关系研究方面，注重研究不同地区、不同民族的遗存，研究统一的多民族国家的形成，进而探讨中华民族共同体的形成与发展。

（4）在文化交流研究方面，对于境内各个区域之间的文化交流，以及境内和域外文化之间的交流研究逐渐增多。

（四）新世纪考古研究意识理念的变化

（1）中国考古学从研究"如何"向探讨"为何"转变。随着新世纪的到来，中国考古学进入深入研究的新阶段。除新发现、新材料层出不穷外，中国考古学不再是对出土材料本身"文化、年代、性质"内容的简单阐释，而是转向"为什么"的深层次研究。通过加强多学科联合攻关，从环境、生业、资源、迁徙与交流等前沿研究视角着眼，深入探究农业起源的原因、文明起源的原因、推动文明进程的动力与机制、城市出现与发展的原因、聚落和城市选址的考量、以中原地区为中心的中华文明多元一体格局形成的原因等重要课题。

（2）中国考古学的国际视野不断拓宽。围绕国家"走出去"战略和"一带一路"倡议，陆续在"一带一路"关键节点和世界古代文明核心区域开展考古调查和发掘工作，中国考古人对于世界其他国家的文明与历史的了解不断深入，中国考古学的国际影响力和地位也在不断提高。

（3）坚持以人民为中心，考古为人民的理念。考古发掘中愈发注重前期保护预案和后期保护实施，对于考古发掘后研究成果的出版和宣传推广重视度不断提高，越来越多的考古学家出现在面向社会公众的科普节目中，真正为广大人民保护好、传承好中华优秀传统文化。

（4）秉持发掘与保护、展示相结合的理念。在国家考古遗址公园的规划建设中，考古学家的作用越来越重要。

三、百年考古的基本经验——建设中国特色的考古学的基本思路

（1）马克思主义是我们认识世界，从事科学研究的法宝，必须坚持以辩证唯物主义和历史唯物主义指导中国考古学研究。

（2）中国的历史发展有其自身特色。中国考古学必须坚持从中国的实际出发，走自己的发展道路，不能照搬外国经验模式。

（3）田野考古是获取第一手资料的关键环节，必须以扎实的田野考古调查和发掘为基础，最大限度地获取遗存中蕴含的信息。其中，自然科学手段大有用武之地。

（4）我国丰富的历史文献是宝贵的资源，必须坚持以考古资料为基础，与历史文献相结合开展研究。

（5）任何一门学科都有其局限性，考古学也不例外。必须坚持与其他学科的融合，包括自然科学和人文社会科学的学科，共同开展对考古资料的研究和阐释。

（6）必须坚持考古为人民的理念，将考古学研究与文化遗产的有效保护与合理利用紧密结合，在考古资料的活化上下功夫，充分发挥考古学在增强文化自信、实现中华民族伟大复兴中的独特作用。

（7）中国是世界的一部分，中外文化交流互鉴古来有之。必须具有国际视野，将古代中国放在世界的大范围内来思考。

（8）必须坚持与国际学术界开展密切交流与合作，积极吸收借鉴国际考古学界的新成果，取长补短，共同促进世界考古学的发展。

习近平总书记指出，考古工作是一项重要文化事业，也是一项具有重大社会政治意义的工作……历史文化遗产不仅生动述说着过去，也深刻影响着当下和未来[①]。5000多年文明是我们无比宝贵的精神财富。百年中国考古，展现了中华文明取得的辉煌成就，展现了屹立于东方的中华民族的形成与发展过程，展现了中华文明所具有的非凡凝聚力和向心力以及开放包容的博大胸怀。

在此，谨向为中国考古做出卓越贡献的几代考古人致以崇高敬意！

---

① 习近平：《建设中国特色中国风格中国气派的考古学　更好认识源远流长博大精深的中华文明》，《求是》2020年第23期。

■ 刘海旺

历史学博士。现任河南省文物考古研究院院长、研究馆员，《华夏考古》主编，中国考古学会理事，湘鄂豫皖楚文化研究会副理事长、河南省文物考古学会执行会长、河南省科学技术史学会理事长。

研究领域主要为汉唐宋考古和古代冶金考古，致力于黄河文化、大运河文化考古研究。曾先后主持河南省鲁山县望城岗汉代冶铁遗址、重庆市丰都县兴义镇庙背后和木屑溪古代炼锌遗址、延津县金元沙门城址、内黄县三杨庄汉代聚落遗址、浚县隋代黎阳仓遗址、大运河商丘南关唐宋运河码头遗址以及开封北宋东京城外城顺天门遗址、州桥及汴河遗址等20余项考古发掘项目。其中，三杨庄汉代聚落遗址、浚县隋代黎阳仓遗址被评为年度全国十大考古新发现。出版、发表论著等3部，发表中、英文考古发掘报告、简报、论文等50余篇。

河南百年考古发现与研究

　　河南是中国现代考古学诞生的摇篮，1921年渑池仰韶村遗址的发掘和中国第一个考古学文化——仰韶文化的命名，标志着中国现代考古学的诞生。至2021年，中国现代考古学已经走过了100年历程。百年来，特别是新中国成立以来，河南考古取得了举世瞩目的非凡成就，为中国考古事业的发展做出了卓越的贡献。同时，也为下一个百年考古事业的更大发展积淀了坚实的基础和成功经验。

一、百年考古重要发现

　　百年来，河南几代考古人筚路蓝缕，同全国同仁一起，艰辛探索、不懈努力，取得了一系列重大考古发现成果，实证了中华文明一脉相承，揭示了中华文明起源和发展的历史脉络，展示了中华文明的灿烂成就。

　　旧石器时代考古。1954年河南发现第一件旧石器时代人工制品以来，境内已发现众多古人类旧石器遗址或地点。河南地区已发掘的旧石器时代早期遗址12处，发现的人类化石有"栾川人""淅川人"和"南召人"，所处时代与"北京人"相当，同属人类演化过程中的直立人范畴。距今12万～5万年为旧石器时代中期，在许昌灵井遗址发现了这一时期的古人类头骨化石和数万件人工制品。距今5万～1.2万年为旧石器时代晚期，河南发现古人类化石的遗址有鲁山仙人洞遗址和栾川蝙蝠洞遗址，鲁山仙人洞遗址发现了距今3.2万年的古人类骨头断块，在现代人变异范围之内。

　　新石器时代考古。自仰韶文化发现并命名后，河南在中华文明起源时期新石器时代考古中，建立起了较为完备的新石器时代文化谱系。在距今12000～9000年的新石器时代早期，是旧石器、新石器过渡阶段。新密李家沟遗址下层出土有细石核与细石叶等典型的细石器遗存，上层出土含绳纹及刻划纹等装饰的粗夹砂陶及石磨盘等，较清楚地揭示了该地点史前居民从流动性较强、以狩猎大型食草类动物为主要对象的旧石器时代，逐渐过渡到具有相对稳定的栖居形态、以植物性食物与狩猎并重的新石器时代的演化历史。

贾湖遗址出土骨笛（1、2. 2013M57：23　3. 2013M68：2　4. 2013M68：3）

距今9000～7000年的新石器时代中期文化主要是裴李岗文化。目前，河南裴李岗文化遗址发现有160多处，重要遗址有新郑裴李岗、沙窝李、唐户，郏县水泉，长葛石固，舞阳贾湖，安阳八里庄等。舞阳贾湖遗址出土的骨笛是中国最早的乐器，出土的甲骨契刻符号是中国最早的与汉字起源有关的实物资料；占卜用的龟甲、陶窑的出现，以及种种精工制作的工具，都表明裴李岗文化所达到的总体高度。

距今7000～5000年新石器时代晚期文化——仰韶文化，是我国史前文化中发现最早、出土资料最为丰富的文化遗存。其中庙底沟类型时期是仰韶文化的鼎盛时期，以种类繁多的彩绘陶器为代表，出土范围涉及大半个中国。河南发现的重要仰韶文化遗址有濮阳西水坡、渑池仰韶村、三门峡庙底沟、灵宝西坡、郑州西山、郑州大河村和巩义双槐树等遗址。濮阳西水坡遗址发现的多组用蚌壳摆砌的龙虎等图案，是中国史前文化考古史上的首次发现；灵宝西坡遗址则拥有特大公共性建筑和大型墓葬等；郑州西山仰韶文化城址，是当时国内发现年代最早、建筑技术最为先进的早期城址。这一时期，在河南中部涌现出多个面积在50万平方米左右到100多万平方米的大型聚落，其中以巩义双槐树遗址面积最大，现存面积达117万平方米，发现有大规模高等级夯土建筑、墙体等遗迹。

灵宝西坡遗址 F104（上）与 F105（下）

　　距今5000～4000年新石器时代末期的河南龙山文化时期考古学文化所表现的是一个巨大的变革时期。一般认为，河南龙山文化晚期可能已经是夏文化的早期遗存。河南在此时出现了大量的城址，如登封王城岗、禹州瓦店、新密古城寨、淮阳平粮台、郾城郝家台、濮阳戚城、辉县孟庄等城址。淮阳平粮台城址规划整齐，建筑技术先进，防御设施严密，有先进的排水设施；城址中还发现较高级别的房屋建筑、手工业设施以及宗教活动遗迹等，已经具备早期城市的基本要素，可能是龙山时期该地区的政治、宗教中心。新密古城寨是目前发现的中原地区规模较大、城墙保存最好的龙山时代晚期城址，发现有结构复杂的大型宫殿式建筑遗存。叶县余庄遗址发现的大型墓填补了河南龙山时期无高等级墓葬的空白，禹州瓦店遗址完整揭露出一处距今4000年左右的大型夯土祭祀遗迹，淮阳时庄遗址被确认是龙山末期至夏代早期的一处粮食仓城遗址。

　　夏商时期考古。河南是夏文化探索的中心地区，1959年偃师二里头遗址的发现，拉开了夏文化探索的序幕。近些年来，河南在新砦期文化和二里头文化取得了新的进展，尤其是几座城址的发现，如新密新砦城址、平顶山蒲城店新砦期城址、郑州东赵新砦期城址、郑州大师姑二里头文化城址、新郑望京楼二里头文化城址等，更加说明了当时社会复杂化的程度。

淮阳平粮台城址布局图

二里头遗址60多年的考古发掘，发现了居中的宫城及宫殿建筑群、祭祀区、中高级贵族墓葬、网格状布局道路、带围垣的铸铜作坊遗址和绿松石器手工业作坊址及精美的玉器、青铜器和陶器等。

安阳殷墟甲骨文的发现及近百年来对殷墟的考古发掘成果，实证了中国历史上商王朝的存在及其空前高度的社会发展水平。多年来，为了追溯殷墟文化的来源，通过大量的考古调查和发掘工作，发现了许多早于殷墟的商文化遗存，尤其是郑州商城、偃师商城、郑州小双桥遗址和安阳洹北商城的发现，基本厘清了商王朝的发展脉络。

两周时期考古。1932年浚县辛村卫国墓地的发掘开启了中国西周考古的序幕。近百年来河南发现了较多的两周时期城址和大批该时期墓葬。西周时期如洛阳西周遗址、三门峡虢国上阳城址及虢国墓地、平顶山应国墓地、鹤壁辛村卫国遗址等。东周时期的新郑郑韩故城作为郑、韩两国的都城，是国内保存最好的东周时期列国都城之一，一道南北向的夯土墙将其分为东、西城两部分；西城的北中部夯土建筑基址分布密集，中部发现有宫城遗址和战国晚期韩国王室专用的地下冷藏建筑设施；东城则是手工业作坊的集中分布区，发现有铸铜、制陶、制骨、铸铁作坊遗址，并且还有战国晚期的储粮窖穴；东城最为重要的考古发现是三处郑国祭祀遗存，出土了348件郑国公室的青铜礼乐器。洛阳市伊川徐阳陆浑戎贵族墓地的发现，体现了东周时期周边少数民族不断融入中原文化圈的历史进程。

秦汉魏晋南北朝隋唐时期考古。目前能够确认的河南秦文化遗存主要是墓葬，分布在今河南三门峡、洛阳、南阳、郑州及泌阳等地。

汉魏洛阳城是东汉、曹魏、西晋、北魏四个重要王朝的都城。北魏洛阳城的宫城、阊阖门以及太极殿的发掘成果突出。始建于曹魏时期的太极殿，是中国历史上第一座"建中立极"的宫城正殿，其创建的宫室制度及都城格局，开创了中国古代都城布局的一个新时代。此外，汉魏洛阳城还发掘了东汉太学遗址和北魏永宁寺遗址。

西汉时期的永城梁孝王及其王后陵，是迄今为止考古发现的西汉时期最大的石崖陵墓。东汉12座帝陵，除献帝禅陵远在焦作修武以外，其他11座帝陵都在洛阳故城附近，发掘清理了偃师白草坡东汉帝陵陵园遗址和大型陪葬墓园遗址。安阳曹操高陵出土有多件带有"魏武王"铭文的石牌，为确定墓主人为魏武帝曹操提供了重要证据。洛阳西朱村曹魏大墓，

郑州商城南顺城街出土铜方鼎（H1上：1）

出土的大量刻铭石牌和曹操高陵出土同类器极其相似，为研究曹魏时期高等级墓葬的葬制提供了重要的资料。北魏时期洛阳宣武帝景陵的发掘清理，表明其布局形式影响了唐代的陵墓。

河南汉代冶铁考古发掘的重要遗址较多，如巩义铁生沟、南阳瓦房庄、郑州古荥、温县招贤、鲁山望城岗等遗址。其中，郑州古荥镇汉代冶铁遗址清理出的两座炉基，是迄今为止年代最早、规模最大、结构保存最完整的，并且是首次经过科学系统考古发掘的椭圆形冶铁竖炉炉基。

内黄三杨庄汉代聚落遗址首次再现了汉代农业乡里的真实景象，为研究汉代的基层社会组织结构提供了绝好的实物资料。所揭示的汉代中下层民众生产、生活状况的庭院与生活环境，填补了考古学研究的空白。

隋唐洛阳城、大运河、回洛仓及浚县黎阳仓等大型仓窖遗址等的考古发掘反映了隋唐时期中原地区社会经济和文化发展与交流的繁荣景象。

宋金元明时期考古。北宋东京城、西京洛阳城、宋金元瓷窑遗址、明清开封城等考古发掘显示了宋金元明时期城市经济繁荣和社会文化的进一步发展。北宋东京城顺天门（新郑门）、州桥遗址的考古发掘，为研究北宋东京城的城门形制、州桥形态、城市布局及其经济发展状况等提供了难得的实物资料。宋代的宝丰清凉寺窑址、禹州钧台窑址等充分说明当时中原造瓷业的兴盛和高度成就。

开封北宋东京城州桥北岸石壁（局部）

二、百年考古揭示文明进程图景

河南百年考古发现与研究成果初步描绘了河南地区古代文明的发展图景和脉络。

从旧石器时代开始，河南就是中国南北文化交融的重要地区。新石器时代中期以贾湖遗址为代表，裴李岗文化发展水平明显高于周边同期诸考古学文化，尤其在其晚期阶段对周边同时期考古学文化产生了较为明显的影响，为中华文明的起源和早期发展奠定了坚实的基础。新石器时代晚期以灵宝西坡遗址及其所在的铸鼎原遗址集群为代表，仰韶文化中期庙底沟类型对周边文化产生了明显的影响，加快了中华文明起源的进程，被誉为"文化上的最早中国"；属于仰韶文化晚期的郑州西山城址、巩义双槐树遗址等遗址群，其上百万平方米的巨型聚落内大规模高等级建筑址等因素所表现出的社会文化已初具文明社会样貌。河南龙山文化时期是中原与周边交流碰撞激烈的时期，对以中原为中心的趋势的形成和夏王朝的建立起到了关键推动作用。

以二里头遗址为代表的二里头文化，大量吸收各种外来的先进文化因素进行创新发展，同时对外辐射其强大的影响，呈现出一种前所未有的王朝气象。二里头遗址是当时中国规模最大、规划缜密、布局严整的都邑遗址，一般认为，二里头遗址是夏代中晚期都城。

代夏而立的商代，其郑州商城、偃师商城、郑州小双桥、安阳洹北商城、殷墟"大邑商"等都邑遗址呈现出较前代更为丰富的内涵和高度的社会发展水平。河南两周时期的城邑和聚落遗址分布空前普遍，表现了古代文明的逐渐全面加速度发展的态势。

秦汉时期及其以后历史时期考古中，河南汉魏洛阳城、隋唐洛阳城、北宋东京城、帝王陵墓、画像砖石墓、壁画墓、农耕聚落、冶铁作坊、瓷窑址、大运河等是中国古代大一统国家开创、发展、繁荣和民族大融合的历史见证。

历史文献记载和已有的考古发掘成果及环境考古等多学科研究表明，以河南为中心的中原地区是中华文明多元一体格局形成与发展的核心地区，这是基于河南居中的地理位置和较为优越的自然地理环境条件。河南地跨亚热带与暖温带，气候温暖湿润适中，雨水和地表水较为充沛，各类生活生产资源丰富；大部分地处中国第二阶梯与第三阶梯的低山丘陵和平原地区，拥有大面积平坦的黄河等河流冲积形成的肥沃疏松黄土平原，比较适宜古代社会生产力条件下的大规模农业耕作，养育更多的人口，产生发达的农业文明。由此，河南在中华文明多元一体起源、形成、发展进程中，不论是主动或被动，发展高潮或低潮，一直不断地与周边区域进行文化交流融合，取长补短、创新生长。

自中国现代考古学诞生 100 年来，关于中华文明起源、发展模式结构的理论思考主要是围绕中原的作用而展开。20 世纪 30 年代的夷夏"东西二元说"、50 年代的"中原中心论"、70 年代末的"区系类型说"（即"满天星斗说"）、80 年代的"中国相互作用圈"模式和"重瓣花朵"模式说，以及此后的"以中原为中心的历史趋势说"和"新中原中心说"等，这些认识的提出显然是基于河南和全国考古发现成果并随着考古发现与研究成果的不断涌现而不断深化。现阶段中华文明探源工程结果表明，中华文明从距今 5000～4000 年期间的各区域文明各自发展，交流共进，转变为由中原王朝引领的一体化新进程。自夏商开始，中原地区引领全国发展达 3000 多年。

三、新时代的河南考古展望

回顾河南乃至中国考古学的百年发展历程，不断创新的理论方法、取得的学术成就、构建的话语体系，其实就是中国特色、中国风格、中国气派的考古学的建设过程。在今后新时代的征程中，河南考古将在新的理念和方法的指导下，将所有的考古发掘工作纳入大的课题和规划中，纳入揭示古代社会整体发展状况的研究中，紧紧围绕人类起源与演化、文明化起源与发展、国家起源与发展、古代城市与聚落发展、古代墓葬制度及其演变、古代工程技术与手工业技术发展等课题开展；做好大遗址保护中的考古工作，支持黄河国家文化公园、大运河国家文化公园、长城国家文化公园和国家考古遗址公园等建设中的考古工作，服务社会经济文化发展大局，为建设中国特色、中国风格、中国气派的考古学做出河南新的贡献。

■ 付巧妹

中国科学院古脊椎动物与古人类研究所研究员、博士生导师，中国科学院古脊椎动物演化与人类起源重点实验室副主任、分子古生物学实验室主任，国家杰出青年科学基金建议资助项目申请人，发展中国家科学院通讯院士，美国霍华德·休斯医学研究所HHMI国际青年学者，国家重点研发计划项目首席科学家。现任《人类学学报》、《遗传》、《科学通报》、《中国科学》、*Human Genomics*及*PLOS Biology*等期刊编委，以及*Molecular Biology and Evolution*期刊资深编辑。

长期从事演化遗传与群体遗传学研究，在围绕古基因组探索人类群体的起源与演化问题上取得许多重大科研发现，共同开发古核DNA捕获技术，推动世界古DNA规模性研究及人类学等相关领域发展；破译世界、东亚最古老现代人基因组，揭秘中国4万年来人群迁徙与遗传历史，从青藏高原"土"中获得东亚首例灭绝古人类DNA，在我国广西首次发现此前未知的万年前亚洲古老人群等。发表SCI学术论文50余篇，他引次数超过7000。曾获"中国青年五四奖章""第十五届中国青年科技奖·特别奖项""首届科学探索奖"，被*Nature*评为"中国十大科学之星"之一，相关成果亦入选*Nature*十大科学事件、中国科学十大进展等，国内外权威媒体评价其为填补或修正人类演化进程的细节知识做出重要科学贡献。

以骨寻踪，数往知来——古DNA揭秘东亚数万年人群演化历史

人类演化一直是地球与生命科学领域的研究焦点。作为地球与生命科学领域的新兴交叉学科，古基因组学用其前沿的实验技术与分析方法，"让考古遗存说话"——通过直接提取和解析古代人类遗骸或生存遗迹中的古DNA，为揭示过去人类迁徙、演化与适应的历程提供重要遗传学证据和细节知识，尤其在探索灭绝古人类与早期现代人的互动关系及不同阶段现代人的演化特点这两个关键科学问题上带来许多全新的认识和发现，得以修正、补充或验证学界一系列相关理论假说。

2017年以前，人类古基因组研究主要集中在欧洲和北亚地区，东亚，尤其是中国旧石器时代晚期以来人群的古基因组相对匮乏，使东亚人群遗传演化与迁徙融合的历史成为整个人类演化进程里的重要"缺环"。针对这一缺环，自2016年以来，本实验室团队与我国几十家考古科研机构展开广泛而深入的合作研究，通过规模性捕获、测序和解析我国各地区不同遗址人类骨骸和沉积物样本中的古基因组（截至2021年7月，发表我国北京、黑龙江、山东、内蒙古、广西、福建、台湾地区等获得的距今40000～300年人群的83例人类古基因组——仅基于古核基因组进行统计），绘制出东亚此前不为人知的早期人类迁徙、演替及交流互动的复杂历史图景。本文将重点介绍本实验室在东亚人群演化研究方面的一系列突破性进展，展示古DNA所揭秘的东亚灭绝古人类及不同阶段现代人演化的历史。

一、东亚灭绝古人类的时空分布与遗传特点

灭绝古人类是指在体质特征上与现代人存在差异、现在已经没有后代存世的古人类群体。2010年以来，古基因组研究提取获得了尼安德特人和丹尼索瓦人这两种灭绝古人类的遗传信息，以直接、关键的遗传学证据揭示出他们作为人类谱系的重要成员，与早期现代人频繁互动并由此对部分当今现代人产生重要遗传影响。其中，丹尼索瓦人是通过遗传特点来鉴别的灭绝古人类，因从西伯利亚阿尔泰地区的丹尼索瓦洞穴发现的一节指

骨获得相关古DNA而被发现，随后从洞穴里其他一些碎骨里也有获得丹尼索瓦人的相关遗传信息。然而，2010～2020年间，所有丹尼索瓦人的古DNA数据皆来自丹尼索瓦洞穴，显示曾有早期和晚期两拨人群在此地生活过，对现代大洋洲、东亚、南亚和美洲原住民人群有不同的基因贡献，不过他们的体质特征至今尚不清楚。长期以来，学界虽有推测东亚的一些古人类化石可能与丹尼索瓦人存在关联，但并未找到确凿的证据；现代遗传学研究认为高原人群的高海拔环境适应性基因可能源自丹尼索瓦人基因的渗入，亦未有定论。丹尼索瓦人的时空分布、迁移扩散和演化适应等问题，成为领域内聚焦探索的重要科学之谜。

因体质形态不明，要了解丹尼索瓦人的分布，仍需在古DNA上进行突破。在旧石器时代考古遗址，人类骨骼化石可遇不可求，因此相关化石古DNA研究具有极大的时空局限性。随着古DNA技术的不断进步，古DNA研究的规模、样本范围和时空尺度得到不断拓展。沉积物古DNA鉴定与富集方法的发展，就为我们从旧石器时代遗址不同地层的沉积物里追踪可能存在的灭绝古人类和早期现代人DNA开辟了新的窗口。这是一种新兴的古DNA实验与分析方法，具有极高难度，目前世界上仅有少数几家实验室团队可实现操作，具体是通过特异性探针从沉积物海量的环境微生物DNA中吸附、富集、分离出包括人类在内的242种哺乳动物DNA片段，再根据不同动物DNA的特点分离并识别出古人类的DNA。

2017年以来，中国科学院古脊椎动物与古人类研究所古DNA实验室（现为分子古生物学实验室）运用该方法，系统扫描了我国通天洞、华龙洞、白石崖溶洞等二十多个旧石器时代遗址（时间序列在距今40万～2万年）各个地层的沉积物，尝试获得可能存在的人类古DNA，找到更多东亚早期人类演化的线索。终于，实验室在2020年成功从甘肃白石崖溶洞的10万～4.5万年前的多个地层沉积物里发现了古人类DNA，且经过鉴定，发现他们属于丹尼索瓦人。这是首次在丹尼索瓦洞之外获取丹尼索瓦人的线粒体DNA信息，也是我国在沉积物古DNA研究领域的首例成功实践。该研究明确证实丹尼索瓦人在晚更新世时期曾经长期生存在青藏高原东北缘地带。此外，研究进一步发现白石崖溶洞的丹尼索瓦人与来自丹尼索瓦洞的晚期丹尼索瓦人（Denisova 3, Denisova 4）关系密切。相较而言，白石崖溶洞4.5万年前和6万年前地层里发现的丹尼索瓦人和丹尼索瓦洞晚期丹尼索瓦人遗传联系最紧密，而10万年前地层发现的丹尼索瓦人虽然是同一拨人群，但分离时间更早。这些研究结果凸显出丹尼索瓦人复杂的迁徙与演化历程，同时引发我们更多新的思考：青藏高原白石崖溶洞与丹尼索瓦洞相距遥远，两地丹尼索瓦人的分布和联系是否因为迁徙所导

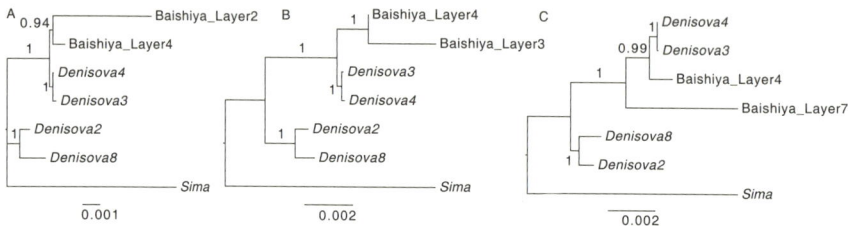

白石崖溶洞地层沉积物中丹尼索瓦人线粒体DNA的系统发育树分析图

致？如果是迁徙导致，那么迁徙的路径和方向又是如何？西藏人群的高原适应性基因是否源自该地区曾经生存过的丹尼索瓦人？这些问题都有待于进一步的核基因组研究及更多地点化石或沉积物古DNA研究的深入开展，以带来更多线索或相关答案。

二、欧亚时空框架下的东亚早期人群迁徙动态与演化格局

人群的迁徙、分化与交流是理解区域性人类演化历史的基础，而古DNA研究为细节性探究其动态、复杂的过程提供了重要证据。末次冰期（距今7万～1.15万年），地球气候数次冷暖更替的强烈变化，尤其是最盛期（末次盛冰期：距今2.65万～1.9万年）极端寒冷的气候为当时人类带来严峻的生存挑战，欧亚大陆上不同的现代人支系或是走向灭绝，或是为寻求适宜的栖息地而不断进行扩散和交流；在末次冰期以后，气候趋于温暖而平稳，人群活动更加频繁起来，尤其是农业的起源和发展对相关人群亦影响巨大。对此，通过古DNA证据，我们得以用全新独特的视角，展示出末次冰期与农业发展背景下欧亚不同地区现代人遗传结构的变化，最重要的是揭示东亚地区数万年来人群迁徙融合的过程及环境适应性遗传变异的情况。

2016～2018年，实验室首次将东亚早期现代人纳入欧亚人群规模性研究的时空框架，翔实绘制末次冰期欧亚人群动态遗传历史。通过分析51个末次冰期欧亚不同人群个体（距今45000～7000年）的基因组数据，研究发现在4.5万～4万年前存在尚未分化为欧洲人或亚洲人的早期现代人（如西伯利亚4.5万年前Ust'-Ishim个体、欧洲4万年前的Oase 1个体），且欧洲人群在末次盛冰期前后发生重要变化。古基因组数据表明，比利时3.5万年前的某个古欧洲人支系（Goyet Q116-1）并未直接对紧随其后的人群产生较大遗传影响，相关人群沉寂到末次盛冰期末，于1.9万～1.4万年前重新进行群体的扩张。距今1.4万年以后，欧洲人群显示受到外来人群的明显影响，与现今亚洲和近东人群有更近的遗传联系。更有意思的是，

研究发现在很长的一段时间，冰河时期的欧洲人都是暗色的皮肤和棕色眼睛，一直到距今1.4万年前后，蓝色眼睛才开始大量出现在欧洲人群中，而淡色皮肤出现的时间要更晚，这颠覆了学界及公众对于欧洲人形态特征的传统认知。相关研究入选"中国古生物学十大进展"，被BBC新闻评价为"解封欧洲冰河时期的DNA秘密"。

聚焦东亚，相关人群的演化又是另一幅历史图景。2017年，实验室通过主导开发的古核DNA捕获技术，从北京房山区周口店附近山洞里发掘的一具4万年前的男性骨骼化石（被称为"田园洞人"）中成功获得了中国第一例人类古基因组，也是迄今东亚最古老的现代人的基因组——田园洞人基因组。田园洞人跟大家耳熟能详的山顶洞人、北京猿人生活在同一区域，但是他的生存年代比山顶洞人要早。古基因组数据显示，该4万年前的田园洞人与同时期在欧洲和北亚存在的尚未分化的古欧亚人群不同，他已经呈现亚洲现代人群特有的遗传特征，是遗传意义上的古东亚人。研究进一步发现田园洞人与某一远在欧洲（比利时）距今约3.5万年前的古欧洲人（Goyet Q116-1个体）存在特殊的遗传联系，而且他们所共有的等位基因数量比早期亚洲人群和欧洲人群之间以简单分离模式预期的多。这些结果一方面表明欧洲和亚洲人群分离的时间很可能早于4万年前，另一方面说明当时的古东亚人可能并未直接与古欧洲人发生基因交流，而是都与某个相关的古老人群发生过基因交流，这个古老人群则可能是从尚未分化的古欧亚人群中的某一亚群演化而来。2021年，有其他团队研究发现保加利亚距今4.6万～4.3万年巴柯基罗洞穴（Bacho Kiro）古人群，将两者联系起来，显示是存在于两者之间的人群，证实了上述推测。此外，研究还发现田园洞人相较于农业出现以前的古欧洲人群而言，与现今东亚人群及美洲原住民人群的遗传关系更近，且在美洲原住民内部与亚马孙人有更近的遗传关系。这些结果反映出东亚早期人群极其复杂的演化历史，也为了解欧亚史前人群的多样性提供了重要线索。Science杂志评价称该基因组研究"填补了东亚时间和地理上的巨大空白"。

田园洞人所代表的古东亚人已无直接后代延续至今，这数万年间究竟经历了怎样的变化？近年来，实验室通过更大地理范围、更长时间尺度的规模性古基因组研究，在解答该科学问题上取得重要进展。2021年，通过捕获分析东亚北方（我国黑龙江流域）3.3万年到3400年前25个早期人类个体的基因组，研究发现黑龙江地区3.3万年前的AR33K个体与田园洞人属于同一人群，相关遗传成分在末次盛冰期前曾广泛分布在欧亚大陆东部，但在末次盛冰期以后（距今1.9万年后）可能消失。此时，最早的东亚古北方人群（AR19K）已经出现，这说明该区域可能在末次盛冰期发生人群的更替。距今1.4万年开始，黑龙江地区人群在遗传上基本保持连续，相关人群（AR14K）可能是美洲原住民最直接的东亚成分来源。此外，研究发现东亚特有的与更粗的毛发、更多的汗腺等典型体征相关的 *EDAR* 基因的V370A突变，出现在除田园洞人及末次盛冰期前的AR33K个体以外的所有已知的东亚古代人群之中，这表明 *EDAR* 突变基因至少在末次盛冰期末（1.9万年前）出现，且在之后频率升高，这支持了该变异可能可以在低紫外线环境中增加母乳中的维生素D以提高幼儿存活率的假说。

结合实验室在2020年针对我国南北方近新石器时代以来人群的古基因组研究及2021年针对东亚南方及东南亚交汇的广西区域1.1万年来人群的古基因组研究，东亚近万年来人群的演化格局亦被揭露。研究观察到我国南北方人群早在万年以前已经发生分化，明确出现了携有不同遗传成分的东亚古南方人群和东亚古北方人群。新石器时代南北方人群的遗传差异，远比现今南北方人群的差异要大。这说明近万年以来，南北方人群在不断发生基因的融合。进一步研究表明至少在8300年前，南北人群之间的融合和互动已经开始；到4000多年前，南北人群的双向迁移和融合继续对东亚人群产生重要影响。然而，这种影响并不均等，数据显示古南方人群成分在现今南方人群中的比例下降非常多，多到有些南方人群甚至以古北方成分占主导。由此可以推测，新石器时代以后可能出现黄河以北人群大规模地向南迁徙，使得古北方人成分大量扩散到南方。整体来看，东亚和欧洲在近万年来人群的演化历程是截然不同的。在欧洲，农业出现以来，欧洲人群不断受到近东农业人群及欧亚草原人群等外来群体的大换血。外来人群一直在重构欧洲人群遗传信息，对现今欧洲人产生重要影响。而在中国，南北方人群虽然早已分化，但同期人群的演化基本是连续的，并未受到明显的外来人群的影响，迁徙互动主要发生在区域内各人群之间。

此外，东亚古南北方人群的研究也为南岛语系人群的起源问题提供了重要依据。南岛语系是现在世界上唯一主要分布在岛屿上的一个语系，包括大概1300种语言。南岛语系人群就是指使用这些语言的人群，他们主要生活在我国台湾岛和太平洋西南部岛屿，在南方大陆并没有分布。长期以来，学界对南岛语系人群的起源地发表有许多不同观点，而实验室在该研究中所获得的古基因组证据为解决相关争议发挥了重要作用。研究发现，福建古人群（8400～12000万年前的奇和洞人，4200～4800年前的昙石山、溪头村人群），在遗传上与太平洋岛屿上典型的古南岛语系人群（太平洋西南部岛屿距今约3000年的瓦努阿图个体）直接相关；尤其相较于现今分布在如傣族等内陆南方人群而言，与现今分布在台湾岛的南岛语系人群（如阿美人、泰雅人）有最强的遗传联系。这些结果都表明福建古人群与南岛语系人群同源，且时间可追溯至1.2万年前。

在地处东亚和东南亚交汇区域的广西，实验室通过不断改良古核DNA捕获技术，从广西170个人类骨骸中成功捕获30例距今11000～300年的人类古基因组。基于这些极难获得的南方人群古基因组，研究发现一个此前未知的广西本地古老人群——1.1万年前的隆林人。此前有研究通过分析该个体的颅骨形态，推断她可能是灭绝古人类和早期现代人混合的后代。但古基因组数据显示，她来自一个在很早就与东南亚狩猎采集人群发生分化的古老的早期现代人支系，该人群相关遗传成分一直延续到至少约6000年前，对现今生活在东亚的现代人群并无明显遗传影响。距今9000～6000年间，广西古人群祖源成分复杂多样，其中宝剑山人显示混合有东南亚和平文化人群的遗传成分，这表明东亚与东南亚两地在农业传播前便已存在人群之间的基因交流，修正了此前认为的两地人群之间交流是因农业传播所驱动的观点。距今6000～1500年间，广西地区古人群发生更替，距今1500～500年的人群显示与现今生活在广西的侗傣语系和苗瑶语系的人群有着密切的遗传联系。

总体而言，东亚人群古基因组的获取与研究，极大丰富了我们对东亚人群遗传演化历史的认识，呈现出东亚人群与欧洲人群截然不同的演化历程，包括末次冰期人群的遗传结构变化及近万年来农业发展背景下多次大规模的人群迁徙活动等，而且凸显出东亚内部及与外部人群之间频繁的基因交流，为现今东亚人群遗传格局的形成奠定了重要基础。而前沿技术的探索与运用，更是上述研究得以取得重要突破和发现的前提，尤其是实验室共同开发古核基因组技术攻克中国南方人类遗骸古DNA的提取难题，及创造性运用沉积物古DNA富集与鉴定方法从"土"里获得东亚首例丹尼索瓦人DNA，凸显出技术创新所带来的更多可能。

目前，实验室还在持续探索更高效、应用更广泛的古DNA技术，持续开展与我国更多考古单位的深入合作，以实现对东亚地区更密集、更大规模及更高成功率的采样与研究，帮助解决更多悬而未决的东亚人类演化之谜。同时，我们还在持续探索与考古学、病理学、微生物学、计算机科学等更多学科的拓深融合，带来更多新的研究方向，比如我们正在采集我国各地遗址的人类牙结石样本，以期通过提取相关微生物古DNA展开研究，更多维度、更细节地探究东亚人群过去的生活——他们的饮食、环境、迁徙、文化活动和健康状况等；又比如我们正在探索从东亚更古老的人类化石里提取相关古蛋白质序列，覆盖古DNA目前所无法触及的时间与地域盲区，为从更长时间尺度和更广阔地域探究东亚远古人类群体的演化谱系提供可能。

■ 韩建业

中国人民大学历史学院考古文博系教授、博士研究生导师。教育部"长江学者奖励计划"特聘教授，第八届国务院学位委员会学科评议组成员，中国考古学会理事。1987年考入北京大学考古学专业，先后获得历史学学士、硕士、博士学位。

主要研究兴趣在中国新石器商周考古学、中国上古史、环境考古与人地关系、中西文化交流和文明比较等领域。带队参与发掘的新疆尼勒克吉仁台沟口遗址被评为2018年全国考古十大新发现，现主持甘肃庆阳南佐遗址的考古发掘，主持国家社会科学基金重大项目"欧亚视野下的早期中国文明化进程研究"。出版专著《早期中国——中国文化圈的形成和发展》《中华文明的起源》等17部，发表学术论文约200篇。

仰韶文化与中华文明起源

仰韶文化处于新石器时代晚期（距今7000～5000年）至铜石并用时代（距今5000～4500年），分布在黄河中游及附近地区，涉及10多个省、市、自治区，面积约130万平方千米，是中国发现最早、范围最大、影响最为深远的考古学文化，自1921年发现伊始就被视为中华文化的源头。仰韶文化在中华文明起源和形成过程中处于何种地位，是一个亟须回答的重要学术问题。

一、"文明"和"中华文明"

何为"文明"？有不同理解。中国古代文献中的"文明"，指"人类以修养文德而彰明，而社会则得有制度的建设和礼仪的完善而彰明"。而现在中文使用的"文明"一词，多指对西文词汇"civilization"等的意译，有广义和狭义之分，广义上或将其理解为一整套长久传承下来的伟大文化传统，或理解为人类所创造的物质财富和精神财富的总和，狭义上一般将其解释为与"野蛮"相对的高级社会阶段或国家阶段。有必要对"文明""文明社会""国家"几个概念加以区分。恩格斯说"国家是文明社会的概括"，是将"国家"基本对等于"文明社会"而非"文明"。中华文明、两河文明、埃及文明，都是延续3000年以上的原生文明，而非三个狭义的"国家"或者"文明社会"。我们不妨将"文明"定义为高度发达、长期延续的物质、精神和制度创造的综合实体。而中华文明，就是以华人为核心的中华民族所创造的文明，或者中华民族所拥有的高度发达、长期延续的物质、精神和制度创造的综合实体，一定程度上对应于进入国家阶段的"中国文化圈"或者"文化上的中国"。

二、仰韶文化与中华文明起源的第二阶段

从考古材料来看，在裴李岗文化的纽带作用下，距今8000多年有了文化上早期中国的萌芽，在中国大部分地区产生了较为先进复杂的思想观念和知识系统，包括宇宙观、宗教观、伦理观、历史观，以及天文、数

秦安大地湾遗址二期出土带刻画字符彩陶钵

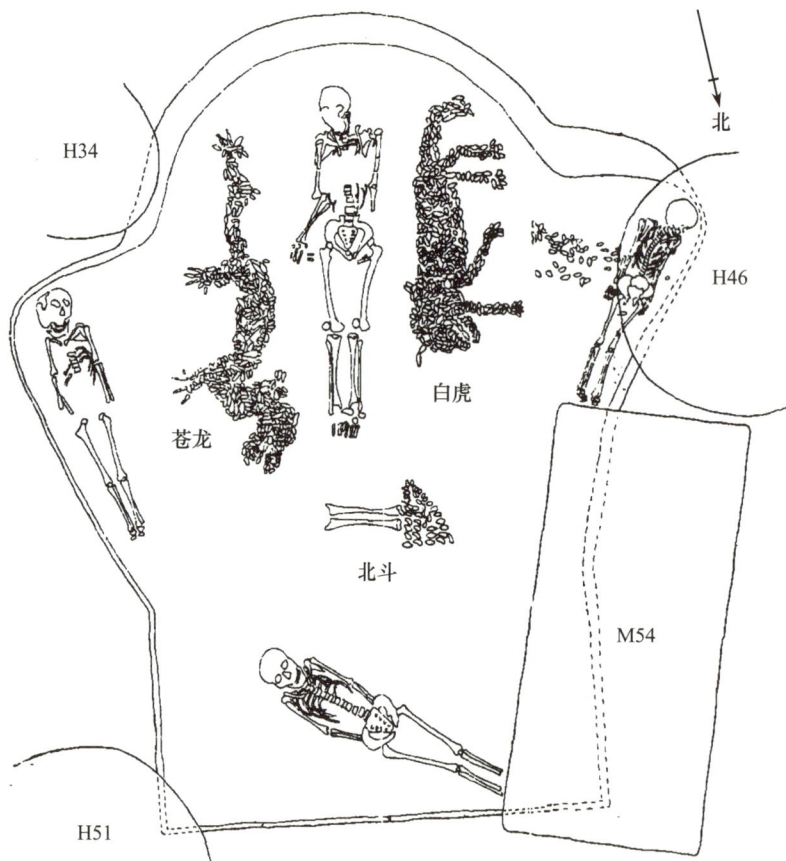

濮阳西水坡墓地蚌塑龙虎

学、符号、音乐知识等，进入中华文明起源的第一阶段。约距今7000年进入新石器时代晚期，仰韶文化半坡类型黑彩带钵上的刻画字符、后岗类型的蚌塑龙虎等，表明已有的宇宙观和知识系统得到继承发展。从仰韶文化半坡类型等凝聚向心的环壕聚落来看，社会秩序更加严整。约距今6200年以后，仰韶文化东庄—庙底沟类型在晋、陕、豫交界区迅猛崛起并对外强力影响，导致中国大部分地区文化交融联系形成以中原为核心的三层次

灵宝西坡F106房基址

的文化共同体，"早期中国文化圈"或者"文化上的早期中国"正式形成。

庙底沟类型的对外影响基于其社会变革所迸发的强大实力。约距今6000年以后，作为核心区的晋南、豫西和关中东部，聚落遗址数量激增三四倍，出现了明显的聚落分化，涌现出数十甚至超百万平方米的大型聚落。房屋建筑也有显著分化，有一种"五边形"的礼仪性建筑，在核心区的灵宝西坡等地面积达200～500平方米，已属殿堂式建筑，在周围地区则渐次缩小，体现出明显的等级差异。约距今5300年以后，在西坡出现随葬玉钺的大墓，钺当为军权的象征。在汝州阎村出现"鹳鱼钺图"，可能是一幅鹳（凤）部族战胜鱼（龙）部族的纪念碑性图画，很可能对应庙底沟类型西向扩展而对陕甘地区半坡类型产生深刻影响的事件。同时在中原和黄土高原地区还分别出现100多万平方米的巩义双槐树和秦安大地湾中心聚落，两者都有三门带前厅的殿堂式建筑。庙底沟时代的大型聚落、大墓、宫殿式建筑等，其建造或者制造需要较为强大的社会组织能力，需要较高的技术水准，显示已出现掌握一定公共权力的首领和贵族，社会开始加速复杂化的进程，先前已有的天圆地方、敬天法祖等观念得以延续发展，进入了中华文明起源的第二个阶段。

灵宝西坡M27墓葬出土玉钺

三、仰韶文化与中华文明的形成

如何才算进入文明时代？文明社会或者国家阶段又有着怎样的标准或者标志？对此类问题，学术界历来争论不已。学界曾流行过将文字、青铜器、城市等作为文明社会起源的"三要素"或者几要素的认识，但这些物质层面的特征因时因地而异，难以普遍适用。恩格斯则提出国家有两个标志，一是"按地区来划分它的国民"，二是凌驾于所有居民之上的"公共权力的设立"。这样的"软性"标志可通过对各地考古材料的深入分析加以判断，可能更具有普适性。以地区划分国民，就是以地缘关系代替血缘关系；凌驾于社会之上的公共权力，也就是"王权"，建立在阶级分化的基础之上。以上述两个标志来衡量，在距今5100年左右的铜石并用时代之初，黄河中游仰韶文化区至少已经达到了早期国家或文明社会的标准。

仰韶文化有不止一个中心，其中黄土高原地区以庆阳南佐遗址为中心。南佐遗址发现有多重环壕，外环壕面积至少600万平方米，遗址中部是由两重内环壕和九座夯土台围成的面积30多万平方米的核心区，再中间为有围墙的"宫城"区，中央的夯土墙主殿建筑面积720多平方米，室内面积580平方米，其规模在同时期无出其右。夯土"九台"每个底面都有一两千平方米，外侧还有宽大峻深且夯筑底壁的环壕。宫城附近出土了和祭祀相关的精美白陶、黑陶、彩陶，以及大量水稻。南佐环壕、宫殿式建筑、"九台"的建造工程浩大，白陶等高规格物品的生产存在专业化分工。调查显示，在南佐遗址周围还存在多个出土白陶等高规格物品的较大聚落，当时在黄土高原可能存在一个以南佐为核心的、拥有区域王权的"陇山古国"。此外，上述双槐树中心聚落依然发达，在郑州地区可能存在

庆阳南佐遗址主宫殿

一个"河洛古国"。

南佐遗址区之前仅发现个别小型的庙底沟期遗址，距今5100年左右突然涌现出超大型聚落，显然都不是在原有聚落（社会）的基础上自然发展而来。这样大规模的聚落营建，可能需要调动较大空间范围的人力物力，已经打破了原有各氏族社会的局限，一定程度上凸显了地缘关系，意味着早期国家的出现。不过这个时期的地缘关系组织或者早期国家，还主要限制在黄土高原这样的局部地区，当时的国家形式因此可称为"古国"或"邦国"。当然，地缘关系的出现并非意味着血缘关系或族群的消失，实际上各族群只是经历了一番"成建制"的整合，血缘和宗族关系一直是中国社会的基础。

距今4700多年进入庙底沟二期或者广义的龙山时代以后，黄土高原尤其是陕北地区遗址急剧增多，北方长城沿线突然涌现出许多军事性质突出的石城，同时在黄土高原文化的强烈影响下，内蒙古中南部、河北大部和河南中部等地的文化格局发生突变。这一系列现象应当是以黄土高原人群为胜利方的大规模战争事件的结果，很可能与文献记载中轩辕黄帝击杀蚩尤的涿鹿之战有关。从此以后，黄河流域事实上可能已经形成以仰韶文化为主体、以黄帝部族为核心的广域"古国"。距今4100年以后进一步统合形成初步一统的"王国"文明。

四、仰韶文化与古史传说

仰韶文化大致与古史传说中的黄帝、炎帝部族有对应关系。黄帝、炎帝并非具体个人，而是两个居住在黄河中游地区的有密切联系的部族的称谓。他们最初的居地当在渭河上游一带，黄帝后来的根据地在包括陇东和陕北在内的黄土高原，炎帝中心地在晋、陕、豫交界处。神农炎帝和轩辕黄帝当为具体个人，轩辕黄帝统一了天下。轩辕黄帝当在庙底沟二期——仰韶文化末期，早期的黄帝、炎帝部族当在仰韶文化前期。总体来看，古史传说中炎黄以后基本以华夏为核心，考古学上仰韶文化以后黄河中游地区几次成为早期中国的中心。不管早期中国各区域文化后来发生了怎样的变化，但仰韶文化"基因"长期传承，炎黄帝作为人文共祖的思想深入人心，成为持久的民族记忆。

总之，中华文明诚然是各区域文明社会互相融合、各地文明要素互动汇聚的结果，但黄河中游地区文化和社会发展连续性最强，多数时候都具有中心地位，起到过主导作用，仰韶文化是中华文明之花的"花心"。

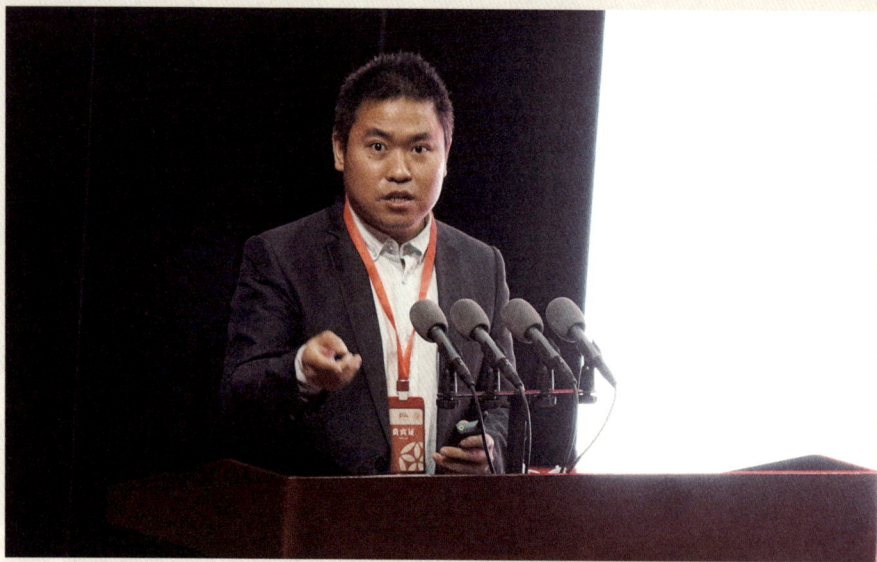

■ 冉宏林

副研究馆员，2006年考入北京大学考古文博学院，先后获得历史学学士学位、硕士学位和博士学位。2013年起入职四川省文物考古研究院，现任三星堆考古研究所所长。

主要从事三星堆遗址考古工作和研究。参与或主持三星堆遗址真武宫城墙、马屁股城墙、青关山土台、三星堆祭祀区等地点以及广汉市瓦店遗址、德阳市华强沟崖墓群等考古发掘，担任三星堆新祭祀坑考古发掘的现场负责人。在《考古》《考古学报》和《四川文物》等核心刊物上发表《四川广汉新药铺商代遗址发掘报告》《试论"巴蜀青铜器"的族属》《再论三星堆祭祀坑的分期》和《三星堆城址废弃年代再考》等20余篇论文。

三星堆遗址祭祀区考古发掘与新时代中国考古学

自1921年发现仰韶遗址及仰韶文化以来，中国考古学走过了100个春秋。如今的中国考古学，法规制度、学科体系、理论架构、技术规范已经基本建立，不同历史阶段的分期年代体系、考古学文化序列初步构建完成，生业模式、生产技术、聚落形态、社会结构以及相关的多学科研究也有所成就。百年后的今天，中国考古学无论是研究的广度还是深度都走在了世界前列。在此背景下，三星堆遗址祭祀区考古发掘工作也成为新时代中国考古学及考古工作的重要样本。

为传承发展中华优秀传统文化，四川省于2019年开始实施"古蜀文明保护传承工程"。作为古蜀国都城和古蜀文明代表性遗址的三星堆遗址，于2019年10月下旬启动了1986年发掘一号、二号"祭祀坑"所在区域的考古勘探，之后于2019年12月2日确认了三号坑，自此拉开了三星堆遗址祭祀区考古勘探与发掘工作的大幕。

三星堆遗址祭祀区考古发掘工作由四川省文物考古研究院主持，参与考古发掘、文物保护与多学科研究的单位包括中国社会科学院考古研究所、北京大学考古文博学院、四川大学考古文博学院、上海大学文化遗产与信息管理学院、成都文物考古研究院、荆州文物保护中心和四川广汉三星堆博物馆等，共计39家。工作地点位于三星堆遗址ⅢA1区和ⅢB1区，共计发掘面积800平方米，此外在发掘区外围配套开展了约2万平方米的考古勘探。

三星堆遗址祭祀区考古发掘工作可分为四个阶段：第一阶段自2019年10月下旬延续至2020年3月下旬，通过考古勘探新确认6座"祭祀坑"；第二阶段自2020年3月下旬延续至2020年7月下旬，对"祭祀坑"所在区域开展考古发掘，全面摸清"祭祀坑"与区域内其他遗存的时空关系，取得祭祀区的整体认识；第三阶段自2020年7月下旬延续至2020年10月上旬，搭建考古大棚、恒温恒湿发掘舱、现场应急保护平台、专家会诊室等设施设备，组建领导小组、咨询团队、工作团队，编制考古发掘、文物保护以及多学科研究等各项工作的方案、预案、流程以及管理文件等，全方位做好发掘新"祭祀坑"的准备工作；第四阶段从2020年10月下旬延续至今，对新发现的6座"祭祀坑"开展考古发掘、文物保护与多学科研究等工作。

三星堆遗址祭祀区考古发掘现场

截至2021年10月，6座"祭祀坑"的发掘进度各有不同。

四号坑（K4）平面形状大致呈正方形，方向为35°，东边长3.11、南边长2.79、西边长2.74、北边长2.75米，面积约8.1平方米，坑深1.3～1.5米。K4的发掘工作开始于2020年10月9日，启动最早，也是最早结束的发掘工作，共出土编号文物1073件，较为完整的器物79件，典型者如铜扭头跪坐人像、金带、玉琮、玉凿、玉璧、陶器以及丝绸等。

三号坑（K3）口部大致呈窄长方形，北侧略宽，南端较窄，长轴方向为30°，长5.8、宽2.14～2.77米，面积14.0496平方米，坑深1.82～2.02米。K3于2021年1月9日启动发掘，目前已经提取完全部埋藏文物，共出土各类器物残件和标本共2261件，其中较完整器物共1041件，比较典型的文物有顶尊跪坐铜人像、铜顶坛人像、戴尖脊帽铜小立人像、大青铜面具、铜神树、铜圆口方尊、金面具和神树纹玉琮等。

其余4座"祭祀坑"的发掘工作正在有序进行中。

五号坑（K5）目前已经做好了将坑内堆积整体提取回实验室的准备，预计在10月底完成野外清理工作，转入实验室开展精细清理。截至目前，K5共清理出土近似完整的金器19件、玉器2件、铜器2件，另有牙雕残片等近300件，较为典型的有金面具、鸟形金饰、橄榄形玉器、圆形金箔、玉珠和云雷纹牙雕等。

六号坑（K6）已于2021年7月19日结束野外发掘工作，坑内"木箱"及西侧木器已经整体提取回实验室，在中国社会科学院考古研究所实验室开展室内发掘。截至目前，K6只出土包括"木箱"在内的2件木器以及玉刀1件，不过"木箱"内部尚未清理，故是否还有更多文物出土尚需后续明确。

七号坑（K7）已经清理完填土堆积，暴露出埋藏堆积，包括最上层的象牙以及其下的其他材质文物，象牙数量预计将近200根，能确认的文物包括玉石戈、璋、瑗以及铜人头像、有领璧、龟背形挂饰等，目前正在开展象牙提取工作，预计于10月份提取完全部象牙并开始提取埋藏文物。K7目前出土近似完整的铜器4件、金器4件、玉器7件，提取象牙80根，典型文物包括带黑彩铜人头像、鱼形金箔片等。

八号坑（K8）已经清理完填土堆积、灰烬堆积，暴露出象牙和象牙之下的埋藏文物，象牙数量预计将近200根，能确认的文物包括铜人头像、铜面具、铜尊、铜方罍、铜神坛、铜神兽、铜顶尊人像、玉璋、玉戈、玉有领璧、石磬等，目前正在开展象牙提取工作。K8已提取的近似完整器包括铜器55件、金器365件、玉器202件、石器34件，提取象牙85根，典型文物包括大型青铜神兽、铜神坛、顶尊曲身铜人像、金面具、玉璋和石磬等。

三星堆遗址祭祀区考古发掘是在中国共产党成立100周年和中国现代考古学诞生100周年之际开展的重要考古工作，取得了如上诸多重要成就，对于三星堆遗址、古蜀文明、中华文明、中国考古学乃至国家发展都

0 ____ 1米

八号坑出土文物全景

八号坑出土铜顶尊跪坐人像

具有重大而深远的意义。

　　三星堆祭祀区尤其是新"祭祀坑"出土的前所未见的遗迹和文物，不仅进一步充实了三星堆遗址的文化内涵，丰富了古蜀文明的意义与价值，也将促进关于三星堆遗址及古蜀文明的祭祀行为和祭祀体系研究，弥补以往相关研究的缺陷和空白。本次发掘的若干新器物，如K3出土的顶尊跪坐铜人像和铜圆口方尊、K4出土的玉琮和丝织品、K5出土的金面具和牙雕等，兼有古蜀文明和中原文明及国内其他地区文化因素，再次表明古蜀文明是中华文明的重要组成部分。

　　习近平总书记在给此次大会的贺信中再一次强调要努力建设中国特色、中国风格、中国气派的考古学。究竟怎样的考古工作和研究才具有中国特色、中国风格和中国气派，目前正在开展的三星堆遗址祭祀区考古发掘或许可以给出一些重要启示。

三星堆遗址祭祀区考古发掘以马克思主义为指导，目的在于揭示中华优秀传统文化之一的古蜀文明深刻细节，探索3000年前不见于文字记载的古蜀国历史。这段历史属于中国悠久历史的一部分，属于中国独有，自然是具有中国特色的，而将马克思主义与中国特有的历史、文化相结合，更是中国独有，以此为目标开展的考古工作必然也因此具有中国特色，这一点与四十年前苏秉琦先生呼吁的考古学"中国学派"实际上是一致的。

三星堆遗址祭祀区考古发掘坚持"保护同步"，将文物保护的理念贯穿于整个发掘工作的始终，方案编制、工作团队搭建、设施设备配置等均强调文物保护，尤其是现场文物保护的重要性。为此，我们搭建了2000平方米的现代化保护大棚，将保护实验室搬到发掘现场，在"祭祀坑"之上建造了恒温恒湿的考古发掘舱，配备了多功能考古发掘操作系统、远程控制系统以及24小时不间断影像采集系统，工作人员穿戴防护服开展工作，诸多系统而又内在关联的举措只为确保文物安全，展示中国考古对于文物、历史的高度负责态度，无疑展现了中国风格。

"多学科融合"是此次三星堆遗址祭祀区考古发掘坚持的另一工作理念。从发掘一开始，多学科研究就已经启动。多学科研究人员同时也是发掘人员，全程参与发掘、采样、检测与分析，做到考古发掘与多学科研究同步开展、深度融合，向全世界展现了中国特色的考古多学科交叉研究新面貌。

工作队伍建设方面，在此次三星堆遗址祭祀区发掘项目中，四川省文物考古研究院打破常规，以开放的姿态与国内39家科研单位、大学院校和科技公司合作开展田野发掘、文物保护、多学科研究等工作，来自各单位的工作人员都遵循同一种管理体系、工作规范和操作流程，在本项目内打破了单位与单位之间的壁垒，做到了事实上的融为一体。这种"大兵团作战"的模式在世界考古工作史上也绝无仅有，是具有中国气派的中国考古学的生动体现。

明确中国考古学的中国特色、中国风格、中国气派的具体内涵和要义，才能在实际考古工作中不断钻研创新工作理念、工作方法，最终成果才能"更好展示中华文明风采，弘扬中华优秀传统文化"。事实上，本次三星堆遗址祭祀区考古发掘成果，无论是工作期间采用的多种科技手段以及创新的工作理念和方法，还是发现的诸多珍贵历史文物，都从不同方面向世界展示了独一无二的中华文明、中国历史和中国考古学，为中国"平视世界"甚至"俯视世界"增添一份底气，这无疑更加坚定了国人的文化自信，为建设文化强国打下坚实的基础，也为实现中华民族伟大复兴的中国梦做出了新的贡献。

中国考古学会各专业
委员会分组研讨

旧石器考古专业委员会

时　　　间：2021年10月18、19日

地　　　点：文博城三楼玉皇厅

主　持　人：王幼平　徐新民　杜水生　石金鸣　王社江　李　君

线下参会代表：高　星　陈全家　陈福友　陈胜前　彭　菲　贺存定　王法岗

　　　　　　　王晓敏　张兴龙　宋艳花　徐　廷

线上参会代表：谢　飞　裴树文　高　峰　张东菊　冯小波　刘锁强　范雪春

　　　　　　　朱之勇　李意愿　王春雪　牛东伟　冯兴无　赵海龙　陈宥成

　　　　　　　张改课　陈　虹　邓婉文　权乾坤　岳健平　盛立双　任进成

　　　　　　　李昱龙　仪明洁　仝　广　张月书　韩　芳　夏文婷　别婧婧

　　　　　　　郑喆轩　魏　屹　李　罡　尼古拉斯·康纳德（Nicholas Conard）

　　　　　　　史蒂文·库恩（Steven Kuhn）　罗宾·丹尼尔（Robin Dennell）

　　　　　　　约翰·奥尔森（John Olsen）　西马德里·奥塔（Simadri B. Ota）

线下参会代表会场合影

来自国内科研院所和高校的50余位参会代表通过线下和线上的方式参加了第三届中国考古学大会旧石器考古专业委员会的学术研讨，共完成21场会议发言，涉及旧石器时代人群迁徙与文化交流研究、考古新发现和研究新进展等多个主题。

一、旧石器时代人群迁徙与文化交流研究

围绕旧石器时代人群迁徙与文化交流的主题，参会代表就青藏高原近年来的发现和研究进行了集中介绍和研讨，研讨涉及东亚地区早期人类在不同时期的迁徙与扩散路线，早期人类在青藏高原及其边缘地区的活动时间与文化特征及东亚旧石器时代中晚期的重要遗址——水洞沟遗址的地层与年代。

高星阐述了旧石器时代东西方文化交流以及怎样来研究人类文化交流、人群迁徙的相关问题。人群的迁徙与文化交流自古就不断发生，尤其是在非定居、无国界的旧石器时代，考古研究会经常碰到一些相似的文化现象和一些相似的组合，不外乎两种解释，一个就是交流，一个是趋同。从考古遗存中寻找不同地区人群迁徙、扩散与文化交流的证据，不同区域相似的文化遗存到底是独自趋同发展还是人群迁徙与文化传播、交流的结果，并非一目了然，不可以做简单的主观臆断。人群的迁徙和文化交流是史前考古，特别是旧石器时代考古非常重要的主题，对于相关问题的研究，他提出辨识、分析旧石器时代人群迁徙与文化交流的证据要素，包括区域文化传统视角、文化特征（异同）视角、空间关系视角、时序性视角、遗传学视角以及证据链完整性视角，以此通过具体的考古遗存对阿舍利技术体系与旧石器时代早期东西方文化交流，莫斯特技术体系与尼安德特人的迁徙、扩散，丹尼索瓦人的族群属性、扩散与演化地位，发生在早期现代人北方扩散路线上的交流、互动等问题开展专题分析和阐释。他指出目前阻碍我们探讨古人群及其文化自东向西迁徙、传播的因素是中国乃至东亚居于主流地位的石片技术体系（北方）和砾石技术体系（南方）不具备高分辨率的区域标志性，欧亚大陆西部和非洲也存在、渗透着相似的文化体系或其变体，它们是源自东方的文化传播还是根植于本土文化中的权宜工具体系，无法被有效辨识和区隔，因而更细微、更高精度的信息提取和区域间文化要素的有效比较研究尚需加强，以此深入分析旧石器时代东西方人群间发生过的迁徙、交流及其动因，探讨这样的互动对特定区域

参会代表发言

考古学文化和人群所产生的可能影响。

　　郑喆轩介绍了川西高原旧石器时代考古的新发现，从具体材料上进一步阐释了远古人群迁徙和文化传播交流等问题。川西高原新发现旧石器时代遗址点60余处，采集包括手斧在内的各类打制石器上千件，从雅砻河、立启河到无量河，自北向南，一路来到水洛河流域的皮洛遗址，在该遗址发现了数量丰富、形态规整、技术成熟的手斧和薄刃斧，是目前在东亚发现的最典型的阿舍利晚期阶段的文化遗存，也是目前发现的世界上海拔最高的阿舍利技术产品，其上部地层出土的小型两面器也可能代表东亚稀少的新型旧石器时代文化。完整的旧石器时代发展序列，甚至还有保存完整的7个文化层，首次建立了中国西南地区具有标志性的旧石器时代文化序列，展现了早期人类征服高海拔极端环境的能力、方式和历史进程，提供了该地区古环境变化与人类适应耦合关系的重要生态背景和年代学标尺。这些新的发现不仅彻底解决了中国、东亚没有真正阿舍利技术的争议，也为探讨东亚手斧的分布及源流和青藏高原早期人类演化等问题提供了重要线索。

　　张东菊以"青藏高原的早期人类活动历史"为题，通过对甘肃夏河白石崖溶洞、甘肃永登奖俊埠遗址、西藏邱桑遗址这三个遗址的新发现和研究新进展介绍了青藏高原早期人类的活动问题。对以青藏高原为典型代表的高海拔环境的征服，标志着人类的环境适应和全球扩散进入一个重要阶段，是国际多学科领域研究的热点。甘肃夏河白石崖溶洞发现的夏河人下颌骨化石、遗址测年及沉积物DNA研究显示，在距今至少16万年、10万年、6万年，甚至可能晚至4.5万年，丹尼索瓦人生活在青藏高原东北部的甘加盆地，并留下了丰富的文化遗存。甘肃永登奖俊埠遗址的测年和考古遗存等分析显示，在距今12万～9万年，即相对温暖的末次间冰期，一支古人类长时期生活在青藏高原东北部的祁连山山谷内。西藏邱桑遗址新发现的手脚印，揭示了距今20万年前后，古人类活动在海拔4200米左右的高原腹地。然而，由于未发现古人类化石或DNA，目前还无法确定在奖俊埠遗址和邱桑遗址活动的古人类种属。但这些新发现说明，在中更新世晚期和晚更新世早期，古人类已经活跃在青藏高原周边海拔相对较低的区域，甚至也曾到达高原腹地，从而为古人类在晚更新世晚期较大范围地分布在青藏高原奠定了基础。

彭菲介绍了水洞沟遗址地层与年代研究新进展。宁夏水洞沟遗址迄今已发现12个地点，第1地点和第2地点是该区域文化内涵最为丰富，地层堆积相对完整的两个地点。2014年以来对两个地点的发掘揭露出新的完整剖面，对相距仅约100米远，但地层堆积却有明显差异的两个地点的地层与年代有了新的认识，也对该地区晚更新世末期沉积地层和地貌演化及与人类活动的关系有了更深的了解。对第2地点新的^{14}C年代分析显示，古人类在该地点主要有两个活动阶段：早一阶段沉积物为灰绿色和黑褐色泥沼和湖相沉积，年代为距今4300～3500年，说明当时该地点环境为湖泊环境；稍晚阶段沉积物为快速堆积的陆相粉砂沉积，年代为距今3500～2800年。古人类在距今3500～2800年于该地点活动频繁，留下了大量文化遗存。第1地点最新发掘显示，该地点上部全新世堆积主要为灰绿色湖相沉积物，指示当时第1地点为一湖泊，下部更新世堆积为粉砂质陆相沉积物，其上部包含大量钙质结核，旧石器时代文化遗物主要出自这一层位。在全新世与更新世的交界部，发现一层较厚的砾石与砂层，其间在局部有下切很深达红土基座的冲沟，并包裹着最大直径超过1米的更新世粉砂质堆积团块，说明该地区当时有一次规模较大的侵蚀事件，这很可能也是第1地点与第2地点堆积物存在差异的主要原因。根据对该遗址第1、2地点最新的年代和地层认识，可知更新世末期4万年以来，我国西北干旱区人类活动与湖泊的发育和退缩紧密相关，古人类高频次、多期次来到水洞沟地区活动，采用了不同的生计方式适应环境的变化。

李锋介绍了内蒙古金斯太遗址2021年发掘新收获。金斯太遗址是中国北方一处重要的洞穴遗址，保存了旧石器时代中晚期至商代的文化遗存。遗址发现于1986年，2000～2001、2012～2013年历经四个季度的野外发掘。2021年度发掘及清理面积约20平方米，其中原生堆积的最大发掘面积约10平方米，出土堆积近5000升。2021年完成了发掘区第5～2层的发掘（发掘区第1层缺失），最大发掘深度约1米。发掘中，考古队员们在保持2012～2013年地层划分框架的基础上对遗址地层进行了细分，清理火塘7处。本年度原生堆积内出土编号标本1100余件，包括陶片、青铜残件、装饰品、骨器、贝壳、石制品、动物骨骼及牙齿等，其中以石制品和动物化石最多。同时还在坍塌等堆积内筛选出数量众多的石制品、动物化石和陶片，较多的装饰品、骨器以及少量的青铜残件和贝壳等。2021年在金斯太遗址新出土的细石叶技术产品、具有石叶技术特点的石制品为探讨石叶和细石叶技术的扩散提供了材料，可进一步讨论旧石器时代东西方文化与技术交流等重大学术问题；遗址出土的海贝、装饰品、少量黑曜岩石制品为讨论远古时期古人类的社会交换网络、群体关系等问题提供了丰富的材料。

二、考古新发现

近年来，随着全国各省市相关部门对旧石器时代考古的重视，陆续涌现出大量新发现，代表们在此次大会上分别介绍了贵州、辽宁、四川、河北、山东、河南、西藏、湖北等省市和地区的最新考古发现。

张兴龙介绍了贵州贵安新区洞穴遗址的考古新发现。贵安新区洞穴遗址分布密集，通过对散落的几个遗址的调查，采集的遗物共分为三类：一类是只采集到石制品，且数量丰富；一类是既有石制品又有陶片，两者比例旗鼓相当；一类是陶片数量丰富，几乎没有石制品。从采集的遗物来看，文化的整体面貌比较统一，主要是小石器工业，材质还是以燧石和硅质灰岩为主，另外还有一些水晶，尺寸还是以小型石器为主，中型的都比较少，很少见到大型石器，剥片技术还是以锤击为主，石器组合主要以刮削器为主，整体标准性还是比较差。这个地区大概是以狩猎为主采集为辅的狩猎采集经济，穴居可能给它提供了一个相对稳定的环境，所以这个地区的磨制技术出现得比较早，而且到了晚期之后比较发达，该地区的墓葬最迟在距今1.1万年可能已经非常普及了，葬式以屈肢土坑葬为主，随葬品以获取食物的捕猎工具、生活工具以及一些采集物品为主。过了末次冰盛期以后，渔业经济特征非常明显，出现了改造居住环境的行为。进入全新世以后，就遗址的分布来看，有明显聚集的现象，这对古人类聚落遗址研究与生态适应性策略的演变研究具有极高的价值。

王法岗介绍了河北迁安爪村旧石器时代遗址调查新发现。他全面梳理了几代人的工作，并且带来了新资料和新认识。爪村遗址位于河北省迁安市爪村周围，1958年当地社民挖土积肥时发现，中国科学院古脊椎动物与古人类研究所进行发掘，发现披毛犀、野驴、野猪、赤鹿、转角羊、原始牛、纳玛象等哺乳动物化石，命名为"爪村动物群"。后来的研究证实，

参会代表发言

该遗址文化遗物中存在古人类打制的石制品，该地点也被确认为旧石器时代遗址。1986～1988年，河北省文物研究所、中国科学院古脊椎动物与古人类研究所等单位再次调查，发现86019、86020两个地点，发掘出土丰富的石制品、骨制品和哺乳动物化石。86020地点除发现典型的细石叶工业石制品，还发现磨制精美的骨针和带刻划纹的骨锥。2015～2016年，河北省文物研究所、河北大学等单位再次开展调查，在厅山及周围新发现厅山1～3号三个旧石器地点，在86020地点东侧龙山山脚下发现一处旧石器地点。厅山1号地点位于厅山半山腰，发现丰富的以石英为主的石制品和破碎动物骨骼，埋藏于滦河第三级阶地上部。厅山2～3号地点位于厅山山脚下，发现有石制品、动物化石等，埋藏于滦河第三级阶地底部，与5801、86020地点层位相近。龙山地点与86020地点隔公路相望，文化层位相同，埋藏于滦河第二级阶地下部。爪村遗址是河北省内考古发掘的第一处旧石器时代遗址，目前至少发现第三级阶地下部、上部和第二级阶地下部三个主体文化层。5801地点经铀系法测定距今5万～4.2万年，86020地点经 ^{14}C 初步测定距今2.7万年前后，厅山1号地点推测距今3万多年。文化遗物丰富，发现石制品、动物化石数千件，石制品包含小石器、细石叶两种石器工业类型，基本构建起冀东地区燕山南麓旧石器时代晚期的文化序列。86020地点发现较早阶段的细石叶技术石制品，为探索细石叶技术的起源、传播等问题提供了重要材料。

陈宥成对青藏高原三江源地区新发现的打制石器进行了报告。近年来，青海师范大学、首都师范大学和青海省文物考古研究所联合组成的科考队在青藏高原三江源地区新发现了一系列含有打制石器的史前人类活动遗址，以玛多冬给措纳湖（DJCN）3-2-2地点和玉树通天河塘达遗址为代表。DJCN 3-2-2地点（距今5400～5000年）以线状排列的火塘和细石器组合为特点。石器组合包括楔形、柱形和锥形细石核，端刮器和边刮器等，不见船形细石核和小型两面器。冬给措纳细石器地点群的发现为我们了解青藏高原最后的狩猎采集者的技术、行为与社会提供了重要信息，并为我们进一步探究青藏高原细石器人群的来源、演化及与外来农业人群的关系提供了重要契机。塘达遗址以典型的石核－石片技术为特征，以附近河床优质绿色硅质岩砾石为主体原料，石核以双面剥片和单面剥片模式为主，石制品尺寸较大，工具类型以刮削器为主体，存在少量砾石砍砸器。塘达人群使用的石核－石片技术代表了晚更新世东亚长江流域最为本土化的石器工业类型，可能揭示了东亚腹地人群对于青藏高原早期开发的历程。青藏高原三江源地区首次发现典型的石核－石片工业表明该技术可以适应青藏高原海拔3500米以上的中高海拔地区，拥有更强大的生态适应能力，并为探讨更新世晚期东亚人群向青藏高原的扩散路线、时间与机制提供了新的线索。

吉林大学博士研究生侯佳岐与王春雪介绍了辽宁省朝阳市2021年旧石器考古调查成果的初步报告。2021年4月，吉林大学考古学院与辽宁省文物考古研究院组成联合考古队，对辽宁省朝阳市开展了旧石器考古专项调查，共发现旧石器地点11处，主要集中于喀喇沁左翼蒙古族自治县、朝阳县和北票市三个县区，分布于水泉、木头城子、台子、南八家子和长宝营子五个乡镇。共采集到各类石制品460余件，包括各类刮削器、尖状器、钻器、雕刻器、砍砸器、石锤以及石核和石片等。原料类型多样，包括石英、石英岩、燧石、角页岩、流纹岩等较优质原料。主要运用锤击法剥片，工具组合中以刮削器为主，偶见砍砸器、尖状器和雕刻器，工具加工较规整，器形较小，偶见大型。由此推测，此次调查中11处旧石器地点的工业类型应属小石器工业类型。由于上述地点均地处旷野，结合其地质、地貌以及石器表面的风化程度、工具组合和加工技法，并且没有发现磨制石器和陶片等，综合推断此次调查的地点年代均处于旧石器时代晚期，距今3万～2万年。此次调查丰富了辽宁地区旧石器时代文化内涵，对研究辽西地区的古环境变化和古人类的适应生存过程提供了珍贵资料。

李罡报告了山东沂水跋山遗址的发掘收获。发掘严格按照旧石器考古发掘方法和相关理念，按照文化层内划分操作层的方式对遗址进行全面揭露，使用全站仪、罗盘等对原生地层标本进行测量、拍照记录，所有文化遗物全部过筛，做到全面收集考古材料和考古信息。同时在发掘的过程中，始终保持课题意识和多学科协作的工作原则。跋山遗址目前已揭露8个文化层，第9层刚刚露头，主要发掘出土石制品、骨牙角制品及动物化石5000余件。石制品类型丰富，包括锤击、砸击制品，工具有石球、石锤、刮削器、砍砸器、尖状器、石钻及锯齿形器等，这些石制品具有中国北方小石片技术体系的鲜明特点。遗址的另一大收获是出土了一大批加工痕迹明显的骨牙角制品。刚刚露头的第9层发现三处用火遗迹以及大量的原始牛、赤鹿等动物化石。对于石料来源，经实地勘察和比对实验，遗址中使用的石料出自距此2千米处的西跋山，反映了古人类就地取材，简便与务实相结合的开发策略。另外还发现了目前我国发现的最早的磨制技术，是用动物肢骨、象牙和鹿角磨制的锥形器、铲形器，古菱齿象牙铲是国内首次发现的器物类型。光释光测年数据显示，遗址中上部堆积年代为距今7万~5万年，下部堆积年代更早，有待系统测年工作的确认。李罡副研究员还汇报了未来的工作规划，跋山遗址已从抢救性发掘转变为主动性发掘，持续开展系统全面的发掘和研究工作，围绕特定学术问题制定了5年工作计划，并上报上级主管部门。未来将在遗址年代、埋藏环境、石制品技术、动物群（反映的生态环境）和骨器等几个方面开展工作。跋山遗址包含多个连续的文化层位，出土丰富的古人类遗物和遗迹，对于建立我国东部旧石器时代中期文化序列，论证中国-东亚人类的连续演化，研究当时人类的技术特点、生产生活方式和生存环境背景具有重大的价值与意义。

赵清坡介绍了河南鲁山仙人洞遗址的最新发现和初步研究。经过最近两年多的调查，目前在鲁山地区已经发现旧石器地点38处，发现了200多件石制品，类型主要有石核、石片、刮削器、砍砸器，原料主要有脉石英、石英岩、石英砂岩。石器的总体特征分为两类，一类是以砾石为毛坯的大型砍砸器，另一类是以石片为毛坯的小型刮削器、尖端器，初步判断目前在鲁山县境内发现的这些旧石器地点，时代主要为旧石器时代早中期，目前还没有发现晚期的典型石器，这些地点的发现，从小范围来说填补了鲁山县境内没有旧石器遗址的空白，同时为研究中国南北方文化以及环境变化的关系提供了材料。赵清坡介绍发掘过程中采用了文化层内划分操作层的方式，按照5厘米一个水平层，逐层向下发掘。对出土的每一件化石和石制品进行登记、拍照，详细记录三维坐标、倾角和走向等。发掘出的土全部过筛，并运至山下，集中进行浮选。发掘结束后，在剖面采集光释光测年样品及孢粉分析、磁化率、粒度、土壤微形态等所需的土样，为综合研究留取资料。距今5万~3万年是早期现代人扩散及行为出现发展的关键时段。鲁山仙人洞遗址集中保持了特定时期不同阶段人群活动的证据。这一阶段出土古人类化石的遗址在国内是非常少的，所以鲁山仙人洞遗址出土材料对研究中国现代人起源演化具有十分重要的意义。未来他们的工作计划是对遗址继续进行发掘，并采取头骨化石形态和古DNA、古蛋白研究等多学科综合研究，适时启动编制考古遗址公园规划。

王社江介绍了西藏阿里地区革吉县梅龙达普的史前洞穴遗址考古新发现。近几年的发掘工作主要集中在1号洞，1号洞洞口面积最大，洞口宽35~40、高20米，面积达1000平方米以上。2018年调查时，在地表和暴露的地层内发现了一些石器，有细石器、细石叶、细石核，还有骨骼、灰烬层。在洞的周围能看见很多岩画，这些岩画既有宗教纹样，也有一些刻画的太阳纹、月亮纹和其他条形纹。文化层内发现骨制品、陶片，有规律分布的火塘，此处应为一处居住类型遗址。梅龙达普洞穴为旷野遗址之外首次发现的人类洞穴居址。初步的测年结果为距今5000～3000年。该洞穴是青藏高原发现的首个史前洞穴遗址，也是高原腹地目前有明确地层信息的细石叶文化遗址，该遗址的发现对于探讨青藏高原西部地区古人类生存活动、迁徙演变、人群互动交流等具有重要意义，尤其是为研究掌握细石器技术的人群在高原腹地活动的时间和生计方式提供了最强有力的证据，也为研究史前人地互动、环境变迁，西藏本土的农业、畜牧业起源和传播以及史前艺术等问题提供了珍贵材料。

冯小波介绍了湖北省十堰市郧阳区吴家沟旧石器时代遗址石制品初步研究。吴家沟旧石器时代遗址位于湖北省十堰市郧阳区柳陂镇吴家沟村1、2、3组，埋藏于汉水右岸第Ⅳ级阶地。其文化面貌的特征是：石制品的岩性大类中以火成岩为多，其次为沉积岩；石器素材以河床中磨圆度较高的河卵石为主，以砾石（石核）为主，以石片为素材的石器较少；石制品的剥片和加工方式均为硬锤锤击法，没有发现砸击法等其他方法的产品；石器类型以砍砸器为主，其次为手斧，手镐不多，刮削器的比例也不低；石器的加工方式以单向加工的为多。吴家沟旧石器时代遗址的埋藏环境和距它40千米的"郧县人"遗址非常接近，动物化石的属种相似，因此可以推测其时代在更新世早期偏晚阶段，相当于旧石器时代文化早期，距今约80万年前，其文化面貌具有中国南方旧石器时代文化早期特征。这为证明中国汉水流域的远古文化是一脉相承、有自己的发生和发展的体系提供了重要线索。

三、研究新进展

除了新发现，部分委员还分享了对已有材料的最新研究成果。

宋艳花介绍了山西吉县柿子滩遗址研究进展（1980～2021年）。山西吉县柿子滩遗址是1980年发现于黄河支流——清水河流域的一处旧石器时代晚期露天遗址。遗址由一系列沿清水河两岸阶地分布的地点群组成。经过2000～2010年的田野调查和发掘，柿子滩遗址以S29和S9地点为代表，形成了较完整的晚更新世地质剖面和旧石器时代晚期文化序列。AMS^{14}C测年结果显示，柿子滩遗址的年代可早到约距今3000年，晚至约距今8500年。以地层、年代、环境和丰富的遗迹遗物为依据，柿子滩文化形成了六个文化发展阶段。第一，早于约距今26000年（S29第8文化层），相

参会代表发言

对暖湿的气候背景下形成的小型石片石器传统。第二，距今26000～24000年（S29第7文化层），温湿气候向干冷发展，开始出现人工用火遗迹、蚌壳和鸵鸟蛋壳质穿孔装饰品、骨针和磨针石等，石器工业中出现中国较早的小石叶和半锥状石核的细石叶剥片工艺，石器类型多样化。第三，距今24000～18000年（以S29第6～2文化层为代表，但在清水河流域普遍分布），气候变得明显干冷，人工用火遗迹急剧增多，同时细石器遗物也更加丰富，表明在冰盛期人类活动频繁。细石叶技术本土发展，船形石核几乎成为唯一的细石核类型。第四，距今14000～12800年（S29地点第1文化层和S9地点第5层），温湿气候背景下，细石器技术继续发展，细石核类型呈现多样化趋势。第五，12800～11400年（S9地点第4层），气候突然干冷的背景下，动物种属小型化、多样化，细石器工艺中也出现植物加工工具磨盘磨棒、蚌壳和鸵鸟蛋壳质穿孔饰品、骨针等遗物。第六，晚于约距今11400年（S9地点第3～1层），相对温湿环境下细石器工艺延续。总之，清水河流域具备的区域性小气候，即使在末次冰盛期和新仙女木期的全球降温事件，该区域也有较丰富的生产和生活资源，让古人类在此繁衍生息。目前，在人类对火的掌控利用、对植物资源的开发利用、石料来源以及石器、骨器、饰品等的加工工艺方面初见成果，而柿子滩遗址的后续研究将为细石器的起源和细石叶工艺的演化发展、华北地区粟作农业的起源机制、现代人类行为的出现和扩散以及人类对晚更新世环境的适应等国内甚至国际上的一些难点和热点问题的探讨提供重要信息。

贺存定介绍了三门峡庙底沟遗址出土石刀的加工技术及使用方式。庙底沟遗址是一处以仰韶文化庙底沟文化、西王村文化以及庙底沟二期文化为主要内涵的文化遗存，时代从距今约5900年延续到4800年。该遗址出土的石刀在类型和加工技术上均颇具特色，对研究史前人类的生产生活和经济形态具有重要作用。通过类型的划分和统计，庙底沟遗址仅第二次发掘出土的石刀就有308件，根据加工技术和使用方式可分为两类七型。其中在庙底沟文化时期以磨制有孔的石刀为主，到后来的西王村和庙底沟二期文化则以打制无孔且两侧带凹缺的石刀为主，反映了一种打制技术取代磨制技术的适应策略。报告重点对两侧带凹缺的石刀开展加工技术及使用方式研究。出土标本观察和复制实验表明，这种石刀主要采用锐棱斜向砸击法生产锐棱砸击石片，进而对石片远端和两侧修型略呈长方形，并在两侧边制作出较对称的凹缺。通过原料和加工技术的考察和对比，打制无孔带凹缺的石刀无论在原料获取成本、技术难度、工艺流程复杂度等方面均小于磨制有孔的石刀，但制作效率、耐用性和锋利程度明显更高。石刀主要作为农业收割工具，其使用方式的模拟实验表明，打制无孔且带凹缺的石刀较磨制有孔石刀具有更多的使用方式和效能，除了传统认为的系环套插入手指使用以外，还具有系绳挂于身旁使用和装柄使用等其他多样化的

分组研讨会现场

使用方式，能够完全覆盖磨制有孔石刀的使用方式和效能，因而打制无孔带凹缺石刀能够成为逆时代取代磨制有孔石刀而被广泛应用，成为庙底沟遗址乃至仰韶向龙山文化过渡时期的特色。

仪明洁介绍了白洗沟遗址初步研究。白洗沟遗址地处泥河湾盆地中部，位于河北省张家口市阳原县马圈堡村西北约1.5千米处的桑干河南岸，地理坐标为东经114°29′33″，北纬40°8′52″。2017年7月，中国科学院古脊椎动物与古人类研究所与中国人民大学组成的联合考古队在泥河湾盆地考察中获知遗址信息，对残存的堆积开展抢救性发掘，清理面积约4平方米，出土丰富的文化遗物。初步研究显示，白洗沟遗址具单一文化层，堆积较薄，遗物围绕用火遗迹密集分布，包括细石叶技术产品、石片石器产品、动物骨骼、串珠饰品以及疑似颜料。石制品原料开发具有针对性；细石核技法属北方系或涌别系，技术稳定娴熟，多根据毛坯特点简化预制程序；石片类产品形态、技术均展现出与细石核预制和修型的高度相关性，19组石制品可拼合；工具少，仅1件刮削器，2件锛状器，但修理精致、标准化程度高；各类石制品使用率低。遗址动物骨骼以鸵鸟、野马、野驴、小型牛科或鹿科动物为主，部分骨骼经火烧或切割，鸵鸟蛋皮制成串珠饰品，骨骼大体破碎，可能与敲骨吸髓有关。整体而言，白洗沟遗址是一处经短期利用的、以细石叶生产为主要目的、兼营工具加工和动植物资源消费等活动的营地居址。综合而言，白洗沟遗址的微型和小型石制品占绝对主导，且平面分布无水流分选现象，文化层堆积水平、包含物纯净、颗粒细腻，发掘过程中对地层的观察未发现地质作用扰动，用火遗迹及周边的遗物都得到很好的保存，遗址受自然改造程度很低。此外，高达6.6%的拼合率同样反映石制品原貌保留较好。结合风化磨蚀情况，绝大多数石制品风化磨蚀轻微、边缘锋利，表明石制品的搬运距离短、在地表暴露时间不长。该遗址原地埋藏可能性大，基本未受到后期扰动。通过与虎头梁遗址群、籍箕滩遗址群的对比，初步判断白洗沟遗址的年代为旧石器时代晚期末段，距今1.5万～1.4万年的可能性较大。

徐廷介绍了和龙大洞遗址研究的新进展。2021年对大洞遗址进行了一次新的发掘，对遗址的范围进行了重新确认，现不只是100万平方米这样一个范围，它的整个分布范围其实是一个三角形的狭长地带，进行拉网式的区域性系统调查后，确定采集点大概11个，2021年发掘面积是50平方米，加上扩方面积是60平方米，将近70平方米。发现自然层位5个，在下文化层出土了一些石制品且分布均匀，层位的年代大于4.35万年，整个层位上又划出一个文化层。所以大洞遗址的文化层大概分三层，最上面一个文化层的年代距今2万～1.5万年，第二个文化层主体年代应该在2.5万年左右，最下面一个文化层的年代至少应大于4万年。在三个文化层中都发现了雕刻器，并且从下层到上层技术逐渐进步，有预制台面技术和两面器技术，这些技术不断发展，再结合长白山地区优质的原料，逐渐形成这种雕刻器。雕刻技术不断发展，最后在长白山地区独立地演变出了当地的细石叶技术传统。

王晓敏介绍了泥河湾盆地板井子遗址的埋藏学研究。板井子遗址（距今约9万年）位于河北省张家口市阳原县化稍营镇板井子村北约300米，2015年发掘的第5层出土了9493件动物化石。通过系统采集动物遗存的解剖学、分类学、动物死亡年龄、骨骼表面痕迹、骨骼单元出现频率及长骨破碎方式的相关信息，本项研究辨识出自然作用与人类行为对动物骨骼造成的不同影响，并依此讨论深海氧同位素5阶段（MIS 5）中国北方古人类获取、搬运及处理动物资源的综合性策略。研究结果显示：①遗址出土的动物遗存为古人类活动所遗留，自然营力对骨骼也有改造作用，但并不影响我们对古人类行为的辨识；②马是优势猎物，其壮年个体是遗址古人类狩猎的重点，表明古人类对动物体型与肉量有特定的追求；③古人类在捕获马类动物之后，将其完整地带回了遗址并肢解；④在处理猎物遗骸时，肌肉和骨髓富集的部位是古人类利用的重点。结合河南许昌灵井遗址的动物遗存研究结果，可以确定在MIS 5阶段前后，中国北方已经出现了可以高效狩猎并利用动物资源的人群。稳定、充沛的能量来源或是他们应对北半球中高纬度干旱草原环境波动的重要生存策略。

邓婉文介绍了岭南地区晚更新世晚期的石器文化与人群。自更新世早中期以来，岭南地区长期以砾石器工业为显著特征。新近发掘的广东英德青塘遗址显示，典型的陡刃砾石器大致见于末次冰盛期，并逐渐发展出多种类型。而在此前一阶段，石制品组合中石片石器比例较高，以往在广西柳州白莲洞、隆安娅怀洞遗址下部文化层堆积中亦可见数量较多的燧石质小型石片石器。岭南地区晚更新世晚期的这些石制品组合与早期简单的石核-石片技术产品在工具类型上存在较大差异，可能与周边地区人群的流动互动相关。目前已知约距今2万年的陶器遗存见于江西万年仙人洞遗址，湘西南、粤北、桂北地区亦可见早于距今1.5万年的陶器遗存，而往西进入西南地区、往南进入东南亚大陆等陶器遗存则年代较晚，推测至少与制陶技术相关人群曾于末次冰盛期前后从华南东北部往西南方向迁徙。而就石制品组合而言，与早期制陶技术相关的区域未见石器修理陡刃现象。中更新世晚期至晚更新世早期的黔西观音洞、鹤庆天华洞等遗址石片石器组合中的陡刃类型刮削器，以及晚更新世晚期的沧源硝洞"石核斧或锛"类型等显示，把石器刃部修理陡直的传统可能来自西南地区，而于末

线上和线下参会代表会场合影

次冰盛期前后始见于岭南地区，推测至少从晚更新世晚期开始，岭南地区先后出现从西北、东北方向南下的人群及其技术传统。目前古DNA研究显示，自全新世初东亚人群不断由北往南、由南往更南迁徙。语言学研究同样显示，至少从全新世中期开始，藏缅语、苗瑶语、侗台语人群不断从华北南部和华南北部向（西）南扩散。就考古文化遗存而言，史前东亚人群的南下至少见于末次冰盛期以前。

陈虹介绍了对中国石器微痕研究的实践与思考。随着中国考古学的蓬勃发展，微痕分析逐渐成为石器研究的重要手段之一。因其科学性、有效性和准确性，微痕分析在鉴定石器功能、复原古代生业模式、解读人类行为方式、阐释考古文化特点等方面得到了广泛认可。陈虹教授通过对中国石器微痕分析的发展历程进行回顾，再结合中国考古学的实际问题，思考该领域目前存在的主要问题，进而提出了应该尽快建设中国石器微痕数据库以及如何建设数据库，为中国考古学研究提供更有力的阐释技术和证据。

赵海龙做了早期贝壳装饰品的模拟实验与生物学解析的报告。装饰行为在现代人中比较流行，贝壳作为一种常见的装饰物出现较早，分布也很广泛。为什么贝壳会成为早期装饰品中的一员？是古人的审美需求，还是它本身就有一定的先天优势？通过对双壳类贝壳穿孔的模拟实验与观察以及对海滩上的贝壳遗骸特征的分析，结合生物学的自然现象做出了相应的解释：早期沿海的贝壳成为装饰品有其天然条件，而在晚期的考古遗存中，淡水环境中的贝壳需要人工开孔才能穿系，但其位置基本趋同，在一定程度上也说明从沿海到内陆古人对贝壳装饰的文化认同与传承。

旧石器考古专业委员会本次会议的一个重要议程和成果是增选新委员。经过本人申报、资格审核、全体委员投票等程序，共有32位青年才俊成为专业委员会委员，为该学术组织注入了新鲜血液和活力。加上原有的69位委员，目前中国考古学会旧石器考古专业委员会共有101位委员。这是中国旧石器时代考古发展的一座里程碑，标志着该学科正在由边缘小众跻身中国考古行业的生力军。本次旧石器考古专业委员会在学术研讨的组织、内容的全面深入和活跃程度诸方面都表现亮眼，受到大会组织方和学界同行的称赞。在大会开幕前一天召开的中国考古学会理事大会上，中国考古学会理事长王巍先生对旧石器考古专业委员会单独提出表彰，赞赏该委员会在开展学术交流和科普活动多方面表现优异，把旧石器时代考古这个冷门绝学在学术圈和社会上做得风生水起、有声有色，成为其他专业委员会的榜样。

最后，旧石器考古专业委员会主任高星做了总结讲话，对新当选的委员表示祝贺，并希望新人能带来新的气象和活力，寄望大家共同努力，把旧石器时代考古的各项工作推上一个新高度，努力将东方人类家园的丰富文化遗产发掘出来，深入解读并加以传播、传承，以更加饱满的热情和更加扎实、创新的科研及普及、教育工作实践和丰硕的成果努力建设中国特色、中国风格、中国气派的考古学。

执笔：张莹莹　彭　菲
审核：高　星　王社江

新石器考古专业委员会

时　　　间：2021年10月18、19日

地　　　点：文博城三楼函谷厅

主　持　人：赵　辉　李新伟　王炜林　李　珍　栾丰实　张　弛　魏兴涛

线下参会代表：韩建业　孙周勇　孟华平　赵春青　陈洪海　王小庆　杨利平
　　　　　　　魏继印　钱益汇　高江涛　王　芬　彭小军　张居中　王晓毅

线上参会代表：李　岩　刘　斌　靳松安　余西云　张　建　何　佳　李丽娜
　　　　　　　富宝财　靳松安　雷　少　焦天龙　付永敢　贾利民　郭　明
　　　　　　　陶　洋　王良智　周振宇　夏笑容　林尚泽
麦赫迈特·乌兹多安（Mehmet Özdoğan）

　　一百年前，仰韶村遗址的调查和发掘吹响了中国考古的"集结号"。一百年后，中国考古人齐聚仰韶文化的发现地，学习习近平总书记"9·28"重要讲话精神，隆重纪念仰韶文化发现暨中国现代考古学诞生100周年，召开第三届中国学大会，努力建设中国特色、中国风格、中国气派的考古学。

线上和线下参会代表会场合影

赵辉先生致辞

　　新石器考古专业委员会分组讨论采用线上线下相结合的方式进行。来自中国社会科学院考古研究所、北京大学、山东大学、郑州大学、武汉大学、湖北大学、河南大学、首都师范大学、中国科学技术大学、天津师范大学、土耳其伊斯坦布尔大学、中国国家博物馆、河南省文物考古研究院、陕西省考古研究院、湖北省文物考古研究所（现为湖北省文物考古研究院）、湖南省文物考古研究所（现为湖南省文物考古研究院，后同）、广东省文物考古研究院、广西文物保护与考古研究所、宁波市文化遗产管理研究院、香港故宫文化博物馆等单位的 22 位学者做了学术报告。

　　学术报告围绕考古学史与考古新发现、中原与仰韶、资源与人群交流、聚落与社会、墓地与葬仪、文化互动与社会行为等专题展开。分别汇报了陕西西安太平遗址、山东章丘焦家遗址、湖北荆门屈家岭遗址以及土耳其安纳托利亚的考古新发现，介绍了浙江宁波大榭遗址的制盐工艺、河南灵宝西坡遗址的石器制作、湖南华容七星墩遗址的聚落变迁等研究新进展，展示了关于裴李岗文化的聚落和社会、中国海洋性聚落、兴隆洼文化聚落、龙山文化聚落、史前乐器、石家河先民祭祀行为，以及红山文化墓葬分级、石峡文化二次葬、广西地区史前墓葬等相关课题的研究心得。

　　2021 年是考古百年，也是仰韶文化考古百年。值此百年之际，专业委员会设定"中原与仰韶"议题，回顾了仰韶文化的百年历程及其文明化成就、百年史前考古取得的理论成果，围绕新石器时代前期中原地区文化格局、仰韶文化的区域特征、庙底沟文化崛起等主题进行了精彩演讲。

　　会议伊始，新石器考古专业委员会主任、北京大学考古文博学院教授赵辉先生致欢迎词。李新伟、王炜林、栾丰实、张弛、李珍、魏兴涛等专业委员会副主任和委员分别主持了不同议题的讨论和评议。线上线下共有 30 余位专家学者参与了研讨，10 余位人员参与了现场旁听。

一、考古学史与考古新发现

河南省文物考古研究院魏兴涛研究员演讲的题目为"仰韶文化百年历程及其文明化成就"。他指出，随着1921年河南渑池仰韶村遗址的发掘，中国第一支考古学文化——仰韶文化得以命名，从此拉开了以考古学探索我国史前文化的序幕。经过一百年来数代考古工作者的辛勤探索，仰韶文化的发掘与研究取得了极大进展。根据已有材料，豫晋陕交界地区仰韶中期庙底沟期是在当地仰韶初期、早期基础上发展而来，在整个文化中最为发达，对整个仰韶文化和周边区域产生巨大影响，也最早发生社会复杂化现象。郑州西北仰韶中晚期文化也十分繁盛，文明化程度甚高，是当时最具代表性和影响力的文明中心。仰韶文化研究业已取得丰硕成果，其中文明化应是其最高成就。与文明化相关问题的深入探讨，应当是今后仰韶文化研究的重点内容，是该文化一百年研究基础上向新的目标进发的主要方向。

武汉大学余西云教授将中国考古学放在世界考古学的范畴内指出，在19世纪，考古学主要在方法上进行了创新，"三期说"主要揭示遗迹的时空体系，类型学主要揭示遗物的时空体系。20世纪，考古学主要在理论上进行了创新，传播论、进化论、历史唯物论等理论使考古学研究从具体层面推进到抽象层面。进入21世纪，考古学主要在技术上进行创新，而且技术大规模进入考古学研究是近二三十年的突出特征，其中DNA研究尤其值得期待。

山东大学王芬教授汇报了章丘焦家遗址2020、2021年度的考古收获。发掘位置位于近年来发掘区的周边，主要收获是在南部发掘区域确定了南城门，继续深化之前的聚落、墓地演变的认识，发现南城门通道。在南城门通道空间发现了路土和垫土，在城墙废弃之后有人工堆筑的土台。二期城墙是对一期城墙的补筑。另外发现比较清楚的版筑痕迹，还在平面发现夯窝。在路土位置发现上下两层路土。城墙废弃之后，有大汶口文化人工堆筑土台。此外，近年的发掘还发现特征鲜明的岳石文化灰坑。

20世纪50年代，屈家岭遗址的发现拉开了长江中游史前考古研究的大幕。近年来，屈家岭遗址考古工作开启了聚落探索的新征程。湖北省文物考古研究院陶洋副研究员汇报了屈家岭遗址近年来的考古收获。迄今的工作完善了屈家岭遗址的年代序列，油子岭、屈家岭、石家河文化时期的考古遗存为迄今发现的规模最大的油子岭文化聚落，揭露的大型房址、墓葬、广场、仓储类遗迹为探索长江中游文明进程提供了重要的材料支撑。

中国社会科学院考古研究所的王小庆研究员介绍了西安太平遗址的最新收获。在国家文物局、陕西省文物局指导下，2021年3月至今，中国社会科学院考古研究所、陕西省考古研究院、西安市文物保护考古研究院、西北大学文化遗产学院组成联合考古队对太平遗址开展科学、系统的考古发掘与研究，确认太平遗址是一处大型的客省庄二期文化环壕聚落遗址，且存在东西并列的两个环壕。在已清理的灰坑、壕沟内，出土有丰富的、年代特征鲜明的陶器、石器、骨角器、蚌器和玉器等重要遗物。已有的考古发现表明，太平遗址具备高等级中心聚落遗址的应有要素，是我们了解中华文明起源和早期发展的一处重要的中心区域遗址，也为关中盆地龙山时代晚期考古学文化的研究提供了一批新资料。

二、中原与仰韶

来自中国科学技术大学的张居中教授对新石器时代前期中原地区文化

主持人和参会代表发言

格局及其演变进行了梳理，指出距今9000年前后，中原地区的文化格局发生了重大变化。首先是舞阳贾湖遗址异军突起，其富有特色的文化现象，不仅完全改变了本地区原有的文化面貌，且与远在钱塘江流域的上山文化遥相呼应，具有颇多相似之处，暗示二者应有大致相同的渊源。大约距今8500年前后，以贾湖一期为代表的文化遗存向北大肆扩张，在嵩山周围地区与土著文化融合形成裴李岗文化。以贾湖一期为代表的文化遗存与城背溪文化和李家村文化碰撞交流，与顺山集文化碰撞交流催生了双墩文化。裴李岗文化在距今8000年左右向北、东、西三个方向扩张，与后李文化接触碰撞产生了北辛文化；向西的一支与贾湖一期遗存沿北汝河向西北的一支到洛阳湾以西融合当地土著文化形成班村文化。班村文化向西扩张与关中平原的土著文化接触融合形成老官台文化。大约距今7000年前后，裴李岗文化持续向西推进，催生了晋南地区的枣园文化和关中地区的零口文化。大约距今7000年之后，中原各地的考古学文化先后演变为新石器时代后期的仰韶时代文化。

中国社会科学院考古研究所赵春青研究员强调，裴李岗时代是以裴李岗文化为始点，终于仰韶文化（距今7000～5000年）初期。同属裴李岗时代的考古学文化主要有西辽河流域的兴隆洼文化、华北地区的磁山文化和北福地文化、中原地区的裴李岗文化、长江中游的彭头山文化和城背溪文化、长江下游的跨湖桥文化以及顺山集文化等。裴李岗时代聚落常见氏族村落内部房屋分组和墓地分片的聚落形态，表明裴李岗时代一般有氏族和家族两级社会组织，只是家族的区别不像仰韶时代的聚落表现得较为清晰。同时，他还对裴李岗时代的生业经济、宗教、艺术和文字起源等方面进行了梳理。

陕西省考古研究院杨利平副研究员汇报的题目为"庙底沟文化的崛起"。庙底沟文化主要分布于晋陕"新月形"盆地带，它依托优越自然条件且继承了半坡深厚的文化底蕴和农业生产传统，大约在公元前4000年开始，积极发展旱作农业，并引进了水稻种植技术，出现了大量的大型中心聚落，发展了大型宫殿类建筑，男性逐渐主导了社会生产、生活，形成了规范的礼制。随后，庙底沟文化以其极具特征的彩陶和尖底瓶，以晋陕新月形盆地为中心形成一股巨大的彩陶浪潮，对周边的考古学文化形成了强烈的影响。其领域之大，文化认同之广且深，历史影响之深且长久，世界罕有其比，形成了"文化意义上最早的中国"。

郑州大学张建副教授汇报的题目为"汉水中游地区仰韶文化研究"。该地区仰韶文化可分为四期，早晚演变规律清晰，与周边地区仰韶文化有一定区别，并梳理了不同阶段该地区仰韶文化的因素组成。他认为该地区

主持人和参会代表发言

仰韶文化的源头与郧县庹家洲、方城大张庄早期遗存关系密切，早期聚落规模不大，某些可能为临时营地性质；第二期开始出现以沟湾遗址为代表的环壕聚落，区域中心聚落逐渐发展起来；第三期聚落内涵不断丰富，聚落数量进一步增多，出现了聚落群聚现象；第四期受江汉平原北部油子岭文化的影响，并逐渐成为新发展起来的屈家岭文化向北扩张的前沿，聚落面貌发生较大变化。该地区仰韶文化的发展演变，对于揭示中国古代文明起源多元一体格局的形成具有重要意义。

三、资源与人群交流

首都师范大学历史学院钱益汇教授系统整理了灵宝西坡遗址出土的石制品，提出了自己的观点。他从操作链与磨制石器生产系统出发，从技术和功能视角对石制品进行分类，结合遗址平面布局等特点，考察石器生产在西坡遗址中的重要地位，分析西坡遗址发现的房址、壕沟和灰坑等遗迹关系，认为石器生产很大可能是在遗址内完成。同时通过分析遗址出土玉石器，认为当时社会阶层存在差异性。

宁波市文化遗产管理研究院雷少副研究员汇报了宁波大榭遗址的考古新进展。多学科研究显示，大榭遗址二期遗存中首次发现了我国沿海地区制造海盐的最早证据。考古过程中不仅揭示出布局较清晰、结构较完整的制盐遗迹，还伴出有种类较丰富、要素较齐全的制盐遗物。这些遗迹和遗物与英、德、法等国的盐业遗存非常相似，应是我国沿海地区发现的制作海盐的最早遗存。其发现与发掘，为探索我国海盐手工业的起源和发展，以及浙东沿海地区的交通、贸易和社会复杂化等重要课题提供了实证。

四、聚落与社会

北京大学考古文博学院张弛教授梳理考古资料指出，兴隆洼文化时期聚落大都坐落在山前缓坡之上，房屋一律成排布局，背风向阳，朝向坡下。南台子和白音长汗环壕围起来的聚落是当时具有独立性的最小社会单元。这样的聚落同时期只有25座（左右）房屋，正中有一座大型仪式用房和一座供奉有祖先雕像的房屋。白音长汗房屋室内空间有清楚的功能性分割，每座房屋大致可住4～5人。这样的聚落人口在百人上下，是氏族公社一类的社会单元。这样的氏族公社在兴隆洼文化时期往往还与其他氏族一道组成部落。因此，兴隆洼文化时期应当是氏族—部落社会。

香港故宫文化博物馆焦天龙研究员认为，海洋聚落与内陆聚落不仅是

参会代表发言

位置上的不同，更重要的是在规模和经济形态上有着重大差别。在野外聚落调查方法上，海洋聚落考古要首先搞清楚相关时期的海岸线的变化。不同海岸地区的聚落变化模式不同，往往受制于相关地区内陆文化和人口的变迁。海洋聚落先民以海为生，经济形态一直以采集捕捞为主，食物生产经济长期低水平化。聚落和经济形态的这些特殊性，是认识中国海岸地区史前文化演变模式的关键。

湖南省文物考古研究院王良智副研究员，根据最新的田野收获，系统解读了七星墩遗址的聚落变迁。七星墩遗址是湖南规模最大的史前城址，"外圆内方"的双城结构在长江中游地区属于首次发现。七星墩古城遗址自距今5000年开始修建，到距今4500年左右发展到鼎盛阶段，再到距今4000年左右外城城垣废弃，其社会形态发生重大变化，共沿用了约1000年，七星墩遗址的发现为长江中游文明进程研究提供了重要资料。

河南大学付永敢副教授梳理指出，郝家台聚落龙山文化二期至五期皆有城墙或壕沟作为防御设施，遗物中少见农业生产工具，箭镞等武器异常丰富，连间排房居住形态与分组墓地所体现的群体认同不一致。因此，他认为郝家台可能为一处军事据点，而非普通的定居农耕聚落。同时，郝家台军事聚落的发展大致可以第三、四期为界，划分为兴盛与衰落两个阶段。第二、三期遗物中制作精致的高档陶酒食器较多，从第四期开始高档陶酒食器大为减少，墓葬中所见肢体残损者比例甚高，儿童墓也大量出现，聚落开始走向衰落。

五、墓地与葬仪

天津师范大学富宝财副教授在收集红山文化随葬玉器的基础上，依据器形特征将其分为几何形、抽象形、动物形三大类，并对几何形和抽象形玉器进行类型学研究，依据玉器类型学研究成果将红山文化墓葬分为五期。在分期基础上，对各积石冢和墓地内墓葬进行研究，进而达到了解积石冢和墓地形成过程及墓葬间关系的目的。研究揭示，半拉山墓地属于单个社会集团的公共墓地，牛河梁积石冢属于权力阶层的专属墓地。

广东省文物考古研究院李岩研究员结合以往石峡遗址、拾年山遗址、老虎墩遗址、岱子坪遗址等二次葬墓发掘资料，对二次葬墓的发掘认知进行梳理和总结。在继承的基础上，就如何在田野发掘阶段将二次葬墓两次随葬品的区分方法与记录方式等问题进行讨论。

广西文物保护与考古研究所李珍研究员的演讲题目为"广西史前墓葬及相关问题"。他对广西发现的墓葬材料进行全面的梳理，从墓葬的发现和分布、葬法、葬式等方面来探讨广西史前时期的丧葬习俗及其所蕴含的原始宗教意识，以及墓葬与广西地区史前文化间的关系，并对墓葬中的一些特殊现象如墓坑、墓中放置石块、葬式的演变、二次葬等进行了探讨。

六、文化互动与社会行为

中国社会科学院考古研究所彭小军副研究员通过对相关考古资料的梳理，发现印信台石家河文化扣碗现象与油子岭、屈家岭文化的扣碗扣豆习俗一脉相承，并且呈现出大致规律的空间设置。出土情景的观察和分析表明，扣碗遗存常常与黄土台、黑灰土共存，意味着它们很可能系共同的社会行为所留，而且在不同规模的聚落之中，扣碗遗存的功能可能存在差异。

中国社会科学院考古研究所高江涛研究员认为，陶寺口簧的年代距今4000年左右，与石峁口簧年代相近，具体孰早孰晚难以断定，虽然出土多数口簧的皇城台"弃置堆积"年代可能较晚，但弃置年代并不等同于口簧使用与制作年代。陶寺口簧出土区域是一处特殊而又长期使用的手工业作坊点，此件口簧极有可能是该手工业作坊点本地制作，不能轻易断定为石峁人群或"石峁文化"南下的孑遗或者"舶来品"。进一步而言，石峁所在河套地区不一定是中国乃至世界口簧的"唯一"来源，除了"一源"外，还有"多源"的可能性。

河南大学魏继印教授对新砦文化的深腹罐、侧装三角足来源进行了追溯。他指出，深腹罐在造律台文化各个遗址中数量和比例都非常高，新砦文化沿面带槽的深腹罐应当主要来源于造律台文化。侧装三角形扁足鼎是新砦文化陶器中数量排名第三的器物。此种器物在王湾三期文化中的数量非常少，出现的年代晚，而在造律台文化中数量较多，出现的年代早。同时，在细部特征上，新砦文化侧装三角形扁足鼎鼎足外侧多有按窝和口沿沿面多有沟槽的特点在王湾三期文化侧装三角形扁足鼎上不见，而常见于

参会代表发言

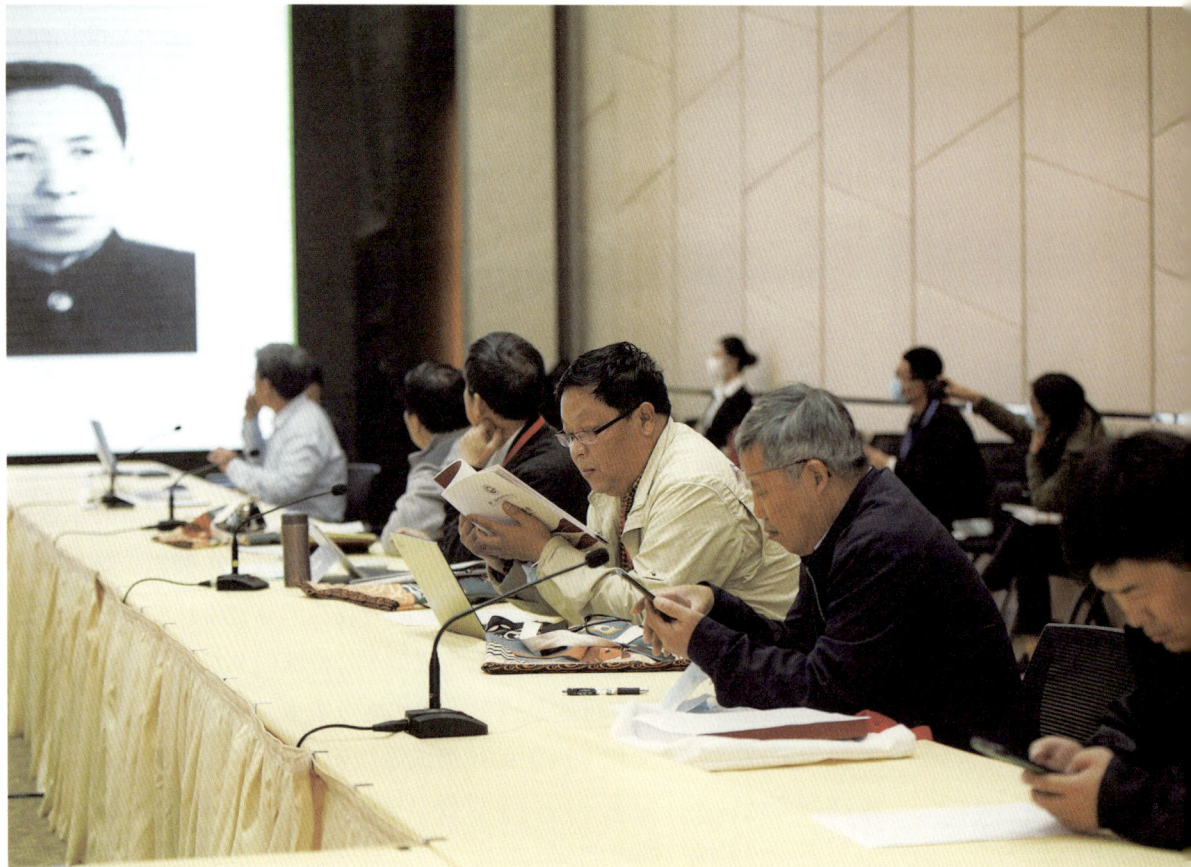

分组研讨会现场

造律台文化侧装三角形扁足鼎，此新砦文化侧装三角形扁足鼎也当主要来源于造律台文化。

来自伊斯坦布尔大学的麦赫迈特·乌兹多安（Mehmet Özdoğan）教授，对安纳托利亚新石器时代的新发现进行了介绍。他指出，尽管新石器时代被视作文明史上最重要的转折点之一，但直到近年它仍被视作努力维持生存的简单村落社区的时代。最近在底格里斯河上游和幼发拉底河上游地区哥贝克力丘、查耀努、科尔提克丘、卡拉汉丘、尼瓦里·科利等公元前10400～前7400年遗址的发掘中，诸多开创性的发现迫使"新石器时代"一词暗含传统定义变化。初期阶段——前陶器新石器时期——现在被视作一个高度复杂的文化阶段，生活的各个方面都发生了创新的变化。现在在新石器社群之中可以用分层社会、工艺专业化、纪念性建筑、艺术、商品和材料的远距离交换、文职精英的统治等诸多以前被认为是晚期社会标志的文化属性术语来定义。

研讨环节结束之后，专业委员会主任赵辉教授进行了学术总结，他指出本次学术会议是对百年考古的回顾，也是对未来研究的展望，会议呈现的新发现、新研究、新思路促进了学术交流，推动了学术发展。

执笔：彭小军
审核：李新伟

夏商考古专业委员会

时　　间：2021年10月18、19日

地　　点：文博城三楼禹王厅

主 持 人：张国硕　许　宏　张立东　张昌平　徐昭峰　岳洪彬

线下参会代表：袁广阔　秦小丽　方　辉　唐际根　王　青　高明奎　严志斌
　　　　　　井中伟　侯卫东

线上参会代表：李玉洁　朱君孝　郭妍利　何毓灵　张晓峰　庞小霞　刘　煜
　　　　　　曹慧奇　赵东升　郭　明　常怀颖　梁法伟　魏曙光　豆海锋
　　　　　　韩　鼎　董文斌　杨　谦　林　森　孙　卓　贺　俊

　　2021年10月18日下午至10月19日下午，来自国内科研院所和高校的30余位参会代表通过线下和线上相结合的方式参加了第三届中国考古学大会夏商考古专业委员会的学术研讨，共完成20余场会议发言，涉及夏商时期考古新发现和研究新进展等多个主题。

线下参会代表会场合影

参会代表发言

　　首都师范大学历史学院教授袁广阔以"河南汝州洪山庙仰韶文化瓮棺合葬大墓发现的意义"为题，系统梳理了汝州洪山庙三十余年的发掘经历，在对该遗址发现的彩陶进行分析的过程中，他认为其陶器图案具有一定的特殊性，对研究仰韶时期社会性质、精神世界及社会组织都具有非常重要的意义。袁广阔将该遗址发现的陶器图案划分为人物类（具有一定故事性和传说的图案）、动植物类（例如鸟、鱼、树叶等图案）、生产工具类、玉器类和太阳纹图案。这些图案的发现对研究中国早期绘画艺术具有一定影响。此外，他认为洪山庙遗址彩陶上的绘画对中国早期文字起源的研究具有一定意义，洪山庙遗址对认识中国早期社会转型具有重要意义。

　　夏商时期是我国早期社会形成的重要时期，也是墓葬礼仪制度形成的关键阶段，方辉教授以"对安阳殷墟使用朱砂情况的初步考察"为题，通过对朱砂来源地与殷墟所出朱砂墓葬相结合，系统阐述、解释了殷墟墓葬中铺设朱砂的缘由，体现了商代晚期商王朝与周边地区的贸易交流，展现了殷墟时期高等级人群的意识形态。方辉通过全面梳理殷墟朱砂的使用情况，发现殷墟朱砂的使用量自第二期至第四期呈上升趋势。人骨涂朱、器物涂朱和墓底铺朱砂是殷墟朱砂葬最常见的使用形式，证明朱砂是丧葬和祭祀仪式中的重要用品。另外，殷墟朱砂葬的墓主人地位普遍较高，至少是中小贵族，表明朱砂在殷墟是一种被贵族垄断的珍稀资源。文献记载和科技考古证据均表明殷墟的朱砂最有可能来自古荆州地区，也就是贵州、湖南一带的西南地区，也不排除商人使用了来自陕西秦岭一带的汞矿资源。这些研究不仅可以帮助我们理解商王朝与周边地区的交流互动，也为探讨商代晚期葬俗葬制提供了研究思路。

甲骨文是中国目前已知最早的成熟汉字，是中国及东亚已知最早的一种成体系的商代文字载体。唐际根通过对安阳殷墟所出甲骨文的系统梳理，整合前辈学者所做的研究，以部分甲骨文字的发展历程为例，认为目前所见的甲骨文是公元前15世纪一次大规模文字规范的结果。不同的甲骨文字创制年代略有不同，但正是这次规范，令殷墟时期的文字统一、一致。唐际根展示了甲骨文的创制过程，以为对其深入研究可以帮助解决中国早期文字的产生等一系列问题。

夏商时期的南方地区掌握丰富的铜矿资源，铜矿资源是南方地区与中原地区文化交流的桥梁，在早期中国的发展过程中，南方地区的考古学文化与中原地区不断交流，推动了文化融合与相互促进。杭州市文物考古研究所在余杭区跳头遗址进行了大量考古发掘工作，于当地发现了一处晚商时期铸铜作坊遗址，这是长江下游地区一处信息清晰的同类遗址。该遗址晚商时期地层出土了多件保存完好的石范、青铜器、铜锭、砺石和木炭等与铸铜直接相关的遗存。杭州市文物考古研究所助理馆员林森认为，这一阶段的遗存保存较好，出土遗物最为丰富。同时这一时期的聚落格局也最完善，先民通过开挖灰沟和堆砌土垄，把生产区和生活区区分开来。出土的石范材质是粉砂岩，基本上一种石范铸造一件青铜器。考古人员发现了青铜材质的斧、矛、箭头等。最后，林森分享了他对该遗址的一些认识。首先是对该遗址性质的认识，跳头晚商铸铜作坊遗址是一处聚落格局保存较完好、堆积连续且特征较明显的延续性聚落。该遗址的主体年代是商周时期，此阶段该聚落的功能性一致。同时包含了两组马桥文化、晚商、西周、春秋等时期连续堆积的地层和遗迹单位。上述发现对研究江浙地区商周时期的文化面貌、人际关系、环境演变、聚落形态结构等问题具有重要意义。其次是跳头遗址对构建周边区域与商文明的关系具有重要意义。遗址所在地区于晚商时期具有独立的文明演化过程，对探索这一区域的青铜时代文化演变模式具有重要意义。

复旦大学文物与博物馆学系秦小丽教授认为，陕西地区是夏商文化研究的重要区域，对该区域考古学年代的重新认识可以帮助我们进一步研究该区域的考古学文化。在论述过程中，秦小丽教授结合龙山与夏商时期陕西地区的聚落遗址分布图，分析了遗址数量的历时性变化。除此之外，秦小丽教授对陕西地区夏商时期的单个遗址进行了讲解分析，她以遗址中出的绿松石、玉器、陶器为例，讲解了共时性背景下陕西地区与周边地区的相互关系。她认为，二里头文化对关中和陕南的影响可能通过两条通道，其一是沿洛河至洛南地区，洛南河口分布的绿松石矿和蓝田铜矿符合二里头文化对资源追逐的背景；其二是沿黄河至洛、渭河流域，相比前者，后者的影响时间可能略

参会代表发言

晚。该研究对认识陕西地区的二里头文化具有重要意义。

吉林大学考古学院井中伟教授以"二里头遗址二里头文化第四期晚段遗存反思"为题，首先对二里头遗址二里头文化第四期晚段遗存的研究进行了学术史回顾，并对目前学界将二里头四期晚段遗存分为前后相继的四个阶段的分期方式提出了一些疑问。他提出，在对这四个阶段深入研究之后发现，上述四个阶段可以通过遗址单位关系梳理成两组，但目前两组遗存之间的关系尚不明确。其次，属于1号基址废弃期的遗存与使用期间的遗存，它们之间没有直接的地层关系。最后是关于二里头的夏文化与岳石文化的遗存，目前学界将它们视为商夷联盟侵入、占领二里头都邑的物质表征。但是它们也有可能是夏文化与岳石文化、下七垣文化早期交流的产物。此外，井中伟教授论述了学界对二里头四期文化细分研究中存在的一些缺陷。首先，他认为陶器特征与层位关系都不支持二里头第四期晚段遗存过度的细分。其次，根据二里头遗址报告公布的 ^{14}C 测年数据，二里头四期年代为公元前 1565～前 1530 年，约为 35 年，如果将四期晚段再进行细分，其刻度可能会超出考古学研究所把握的尺度。最后，考古学所见的物质文化面貌并不会随着重大历史事件的发生而在较短时间内发生改变，考古学家能辨识出的时间单位只能是考古学文化某一阶段，从而将重大的政治变革卡定在考古学文化的某个阶段之内，这是考古学研究所能达到的极限。试图将夏商交替限定在更小时间段内，虽然反映了考古学家追寻历史真相的强烈愿望，但在一定程度上超越了考古学研究所能把握的时间范围。

武汉大学历史学院张昌平教授通过对三星堆遗址祭祀坑出土遗物的系统分析，认为巴蜀地区成都平原自新石器时代开始便和长江下游地区有关联，在三星堆祭祀坑出土物中，可以看到有不同文化间玉器的交流互动，这种交流是输入性的。铜容器不仅是在形态上，甚至在装饰上、技术上都有完全不同的系统。比如南方系的青铜器，尊和罍的尖部会有叠体的小鸟，只有在长江中下游地区能够看到这样的特征。一些尊和罍明显具备中原地区的文化传统，但同时又形成了和中原文化不一样的特征。这些祭祀坑所出遗物都彰显了该时期中原地区与西南地区的文化交流与互动。

山东大学考古学系王青教授以"二里头遗址出土通神法器的使用方式问题"为题，介绍了二里头遗址出土的一批与神灵崇拜和祭祀有关的遗存，为探索夏人的精神信仰和艺术传统提供了珍贵的实物资料。他根据二里头遗址的器物功能组合、器物装饰纹样、器物出土场景等，推断镶嵌绿松石龙形器应为佩挂兼具表演功能的法器，铜铃、漆鼓应为演奏式法器，玉戚、瓒应为表演式法器，饰纹陶透底器、饰纹陶盆和大口尊这些陶祭器应为陈列式法器。他推测复原了当时作法通神的祭祀仪式，并认为这种复杂神圣的祭祀仪式正是二里头作为夏王朝都城所举行的国家祭祀的重要体现。

鲁西地区正处于以山东地区为核心的海岱地区和中原地区的连接通道，是商人东渐的必经之路，受到考古学界的广泛重视。山东省文物考古研究院高明奎研究馆员以"鲁西地区夏商时期文化格局和互动"为题，从陶器的交流与演变、城址的建造技术、气候地理环境等方面探讨了鲁西地区夏商时期的文化格局与互动关系。从该区域龙山文化至岳石文化的历时性演变情况，介绍了该区域人群的迁移。通过商文化因素在该区域发展态势的分析，探讨了从早商到晚商商人对鲁西地区的经略情况。

南京大学历史学院考古文物系副教授赵东升以"青铜时代百越地区的中原化进程研究"为题，从认识中原族群和百越族群的关系入手，探讨了青铜时代百越地区社会复杂化和中原化的进程。在探讨过程中，赵东升对中华文明形成的多种观点进行了系统梳理。随后依据文献将百越族群的来源问题总结为三个说法：一是全为土著说，二是王族属夏族后裔说，三是全为夏族后裔说。赵东升利用历史文献展开了具体论述，除了引用文献典籍论证，还列举了部分器物来说明环太湖地区考古学文化受到中原地区的影响。分别探讨了江淮之间、宁镇—皖南、鄂东南和赣鄱等地区的考古学文化格局，阐释了百越周边地区融入中原的历时性进程。通过文献资料与考古学材料相结合的研究方法，详细论证了中原文化和百越文化的源流问题及社会复杂化和中原化进程。

肃宁后白寺遗址处于冀中东部地区，该区域是古黄河入海之处，对该区域的考古学研究可以完善河北地区夏商文化谱系，填补区域空白，串联周边文化，促进相互关系研讨，对研究北方与中原、北方与东方之间的文化互动都具有重要意义。河北省文物考古研究院魏曙光副研究馆员以"后白寺一期遗存研究"为题，通过使用最新发现的考古学材料在共时性的背景下与周边文化遗存进行了分析对比，认为商文化进入河北地区是河北地区夏时期文化消亡的主要原因，对后白寺一期遗存的研究，可以帮助我们深入思考以下七垣文化为代表的河北地区商文化与夏代文化之间的关系。

夏商时期是国家形成和发展的早期阶段，辽宁师范大学历史文化旅游学院徐昭峰教授以"夏商国家社会形态及其相关问题"为题，从夏王朝的国家政体、商王朝的国家政体、夏商时期的"共政"贵族政治等问题出发，将文献资料与考古学材料相结合，对夏商国家社会形态及相关问题进行探讨。他对文献资料与甲骨文材料总结之后，结合殷墟、郑州商城、小双桥等遗址的考古材料，提出夏王朝的国家政体可称为共主制下的族邦联盟，商王朝的政体可称为共主制下的"邦国联盟"。起源于夏代而盛行于商代的是册封制而非分封制。夏商时期存在着内外服制，这样的内服、外服是以王畿来划分的。夏商时期的政治制度是独特的贵族"共政"政治。不管是目前所见的文献整合甲骨文资料或者考古资料，都可证明夏商时期并不存在普遍的奴隶制。

学界曾一度认为中国家绵羊可能的祖先是亚洲摩弗伦羊、羱羊、盘羊、东方盘羊等几个野生绵羊种，但分子遗传学的最新研究结果显示，未发现这些野生绵羊种对中国和蒙古国两国的家绵羊有遗传贡献的证据，也就是说它们都不是中国家绵羊的野生祖先。河南大学黄河文明与可持续发展研究中心教授李玉洁以"中国是古代家绵羊驯化最重要的起源地"为题，探讨中国古代家绵羊的驯化起源地。在对中国古绵羊样本的研究进行细致梳理和深入分析，并对古绵羊研究史归纳总结后，发现了一组中国驯化独立产生的古绵羊DNA，并在中亚地区进化。另外，依靠锶同位素对二里头遗址选取的五组古羊样本的牙釉质进行测定，发现二里头只有部分羊骨骼表现出外来的因素。实验选取的两组牙釉质样本测定比值高于当地的范围，其他三只羊的牙釉质略低于当地的同位素比值范围，从而证明二里头遗址所选取的五组羊样本均是来自不同的地区（李玉洁推测，比值略低的三组羊可能是当地驯养，另外两组是外来驯养）。可见，二里头遗址所见绵羊大多数是二里头本地驯养，中国应当也是绵羊驯化中心。

中国社会科学院考古研究所研究员刘煜介绍了偃师商城出土青铜器的制作技术。偃师商城出土青铜器的数量相对较少，并未发现完整的青铜器作坊，只发现部分与青铜相关的遗迹和遗物。在城址的东北城墙内侧、东城墙中段内侧、宫殿区三处发现了相关考古遗存。本项研究的思路和方法是依靠冶金容器研究，根据冶金工艺流程，通过一些方法来复原这些步骤，确定矿料来源。本次研究主要选取20余件青铜样品，大多为小件。实验证明，铜器的冶铸技术较二里头有所进步。其中4件青铜器的成分主要是锡铅铸铜，并且锡和铅含量都有所提高，但是铅所占比例有所下降，锡所占比例增高。偃师商城与二里头遗址的铜器相比，其铜锡铅三元合金开始占据主导，且锡、铅含量明显提高，证明偃师商城出土青铜器相对更稳定，青铜器的制作技术提高。偃师商城出土青铜器锻打技术进步，青铜器的铸造工艺与其他早商时期的青铜器基本相同，都继承二里头文化时期的分范技术，并得到进一步发展。从二分范到三分范，是铸铜技术的第一次技术转变。偃师商城铜器的纹饰与二里头相比更为复杂，此时的工匠已经具备了与青铜器形制和纹饰的复杂化相适应的技术。早商时期青铜技术的进步，奠定了中商到晚商时期技术第二次转变的基础，进一步发展形成了晚商时期青铜器制作技术的高峰。

夏商时期的水系问题是考古学和历史地理学长期关注的重要课题。洹北商城、殷墟作为商代中、晚期都城，位于太行山东麓冲积平原上。当时周边的水系情况如何，对都城选址起到什么作用，城市建设时采取何种给排水措施，一般聚邑的生产、生活用水如何解决，都需要加以关注。中国社会科学院考古研究所何毓灵研究员以"洹北商城与殷墟的水系及相关问题"为题，结合历年来洹北商城与殷墟的发掘资料，对二者的水系遗存及相关问题进行了介绍。在对某些都邑的水系流向进行整合之后，何毓灵发现城址周围的水系一般位于城址南边，如二里头遗址的南部、偃师商城。由于中国大陆地形西高东低，自西向东流淌的河流受北半球地转偏向力的作用，河流南岸更易受到侵蚀。如果城址位于河流南部，就会大大增加水患、毁城的风险。现今的洛河是从二里头遗址北部穿行，但二里头文化时期，伊洛河则紧邻二里头遗址南部边缘。与二里头遗址相距不远的偃师商城也位于伊洛河北岸。之后他对洹北商城的城壕、洹北商城内的水井与水渠进行了详细介绍，介绍了殷墟的水系问题及殷墟一般聚邑的水系遗存（水井、蓄水坑、排水管道等）。

武汉大学历史学院副教授孙卓以"中商时期南方地区文化格局的转变"为题，通过对中商时期南方地区考古学文化的考察，提出中商时期应该是有稳定变化的一个阶段。考古学所见中原地区在偃师商城和郑州商城结束之后，随着小双桥商都和洹北商城的兴建，伴随而来的是中原文化的重心北移，并为殷都的兴起奠定物质文化基础。孙卓发现在目前所做的工作中，依靠考古学材料很难观察到中商时期社会文化面貌的变化。从整体来看，从早商到中商中原地区对外仍旧保持着强势的扩张态势。在一些地方，中商时期中原文化的影响甚至比早商阶段更为强烈。这为理解中商时期周边地区的考古学现象提供了新思路。他通过陶器分析了盘龙城遗址从早商延续至中商文化面貌的改变。以台家寺遗址为例，他认为该遗址对进一步认识中商时期的南方地区文化面貌有突破性的意义。台家寺遗址位于淮河北岸的支流润河旁边，遗址中心有大型建筑，内部存在数个手工业作坊，所出的陶器有典型的中原文化因素。从盘龙城到台家寺遗址，可以发现在南方地区自早商延续到中商早期，商王朝对地方的管控逐渐加强，形成如盘龙城这类中心性的据点。青铜器生产或使用也集中在此类少数地点之中。中商晚期以后，该区域对资源和产品的获取能力迅速突破了商王朝的控制。直至殷墟时期，中原文化从南方退去，沿长江流域的地方性青铜文化开始兴起。

殷墟商墓研究的一个重要方面是青铜器组合研究。墓葬中青铜器的组合在一定程度上反映了墓葬的时代、等级、族属、文化交流等问题。中国社会科学院考古研究所研究员严志斌以"殷墟商墓墓主归属问题"为题做了报告，认为墓葬中的铜器是葬礼的最终呈现，其组合的构成在实践层面具有很强的复杂性。通过对殷墟出土有铭文的140余座商墓进行细致梳理、归纳之后，他将商墓中出土的铜器铭文划分为单一铭文与多种铭文两种情况。单出一种铭文者，铭文内容还可以区分为三种情况：其一是单出族氏铭文，其二是单出私名铭文，其三是形式多样的同一种铭文。严志斌认为，殷墟部分商墓同墓所出铜器铭文有多种，如有一种铭文占据绝对优势，则可据此判断墓主归属。如果不能简单推断哪一种铭文占绝对优势，就需要根据铭文、器类、组合、器物特征等因素综合判断。如果墓中没有明显占优势的铭文，可以通过分析铜器组合关系来判断墓主。除铜器组合关系外，分析器物风格及厚重程度也是判断墓主的重要途径。严志斌所做的研究为探讨殷墟高等级商墓的归属问题提供了方法与思路，也为后续铜器墓铭文材料的整理提供了研究基础。

殷墟遗址的考古发现与研究，是近年学界关注的热点问题。中国社会科学院考古研究所研究员岳洪彬以"论殷墟小屯乙二十基址复原研究的几个问题"为题，系统梳理了针对殷墟小屯乙二十基址所做的考古工作，介绍了遗址的平面布局问题，探讨复原了乙二十基址的台阶高度，讲解了小屯乙二十基址与殷墟小屯遗址之间的关系。2004～2020年，在考古工作者的不断努力之下，大致摸清了小屯宫殿区的布局，早年发掘者们只发现了小屯乙二十基址的四个墙角，经过近几年的勘探工作，发现其大致呈现四合院的建筑基址形态。岳洪彬将该基址与洹北商城1号遗址台阶进行对比，通过考古发现与科学的测量计算，基本复原了其台阶高度。该研究对商代建筑基址和聚落布局研究具有重要价值，同时也为商代建筑基址的形制尺寸提供了依据。

三星堆遗址是近年的热点问题，作为夏商时期西南地区重要的考古发现，三星堆遗址在研究南方地区与中原文化关系、复原西南地区夏商时期的社会政治、经济生活中发挥着重要作用。中国社会科学院考古研究所研究员许宏以"分与合——关于三星堆文化命名的省思"为题，通过对学术史系统梳理，提出将原三星堆文化早期遗存分析出来作为一个独立的考古学文化——"月亮湾文化"的建议是合适的。此外，原来被划归三星堆文化的三星堆遗址祭祀区器物坑，和被划归为十二桥文化的成都金沙遗址祭祀区遗存前后相继，具有相同的知识系统和价值系统，将其作为成都平原

分组研讨会现场

最早的青铜文明，命名为"三星堆—金沙文化"具有相当的合理性。在梳理了研究史和对比了其他地区的考古学文化分期之后，许宏认为三星堆文化早期应当属于新石器时代。这对三星堆文化的再认识、对研究三星堆文化以及相关文化遗存的命名问题具有重要意义。

辉卫文化遗址主要分布在豫北太行山东南麓、太行山与黄河之间。该文化属于二里头至二里冈时期的地方性文化，介于夏文化和商文化之间。这种地域关系决定了它在夏商文化研究中具有十分特殊的地位。河南大学历史文化学院教授张立东以"再议宋窑遗址辉卫文化的分期"为题，对辉卫文化遗址所出遗物进行了详细的分析，对宋窑遗址辉卫文化遗存的分期进行了补缺与修正。目前主要有三类意见：第一是将《中国考古学·夏商卷》中划分的"两期三段五组"中的"期"和"组"去掉，只保留三段分期；第二是把其中的某两组合并，将原来的五组合并为四段，从而将分期归纳为两期四段；第三是打破原分期各组之间的序列，将原来的第三组作为第一组，其他顺序维持不变。张立东认为目前所做研究尚且缺乏考古学材料支撑，如果想有更多的突破，需要考古工作的持续进行，发掘揭露更多遗存，从而帮助我们得到新认识。

随着考古发现的丰富、研究方法的提升，以青铜器为载体的纹饰研究越来越受到学界重视。研究内容涉及广泛，研究方法多种多样。河南大学历史文化学院副教授韩鼎以"商代'半人半兽'纹饰主题研究"为题，指出目前学界研究中不重视"人兽相伴"与"半人半兽"纹饰间的联系，未能将"人虎"主题与"人蛇"主题、"人鸟"主题、"人蝉"主题综合考察。韩鼎系统梳理了具有"人虎主题""人蛇主题""人鸟主题""人蝉主题"的青铜器，提出了人兽主题可分为"人兽相伴"和"半人半兽"两种类型，"半人半兽"是"人兽相伴"的象征性表现，虎、蛇、鸟、蝉在商代信仰中具有沟通人神、祖先能力的象征性等观点，对商周青铜器纹饰研究提供了新观点与新思路。

20世纪50年代中后期，为配合黄河水库建设工程，文化部文物管理局和中国科学院考古研究所联合组建了黄河水库考古工作队。这是中华人民共和国成立以来人员最多、调查发掘面积最大的考古队，工作成果也异常丰富。1960年底，工作队完成最后一次发掘，迄今已逾六十年。中国社会科学院考古研究所副研究员庞小霞以"黄河水库考古工作队述论"为题，系统梳理了黄河水库考古工作队的工作、发掘、研究历程。黄河水库考古工作队奠定了中国社会科学院考古研究所山西工作队、甘肃工作队、陕西工作队在各省的人员储备、物质资料基础。上述工作队大多是在黄河水库考古工作队的基础上建立的。庞小霞认为，黄河水库考古工作队对后来从事专题方向考古研究以及考古学术研究具有重大意义。

执笔：江昊然　侯卫东

审核：许　宏　唐际根　岳洪彬

两周考古专业委员会

时　　　间：2021年10月18日、19日

地　　　点：文博城三楼上阳厅

主　持　人：方　勤　张爱冰　柯中华　徐良高　岳连建　高成林

线下参会代表：杨文胜　陈丽新　宋江宁　王乐文　朱继平　胡嘉麟　张闻捷

　　　　　　郭　明　路国权　唐锦琼　高振龙

线上参会代表：王先福　王爱民　朱华东　胡平平　杨文昊

2021年10月18日下午至10月19日下午，来自国内科研院所和高校的22位参会代表通过线下和线上的方式参加了第三届中国考古学大会两周考古专业委员会的学术研讨。各位代表围绕考古发现、青铜器、建筑与聚落、历史地理、考证、文化交流与互动六个主题做了专题报告，在方勤、张爱冰、柯中华、徐良高、岳连建、高成林的主持下进行了广泛的交流和深入的讨论。

线下参会代表会场合影

参会代表发言

一、考古工作的回顾以及对新发现的介绍和研究

　　杨文胜对辉县琉璃阁遗址的发掘和研究工作进行了回顾和反思，指出过去单独划分的遗址等其实都是这个连续不断的大遗址的有机构成，认为甲乙墓大墓的墓主应该是已迁都"楚丘""帝丘"的某位卫国诸侯。固村东地战国墓葬极可能是战国时期魏国高等级贵族墓葬区。此外，又以2019年东新庄墓地四座商墓的发现为契机，探讨了"子龙鼎"的出土地点。

　　方勤回顾了曾国考古的发掘与研究历程，在此基础上对已确认的16位曾侯和1位没发现其墓葬但见其铭文器之"曾侯昃"的世系进行了排序，分析了曾国与西周大臣南宫适和南公家族的关联。又结合《左传》等文献关于"随"的记载，分析了同处江汉地区的曾、楚关系。

岳连建介绍了镐京遗址近年来考古工作的主要收获，认为近十年来的考古勘探和发掘工作，进一步丰富了镐京遗址的考古资料，为研究西周都城的范围、规模、布局以及西周历史考古、墓葬制度等提供了宝贵资料，对研究镐京遗址的水系与自然环境、农作物种类以及制陶、铸铜等手工业技术等均具有重要意义。

高振龙对辛村遗址近年来的考古工作及重要发现进行了介绍，认为该遗址是一处集多功能、多层级于一体的超大型聚落群。又结合史料记载，认为辛村遗址是西周时期卫国的核心统治区，极有可能是西周初年卫国自康丘迁至淇卫后的都邑，并对其使用年代进行了判断。

二、青铜器研究

张闻捷以新见曾公求墓编钟为中心，讨论了周代的"行钟"与"歌钟"。他认为行钟是专用于随葬的随葬器，并非征行田狩用钟。行钟在部分贵族墓中与传统常用的龢歌之钟组合而成整套葬钟，此类情况属于专用于随葬的鬼器与用于宗庙祭祀的祭器共同组成整套葬钟，前承西周早中期的遣器制度，而后继有战国时期大量生产的明器化青铜器以及遣策制度。

高成林以宁乡高砂脊遗址出土铜器为基础，基于对同类铜器的收集和整理，同时结合遗址出土材料，基本厘清了炭河里文化核心区域的分布范围，并对其与周边文化的互动和交流情况进行了探讨。

陈丽新通过对叶家山曾国贵族墓葬出土青铜礼器的梳理分析，发现曾

参会代表发言

侯墓葬并没有统一的鼎簋用数，曾侯与曾侯夫人及一般贵族墓葬间也看不出鼎簋用数的规律，表明西周早期可能不存在严格的、明确体现身份等级的器用制度。但此时列器的出现以及生器与死器并存，为西周中晚期以鼎簋为核心的青铜礼器制度的形成奠定了基础。

胡嘉麟通过对山东济阳刘台子出土青铜器的分析，认为其装饰与台北故宫博物院的逢伯命甗基本相同，或表明此地的地望即是周初的逢国，并结合逢子曶簋、逢子遥簋所见江淮地区的特点，再联系到出土于滕州的逢叔盘和逢叔匜，认为春秋早期以后的逢国迫于齐国压力，可能向南迁徙，并与江淮地区产生文化交流。

三、建筑与聚落

宋江宁基于对考古学学科性质和体系的理解，基于城乡规划学的角度，从地形与水资源两个基础变量出发，对周原遗址仰韶至西周时期的选址和聚落变迁进行了研究，发现仰韶至商代和西周两个大的阶段，其聚落性质分别为一般聚落和城市，而后者应是明确城乡规划知识体系的产物，继而对西周时期城乡规划体系的来源进行了探讨，得出其作为一种高等级专业知识，是落后的周人向先进的商人学习的结果，最后上升到周人向商人的选择性学习。

杨文昊通过对周原遗址凤雏F6～F10发掘区内灰坑性质的分析，辨识出了地基坑这一灰坑类遗迹，并推测其应为建筑地基的组成部分。基于此，认为打破F6的H228应属于地基坑，约与基槽同时完工或完成于建筑使用期间，故无法据此推定其废弃年代，F6或已进入西周而非商周之际。他又以地基坑的发现为契机，对凤雏F6～F10的地基营建工序开展了复原研究，指出要在工作理念和方法上完成由地层学到埋藏学的转变，并认为理想的建筑考古学应该是贯穿了田野调查、钻探、发掘和整理等全部过程的建筑学研究。

四、历史地理研究

朱继平基于对文献资料的军事地理和地缘关系分析，探讨了战国时期魏国蔡邑的历史沿革。她认为秦简《编年记》所见战国魏地蔡邑的来源可以和东汉中牟蔡亭相衔接，故地当在今郑州东北。至于郑州附近的周代祭国、春秋祭邑皆应在郑州西北。换言之，郑州附近的先秦蔡、祭二地当各有所在，不相混淆。

五、器物和文献的考证

郭明在系统梳理考古发现的基础上，对先秦时期的磬进行了系统的考古学观察，对其时代性、地域性、材质、形制、编磬的起源及组件数、磬的使用与性别的关系等内容进行了探讨。

王乐文对楚式"镇墓兽"的发现和研究历程进行了回顾，并在此基础上探讨了楚墓出土"镇墓兽"的时空差异、象征与功能，认为其分布不仅局限于南方的楚地，"镇墓兽"形象的变迁体现了楚人对灵魂观念和彼岸世界认识的变化。

路国权结合考古和文献资料，揆诸商周之际的历史形势和山川地理形势，认为《史记·秦本纪》所载"石北方"应是"使鬼方"，并指出鬼方李家崖文化所在的北方晋陕高原对于中原黄河流域夏、商、周三代历史而言，始终是须臾不可忽略的区域外中心之一。

六、两周时期青铜文化的交流与互动、变迁与融合

张爱冰对宗国的矿冶活动进行了概述，将宗国青铜文化的发展分为四个阶段：商末周初、西周中期、西周晚期至春秋早期、春秋晚期至战国中期。他认为宗国青铜文化的兴盛主要基于对铜矿资源的早期开发。此外还探讨了宗国矿冶活动的区域以及长江流域矿冶活动带的构成与分布。

徐良高通过对比研究，认为山西北白鹅墓地出土的虎纹青铜罐应属于

参会代表发言

参会代表发言

西北戎狄文化风格器物。他结合相关历史文献和青铜器铭文的记载，认为这类考古发现不仅是两周时期戎狄入侵中原重大历史事件和戎狄与华夏共存互动关系的反映，而且是两周时期由"夷狄交侵"到"以夷变夏"的民族融合之路的历史见证。

唐锦琼通过文献、文字、考古材料的系统梳理和综合研究，对江西东周时期的社会变动——"吴头楚尾"的具体过程进行了分析。他认为清江盆地内的筑卫城有可能是吴、越的边邑。春秋中晚期，楚国已经沿长江而下掌控了赣西北的铜矿带，但此时并未进一步深入赣中腹地，直到战国晚期才进入赣江上游，控制了江西全境。徐国在被吴灭国后，部分人被安置到江西，作为楚和吴、越之间的缓冲地带。

胡平平在辨析几处典型墓地的年代，确立墓葬文化性质判定标准的基础上，对湖南地区楚、越文化融合过程进行了探讨，并总结出了三种融合模式，并简要解释了其成因。

王爱民探讨了皖南与宁镇青铜文化的区别：首先，皖南与宁镇地区出土的青铜器在器物组合、形制、花纹特点上有所区别；其次，铜矿的大规模开发是皖南青铜文化不同于宁镇地区的主要表现；最后，皖南青铜文化受外来文化的影响远较宁镇地区为大，文化面貌也更加复杂。此外，还认为皖南地区的周代文化面貌存在着时代差异。

王先福对周代邓国考古学文化遗存出土的陶容器进行了分期研究，将其综合分为八组，再通过时代特征对比，将这八组陶容器对应划分为五期八段，以期建立邓国陶容器的发展序列，进而为邓国考古学文化面貌的发展变化及其与周、楚文化的互动分析奠定基础。

执笔：宋江宁

审核：徐良高　唐锦琼

分组研讨会现场

秦汉考古专业委员会

<table>
<tr><td>时　　间：</td><td colspan="6">2021年10月18、19日</td></tr>
<tr><td>地　　点：</td><td colspan="6">文博城三楼陕州厅</td></tr>
<tr><td>主 持 人：</td><td>白云翔</td><td>徐龙国</td><td>刘振东</td><td>刘　瑞</td><td></td><td></td></tr>
<tr><td>线下参会代表：</td><td>李毓芳</td><td>焦南峰</td><td>韩国河</td><td>洪　石</td><td>游富祥</td><td>陈　静　李　岗</td></tr>
<tr><td></td><td>邵文斌</td><td>武　玮</td><td>宋　蓉</td><td>刘松林</td><td>杨　弢</td><td></td></tr>
<tr><td>线上参会代表：</td><td>张卫星</td><td>冯　锴</td><td>王超翔</td><td>陈彦堂</td><td>周繁文</td><td>王传明　薛　程</td></tr>
<tr><td></td><td>蒋　璐</td><td>田亚岐</td><td>严　辉</td><td>张　玲</td><td>夏伙根</td><td>富　霞　金　银</td></tr>
<tr><td></td><td>周保冬</td><td>姚娟娟</td><td>马　骥</td><td>文载范</td><td>宫本一夫</td><td></td></tr>
</table>

　　2021年10月18日下午至10月19日上午，来自国内科研院所和高校的30余位参会代表通过线下和线上的方式参加了第三届中国考古学大会秦汉考古专业委员会的学术研讨。会上发言的20位代表围绕遗址、陵墓、遗物三个主题，就秦汉时期涉及的宫殿及皇家祭祀遗址的发现与研究、帝陵及陵邑研究的反思、县城及基层社会组织的考察、汉晋墓葬文化的变迁、

线下参会代表会场合影

砖室墓形制的再探讨、棺饰及玉容器与丧葬文化、熨具与医学考古、漆器及釉陶手工业的生产与发展、域外文化的交流与互动等方面做了专题报告，并进行了广泛交流和深入讨论。研讨会最后，秦汉考古专业委员会主任白云翔研究员进行了学术总结。

一、秦汉遗址考古研究

"秦汉遗址考古研究"主题由中国社会科学院考古研究所徐龙国研究员主持。秦阿房宫前殿遗址是21世纪秦汉考古的重要发现，中国社会科学院考古研究所李毓芳以"秦阿房宫考古工作之精髓"为题，回顾了阿房宫考古工作的成果，指出考古发现的阿房宫前殿遗址应即是文献所记"秦阿房宫"，是一处未修建完成的宫殿。阿房宫考古工作还原了历史真实，为国家制定保护秦阿房宫遗址的整体规划提供了重要的科学依据。

秦汉祭祀遗址的考古发现与研究，是近年学界关注的热点问题。中国社会科学院考古研究所刘振东以"汉长安城及周边的上帝祭祀"为题，系统梳理了汉长安城内外以及雍地、甘泉等地发现的汉代祭祀上帝的遗址、遗物，并结合文献的考释，提出：西汉重视上帝祭祀，汉初承袭秦制，先于雍地五畤祭祀五帝，后逐步将其迁往长安；武帝时期又开始单独祭祀天帝，初在甘泉和汾阴，几经反复也迁至了长安南北郊，并成为都城制度的重要内容；天帝、五帝祭祀与阴阳五行思想以及道家神仙思想信仰应密切相关。中国国家博物馆游富祥以"陕西陈仓下站祭祀遗址2020年度发掘收获"为题，介绍了下站遗址已发现的68处祭祀坑、房址、灰坑等遗迹及其出土遗物的情况，推断下站遗址至少从东周持续使用至西汉，并结合文献考释，认为下站祭祀遗址为秦宣公所建的雍五畤中的密畤，用以祭祀青帝，遗址延续使用到西汉时期，王莽改制后被废。

秦汉时期的水陆交通是历史学和历史地理学长期关注的重要课题，近年随着考古发现的不断丰富，考古学的研究逐步开展并不断深化、细化。中国社会科学院考古研究所刘瑞以"汉唐漕渠（渠首段）的考古发现与研究"为题，通过对2012年以来汉唐昆明池遗址考古发掘资料的分析研究，结合早期测绘、卫星影像以及文献记载和相关记录，指出漕渠渠首应位于斗门街道原石匣口村西，采自西周开凿的南北向人工河潏水，在昆明池南侧、东侧，由西南向东北流淌，昆明池东侧有水口，将昆明池水引入漕渠。中山大学社会学与人类学学院周繁文以"秦汉交通网络的考古学观察"为题，对秦汉交通线路的物质遗存进行了系统分类，通过对道路路面、道路垫层和路基、道路横断面等方面的考察，探讨了陆地道路建筑技

主持人与参会代表发言

术的发展，并将陆地路网格局归纳为城邑—聚落内、城邑—聚落间以及对外交通干道等三方面，进而结合当时的交通建设和管理制度，剖析了帝国统治策略与交通体系运转之间的相互作用。

秦汉时期是我国古代城市发展史上的重要时期，开创了帝国时代城市的新格局，都城之外，地方城邑考古是秦汉考古的重要领域。首都博物馆陈静以"汉代路县故城遗址的考古学研究"为题，全面梳理了路县故城遗址的考古发现，认为汉代路县故城遗址的考古发掘和深入研究，从不同侧面揭示了汉代的政治、经济、文化和日常生活的面貌，对深化汉代县城的研究，深化汉代区域社会治理的研究都具有重要意义。

二、秦汉陵墓考古研究

"秦汉陵墓考古研究"主题由中国社会科学院考古研究所刘振东研究员主持。秦始皇陵一直是古代陵墓考古的重要领域。秦始皇帝陵博物院张卫星以"秦始皇陵的天文因素初探"为题，探讨了秦始皇陵与天文的重要联系，提出秦始皇陵在顶层设计中以天文观念为核心，体现了全社会思想的通识和以秦始皇为代表的精英人士的认识；中间层次即陵墓设施的布局上遵循了法天象的原则，与都城咸阳的法天象相同，只在具体内容与天象的对应上有所差异；技术层面的陵墓测量、规划、营建均离不开天象的支持，在陵墓遗迹、遗物的表层则表现出天象的具体内容或者具象结构。

帝陵置陵邑制度开创于秦后为西汉王朝所继承，陵邑在秦汉国家社会政治、经济生活中发挥着重要作用。陕西省考古研究院焦南峰以"西汉陵邑相关问题初探"为题，通过对西汉陵邑的全面考察，提出包括陵邑在内的西汉帝陵的选址、规划和设计具有坚守理念、遵循规制、先主后次和因地制宜、便利优先等特点；西汉陵邑具备了中国古代北方地区城市的形制要素，是西汉中小城市的典型代表；西汉陵邑，特别是西汉中期的平陵邑和茂陵邑，城内轴线的确立，"井"字形道路系统的设置，功能区的划分，"里坊"的出现，对隋大兴城、唐长安城建筑规划及平面布局具有重大影响。

东汉帝陵的考古工作取得一系列重要进展，是近年秦汉陵墓考古研究关注的热点。郑州大学历史学院韩国河以"东汉帝陵研究存在的问题与思考"为题，通过对20年来东汉帝陵田野考古工作及其相关研究的回顾梳理，指出东汉帝陵在陵主归属、陵园布局与构成要素、建筑单元的形制与复原、陵区整体布局、陵寝制度等方面还有待深入研究，并对未来工作提出了四点思考：一是进一步明确陵主归属等研究重点；二是对已知大墓进行甄别；三是明确田野考古工作重点，边发掘边深化研究；四是保护为主，开展多学科协同。

秦汉时期的中小型墓葬数量多、分布广、类型多样，一直是秦汉墓葬研究的重点领域。秦始皇帝陵博物院王超翔以"秦基层社会组织形态的考古学观察——以华阴卫峪秦墓为视角"为题，通过对墓地形成过程、外来文化因素及其使用人群的分析，认为该墓地包括了不同文化传统和来源的人群，并由此推断卫峪墓地所代表的社会基层组织是区域性非血缘关系杂居。通过葬式、随葬品表现出的文化因素多元性，认为秦国在崛起、统一过程中，其社会基层组织吸纳的"新民"尚未完全认同秦文化，进而得出卫峪墓地反映了秦国在崛起过程中基层社会组织日渐地缘化，以及相应的社会治理体系向中央集权郡县制转型的结论。上海大学文学院宋蓉以"幽燕地区汉晋变迁的考古学研究——以墓葬为中心"为题，以该区汉晋时期墓葬的系统分析为基础，建立东汉魏晋墓葬的分期，分析各期墓葬文化因素构成的变迁，并结合历史地理的相关研究，考察不同时期墓葬分布区域的变迁，认为幽燕地区东汉魏晋墓葬文化可以东汉晚期为界分为两个阶段，进而结合文献及其相关研究，推断墓葬文化

主持人与参会代表发言

所表现出的阶段性变化可能反映了汉晋之间幽燕地区的社会变迁。西北大学文化遗产学院薛程以"四面结顶式穹隆顶砖室墓形制意义再讨论"为题，通过对古代数学发展史的梳理，结合四面结顶式穹隆顶砖室墓形制特点与发展演变规律，认为魏晋时期的"牟合方盖"几何模型与西汉末年出现的四面结顶式穹隆顶砖室墓在形制结构上十分相似，后者应是前者的物化表现，指出"牟合方盖"的图像关系反向印证了四面结顶式穹隆顶砖室墓应该具有"天圆地方"宇宙观的含义，对研究汉代丧葬文化与当时人们的生死观念具有参考价值，同时也为复原穹隆顶砖室墓形制尺寸提供了依据。

三、秦汉遗物考古研究

"秦汉遗物考古研究"主题由中国社会科学院考古研究所刘瑞研究员主持。医疗养生之术是秦汉社会生活的重要内容。中国社会科学院考古研究所徐龙国以"中国古代陶熨具的发现与研究"为题，通过对墓葬出土陶熨具的全面收集，综合考察其共出器物、摆放位置、残留物，推断战国秦汉墓葬出土的中空、表面布满纹饰的小陶器当为治疗皮肤、关节及内理疾病的陶熨具，而非擦洗皮肤的陶瓶，亦非玩具或响器，并结合出土文献和传世医书推断其使用或有水、火二法。

随着考古发现的丰富、研究方法的提升，手工业考古越来越受到学界的重视，研究内容涉及广泛。成都文物考古研究院杨弢以"试论四川盆地出土秦漆器及其相关问题"为题，系统梳理了成都羊子山、青川郝家坪、荥经曾家沟、蒲江盐井沟等地出土漆器的类型、形制、纹饰特征，并通过与成都商业街船棺葬等秦并巴蜀之前漆器，以及荥经高山庙等西汉漆器的比较分析，认为四川盆地的秦漆器受楚文化影响更多，进而结合相关历史背景，推断白起拔郢后，可能将部分楚人移民至四川盆地，由此秦文化与楚文化在四川盆地发生了融合，从而形成了具有明显地域特色的秦漆器，为汉代"蜀郡西工造"漆器的兴起奠定了基础。河南省文物局陈彦堂以"中国古代低温铅釉陶器研究中几则基本材料的疏证"为题，对古代低温铅釉陶器研究资料中典型的误读和曲解加以梳理，并对战国起源说所依据的洛阳金村大墓墓主、西汉中期起源说所依据的关中汉墓资料出处、南越王宫苑遗址出土带釉砖瓦的属性与年代、纳尔逊阿特金斯艺术博物馆收藏铅釉陶罍的可信度、大英博物馆典藏战国陶罐的出土地以及北朝低温铅釉陶器烧造窑址的资料等六个问题进行了疏证。

秦汉时期精神文明的物化研究日益受到学界关注，由各类墓葬资料探讨秦汉时期生死观念、丧葬习俗的研究成果丰硕。扬州市文物考古研究所刘松林以"江苏扬州苏庄墓地西汉墓（M102）出土的棺饰铜璧"为题，通过对苏庄M102棺饰铜璧形制、位置及墓葬背景的梳理，并综合考察扬州汉墓出土的同类器，比较分析巴蜀汉墓出土的圆形铜牌，认为扬州棺饰铜璧与巴蜀铜牌饰属同源异流，均受楚文化影响而产生，是先秦饰棺连璧制度的延续，表现墓主人通过"天门"引魂升天成仙的意旨，两者差异或与地域丧葬文化不同及天门（阙）升天模式盛行差异有关。中国社会科学院考古研究所洪石以"秦汉玉容器及相关问题探析"为题，通过类型学研究，将秦汉玉容器分为杯、高足杯、角形杯、觯、碗、盒、辟邪形壶和琮形器八类，并将其发展分为秦至西汉早期、西汉中晚期和东汉时期三个阶段，考察各阶段特征，探讨其发展趋势，推断江苏和陕西或为玉容器产地。玉容器的使用者身份等级高，基本为男性，是身份和权力的象征。其功能多样，以酒器为主。玉容器被赋予超自然的神力，被视为神物，与当时盛行的长生和升仙思想密切相关。有的玉杯还与漆案等组合作为墓内祭祀设施，是事死如事生丧葬观念的真实写照。长沙市文物考古研究所王传明以"马王堆三号汉墓棺室帛画的主题与制作问题再思"为题，通过对三

参会代表发言

号墓棺室东、西两壁所张帛画的考察，认为其主题分别为"女侍送葬图"和"军阵送葬图"，两幅画在该墓遣策四十二、五十九上有着较为明确的记载，并指出"军阵送葬图"右下角已用墨线勾画的马改绘为与送葬主题不符的轪侯之子夫妇及其随侍仙人，是为了表明入葬后的轪侯之子化去不死、尸解成仙。

秦汉时期是中外文化交流的开拓时期，随着考古发现的增多、科技检测手段的提升，舶来品和域外出土汉式器物的研究越来越走向深入。秦始皇帝陵博物院冯锴以"东周秦汉骆驼题材文物初步研究"为题，在广泛梳理并厘清东周秦汉骆驼题材文物类别与时空分布的基础上，指出骆驼题材

分组研讨会现场

文物的出现年代、分布范围和造型风格具有显著的时代与地域特征，认为骆驼题材文物在内地的出现和发展，深受我国北方人群的影响，显示出较为活跃的农牧互动。秦始皇帝陵 QLCM1 所出金、银骆驼写实逼真的艺术形式，是该时期我国骆驼题材文物中的异例，在中亚、西亚艺术品中有迹可循，它可能是舶来品，也可能是在西方艺术影响之下本土创造。浙江大学艺术与考古学院蒋璐以"小议朝鲜半岛南部发现的汉式镜"为题，系统收集朝鲜半岛南部的汉式铜镜，在对铜镜进行类型学研究的基础上，探讨了汉式镜在朝鲜半岛南部的分布、特点，以及由此反映出的文化交流等问题，认为汉式镜传入朝鲜半岛南部可能与乐浪的设置有关，汉式镜在不同区域的分布可能是与"三韩"时期不同部落联盟的文化特点及其与外界的交流有关。

研讨会最后，秦汉考古专业委员会主任白云翔研究员进行学术总结。首先，白云翔主任对此次会议的发言讨论给予充分肯定，报告主题涵盖秦汉考古重要研究领域，问题意识突出，从历史视角分析解读考古资料充分体现出历史时期考古学研究的特点。其次，对秦汉考古工作提出了四点想法：一是强化田野考古工作，重视提高田野考古技术，夯实秦汉考古工作基础；二是继续推进遗物分期等传统问题的深入探讨，注重新方法、新视角，筑牢秦汉考古研究的基石；三是不断拓宽研究视野，更好地运用考古资料研究古代社会、多民族共同体意识形成等问题；四是秉持严谨求实的治学精神，重视研究史，尊重同行学人的研究成果。最后，他认为秦汉考古专业委员会在长期的系列学术交流活动中，形成了科学、严谨、求真、务实的优良学风。今后将进一步增进交流、加强研究，为建设中国特色、中国风格、中国气派的考古学贡献秦汉考古的力量。

执笔：宋　蓉
审核：白云翔

三国至隋唐考古专业委员会

时　　间： 2021年10月18、19日

地　　点： 文博城三楼鸿庆厅

主 持 人： 齐东方　贺云翔　龚国强

线下参会代表： 田立坤　石自社　倪润安　李　明　张春长　张全民　曹臣民

李树云　赵俊杰　沈丽华　彭明浩

线上参会代表： 朱岩石　王小蒙　刘呆运　李梅田　吴桂兵　王小迎　陈　超

张　成　耿　朔　赵月红　李梓杰

　　按照大会的组织安排，三国至隋唐考古专业委员会分组讨论于10月18~19日在三门峡市国际文博城三楼鸿庆厅召开，为期一天半。此次会议采取线下与线上相结合的方式进行，共有来自中国社会科学院考古研究所、辽宁省文化遗产保护中心、陕西省考古研究院、河北省文物考古研究院、安徽省文物考古研究所、西安市文物保护考古研究

线下参会代表会场合影

院、大同市博物馆、大同市考古研究所，以及北京大学、南京大学、吉林大学等主要科研院所和高等院校的25名学者参加了会议，其中线下代表14人、线上代表11人，包括2名来自澳门地区的学者，在线听众50余人。

会议共分两大主题：都市与宫苑、墓葬与文化，先后有12名学者做了专题报告，发言内容中既有基于最新考古发现探讨长安、洛阳、平城等大型都市的形制布局、建筑空间和交通往来，也有都市周围墓葬的最新考古发现以及对旧问题的新探索。会议期间，参会学者们纷纷就大会发言进行了积极并深入的交流和讨论。

一、都市与宫苑

会议伊始，专业委员会主任、北京大学考古文博学院齐东方教授主持并致欢迎辞。

第一位发言的是南京大学历史学院贺云翱教授，他发言的题目是"孙吴文化的考古学观察"。"考古学文化"作为一种研究视角、概念、方法论和目标论，一般多用于史前社会考古，历史时期尤其是秦汉以后的考古中一般极少使用。基于考古资料和文献的结合，他将孙吴文化划分为五个时期，分别是：初起期（220～228年）、成熟期（229～251年）、延续期（251～264年）、盛衰期（265～280年）、影响期（280～307年）。在空间上，孙吴文化又可划分为：长江下游区、长江中游区、岭南区三个亚文化区。尽管传统历史文献中缺乏对孙吴文化内容的记录，但从考古学角度来看，城市布局、建筑用材、墓葬文化、陶瓷烧造、佛教艺术等诸多方面均反映出孙吴文化的形成、发展、演化和影响。

大同博物馆曹臣明研究员以"汉魏时期平城西部的两条重要通道遗迹"为题，从考古调查角度对汉魏时期平城西部分别经黄瓜堆和参合陂通往盛乐、云中地区的两条东西向通道进行了讨论。他指出：平城西南穿越黄瓜堆的东西向通道，在秦汉至北魏初一直发挥着较为重要的作用，其重要的节点包括：繁峙城、黄瓜堆日中城即新平城（小平城）、武州塞水口、武州等，北魏迁都平城后这条道路逐渐衰落萧条；而另外一条从平城经西北的凉城、参合陂到达云中、盛乐地区的通道，则至北魏建国前后还一直发挥着重要作用。

作为中古时期最为重要的国际性大都市，唐长安城除大明宫得到有效控制外，更为宏大的外郭城正面临着城市建设的不断侵蚀。中国社会科学院考古研究所龚国强研究员发言的题目是"唐大明宫西内苑、东内苑遗址相关问题的探讨"，他结合最新考古发现对唐长安城的东、西内苑的位置、时代、组成和功能进行了详细分析，并指出：唐大明宫的禁苑制度继承历代宫苑传统且有创新变革。西内苑位于大兴宫或太极宫北面的龙首高地之上，原为隋大兴苑或唐初太极宫的北苑，至唐高宗时始称"西内苑"，主要服务于大明宫。从地形、地势来看，西内苑可分南、北两部分，南边狭长，北边高亢。据最新考古发现，西内苑的水渠自东向西流，向南分流通过北宫墙流入东宫园林内，渠道与外郭城北壕沟合一。东内苑位于大明宫东侧和北侧，始建于唐高宗时期，其范围还有待于考古工作的进一步证实。东、西内苑的主要功能均以防卫和娱乐为主，西内苑兼做连接太极宫和大明宫两宫之间通道，东内苑则与小儿坊相连。

同样在中古时期享誉世界的神都洛阳，其城市布局和规划理念法天象地并与山水相融，在中国古代都城建设规划史上具有独特地位。中国社会科学院考古研究所石自社副研究员以"隋唐洛阳城形制布局与建筑空间关系分析"为题，详细梳理了有关隋唐洛阳城平面布局、宫室建筑和里坊空间等最新考古发现，并依据考古工作开展所获都城尺度数据，从建筑尺度和比例关系的角度对宫城、皇城和里坊之间的模块比例关系进行了分析。他发现：隋唐洛阳城宫城和皇城组成的子城的面积正好是宫城大内的四倍，大内的面积正好是一个里坊面积的四倍，宫城和宫城内宫院之间的比例关系、宫院与宫殿建筑之间的比例关系、里坊内部空间分隔比例关系等均具有科学的规划设计，正如文献所记"凡所规划，皆出于恺（隋将作大匠宇文恺）"。

安徽省文物考古研究所陈超副研究员就"运河通济渠与丝绸之路"发表讲演。隋炀帝所修大运河共有四条：通济渠、邗沟、永济渠、江南运河。其中通济渠开凿于大业元年（605年），可分为三段，西段自洛阳引谷水、洛水注入黄河，中段自洛口到板渚利用黄河自然河流，东段自板渚引黄河水注入淮水。通济渠东段从河南浚仪经开封、陈留、商丘，安徽宿州、灵璧、泗县至江苏泗洪、盱眙，全长约650千米，仅泗县尚存47千米水道，余均淹没为陆地。自20世纪80年代以来，安徽运河沿线调查发掘运河遗址几十处，出土了大量遗物，尤以瓷器为多。出土瓷器种类丰富，所属窑口包括隋代寿州窑、萧窑，唐代越窑、邢窑，宋金磁州窑、定窑、景德镇窑等二十余处。因三彩器相对较多，陈超重点选择了炉、钵、罐、壶、碗等进行了类型学分析，将年代分为三期。通济渠在时空上起到沟通陆上和海上丝绸之路的作用。

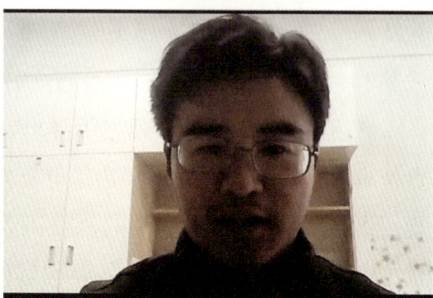

主持人与参会代表发言

二、墓葬与文化

在此次大会上，提交与"墓葬与文化"主题相关论文的学者较多，其中涉及考古新发现的占比尤大。该主题先后由南京大学历史学院贺云翱教授、中国社会科学院考古研究所龚国强研究员主持。

辽宁省文化遗产保护中心田立坤研究员以"汉魏晋辽东大姓"为题，从考古学角度对辽东大姓的组成、形成背景及对应物质文化遗存进行了综述。根据文献记载，辽东大姓的事迹可追溯到东汉晚期。结合考古发现，他梳理出田氏、公孙氏、徐氏、李氏、张氏、孟氏、佟氏、韩氏等辽东大姓。相对辽西而言，辽东虽为边郡，但较少受到乌桓等部族侵扰，南部沿海地区社会比较稳定，且与青齐地区海路畅通、商贸人文交流频繁。与辽东大姓相关的遗存主要有朝阳袁台子前燕壁画墓、辽阳汉魏晋壁画墓、营口和大连地区的花纹砖墓等。辽东大姓的形成依托于两汉以来政治和商贸的发展，但在内部不同地区亦存在着考古学文化的差异。

古人云：生于苏杭、葬于北邙，在十三朝古都洛阳北面的邙山上集聚了众多皇家陵寝和家族墓葬，历经数十年考古工作的不断开展，东汉和北魏时期的陵域范围已大致清晰，但曹魏和西晋时期帝陵地望却争讼不断。吉林大学考古学院赵俊杰副教授发言的题目是"洛阳邙山曹魏西晋帝陵地望考"，他在详细梳理了文献记载和现有研究后，提出：魏晋帝陵选址应系利用台原和环抱的沟渎形成了相对独立的葬地空间，其中首阳陵位于首阳山主峰东南的曹凹村东北一带；峻平、高原二陵位于河阴，地势高于崇阳、峻阳二陵；太阳陵位于崇阳、峻阳二陵一线以西，同一海拔高程的首阳山主峰西南的寨后村西北一带。从东汉至西晋帝陵制度的演进来看，东汉分南、北二兆域，墓向南北，以西为尊；曹魏时期亦分南、北二兆域，墓向东西，以东为尊；至西晋时期则转变为单一兆域，墓向南北，以北、东为尊，崇阳、峻阳、太阳三陵从帝陵制度层面展现了"晋制"的形成、成熟与延续。

近年来中古时期墓葬中所包含的佛教因素逐渐成为学者们关注的热点，北京大学考古文博学院倪润安教授和大同市考古研究所李树云研究员均对北魏平城时期墓葬中的佛教因素进行了深入研究。倪润安发言的题目是"佛风入墓：北魏平城墓葬佛教因素的演进"。北魏平城时期，佛教在皇权的直接控制和干预下，走出了一条与南方不同的发展道路。他将《魏书·释老志》所记佛教在平城的发展历程，与平城墓葬中佛教因素表现形式进行对读，提出：北魏平城墓葬中的佛教因素经历了三个阶段的发展演变，其中第一阶段属平城时代早期，大约相当于道武帝至太武帝时期，墓葬中的佛教因素从无到有，主要表现在漆木棺和墓葬壁画方面，以忍冬纹为主；第二阶段为平城时代中期，约相当于文成帝至孝文帝早期，墓葬中的佛教因素最为兴盛，覆盖和影响了墓葬的各个方面，具体表现为忍冬纹、莲花纹和佛教人物三类；第三阶段是平城时代晚期，约相当于孝文帝中、晚期，这一时期佛教因素在墓葬内部呈现衰退趋势，但在墓葬建筑本体上有新的呈现。通览平城墓葬中佛教因素的发展历程，他结合对历史文献的考察，认为：佛教因素在墓葬中的长消反映出了北魏平城时期皇权与佛权之间的争夺与妥协。

李树云研究员则以"考古视野下的平城佛教——北魏平城墓葬中的佛教因素"为题，详细梳理了北魏平城时代的佛教背景、墓葬中的佛教图像、装饰有佛教因素纹样的器物以及僧人和佛教信士墓葬的发现情况。近年来，基于配合城市基本建设，发现了大批北魏平城时期墓葬。在这些墓葬中，具有显著佛教因素的遗物时有出土，这与平城时期佛教文化发达的时代背景相吻合；同时墓葬中道教和佛教因素并存，也从另一个侧面反映出当时佛、道相依的实况和社会意识形态的多元性。

咸阳市渭城区东北部的区域，古代称"洪渎原"，分布着与汉唐长安城隔渭河相望的众多高等级墓葬，是陕西省地下文物分布最为密集的区域。在20世纪50年代末、80年代末至90年代初和1999~2000年几次大规模基本建设考古发掘中，曾发现大量北周、隋、唐时期的高等级墓葬。2020年6月迄今，陕西省考古研究院在洪渎原发掘了战国至明清古墓葬3000余座，其中隋唐墓葬达590余座。李明研究员以"咸阳洪渎原北朝隋唐家族墓园的新发现"为题，重点介绍了北周宇文彪墓、隋修北周梁壼墓、隋杨盛暨妻李氏墓，以及唐张虔威家族墓、康善达墓、杨全节家族墓、王重瞻家族墓、东阳郡主墓等围沟墓的考古发现，并对北周至隋唐时期的围沟墓制度进行了初步总结。他指出：围沟墓流行于北周至唐中期，围沟兆域在这段时期内经历了单墓围沟—家族墓葬—单墓围沟的发展变化过程。围沟兆域具有等级标识性，一般兆域面积越大，墓主身份越高，带有围沟兆域的墓主身份普遍为中级以上官员。洪渎原隋唐围沟墓的集中发现，显示出围沟兆域和家族墓园在隋唐时期高等级墓葬中的重要地位，对于完整认识北朝至隋唐家族墓园的发展序列和制度演变具有重要意义。

自汉魏以来，鼓吹即以壁画、陶俑等形式成为墓葬中的重要组成部分。在唐代墓葬中，骑马鼓吹俑作为墓主生前卤簿仪仗的写照，频现于高等级墓葬中，西安市文物保护考古研究院张全民研究员在"唐代骑马鼓吹俑考"中对该类陶俑的考古发现进行了系统梳理。通过考古类型学分析，他认为唐代骑马鼓吹俑经历了恢复发展期（唐初高祖和太宗年间）、急速发展期（太宗贞观晚年至高宗、武周时期）、高峰期（中宗、睿宗和玄宗时期）、简化衰落期（肃宗、代宗和德宗时期）四个阶段，陶俑风格从承袭北朝和隋向形成独立的唐风发展，并在盛唐时期出现了黄釉彩绘和三彩俑。从使用人群来看，初唐时期依照常礼，女性一般不能使用鼓吹仪仗；唐高宗以后，鼓吹使用范围逐渐扩大；唐中宗景龙二年以后，五品以上女性丧葬时使用鼓吹渐成定制。

曲阳田庄大墓发现于2011年，是河北地区罕见的唐五代时期大型墓葬。发掘者河北省文物考古研究院张春长研究员以"田庄大墓年代分析"为题，从钱币、瓦当、滴水、脊饰、斗拱、壁画、陶器、人面雕刻、玉臂环等多个方面进行了详细比对和分析。据此他认为：田庄大墓的建筑和文物饱含盛唐器韵和中唐气息，全然有别于宋初和五代风格，因而推测该墓的年代应为中唐时期（758~824年）。田庄大墓设有前、后两个

参会代表发言

主室，与河北正定成德节度使王元逵墓和五代义武军节度使王处直墓一致，规模近两倍于北京房山幽州节度使刘济墓，结合曲阳在唐代中后期至五代时期的政治形势和社会环境，他认为该墓的墓主人以安禄山和李宝臣概率为最大。

会议最后，专业委员会副主任、南京大学历史学院贺云翱教授对研讨会进行了学术总结，在此次会议上呈现了不少新的发现、新的研究，都极

分组研讨会现场

具新意，为今后的深入研究奠定了良好的基础。

执笔：沈丽华

审核：齐东方　朱岩石

宋辽金元明清考古专业委员会

时　　　间：2021年10月18、19日

地　　　点：文博城三楼仰韶厅

主　持　人：董新林　杭　侃　秦大树　杜正贤　刘　毅

线下参会代表：王光尧　王征宇　万雄飞　朱存世　李志荣　韩建华　郭俊峰
　　　　　　王子奇　吴　敬

线上参会代表：罗　鹏　柴平平　汪　盈　孙新民　蔡　敏　盖志勇　赵晓刚
　　　　　　刘乃涛　王三营　袁胜文　王　睿　徐华烽　康予虎　刘　阳
　　　　　　张文江　沈岳明　刘　未

　　2021年10月18日下午至19日，在第三届中国考古学大会举行期间，宋辽金元明清考古专业委员会分组研讨在三门峡市文博城仰韶厅举行。本次大会，宋辽金元明清考古专业委员会共收到来自中国社会科学院考古研究所、北京大学等研究单位与高校共31位研究学者的报名，以线上、线

线下参会代表会场合影

下相结合的形式参加了本次分组研讨。研讨过程中，还有不少来自全国各研究单位、高校的师生以线上形式旁听了本次专业委员会学术研讨。专业委员会学术研讨由常务副主任董新林研究员主持开幕，并对近年来专业委员会的工作做了简要报告。

本次研讨专业委员会共收到了18篇研究论文或提纲，其中14位学者分别通过线下或线上发言的方式奉献了精彩的学术演讲。研究议题主要涉及这一时期城镇及重要遗址的考古发现与研究，陵墓的考古发现与研究，手工业、丝绸之路及宗教遗迹的考古发现与研究三个方面，现综述如下。

一、城镇及重要遗址的考古发掘与研究

近年来，辽金考古领域有不少重要新发现，辽代都城考古也取得了很大进展。辽上京遗址由皇城和汉城组成，辽上京考古队围绕辽上京皇城遗址进行了长期有计划的科学发掘，对辽上京的认识有了突破性的进展。本次研讨会上，中国社会科学院考古研究所董新林、汪盈介绍了辽上京西山坡佛寺遗址考古新发现，并指出这是一处辽代始建、金代沿用的皇家寺院。通过精耕细作和关键性解剖的考古发掘，已经初步明确了以塔为中心的北院和以殿为中心的南院的布局和沿革情况，进而较为全面地认识了西山坡佛寺遗址的形制布局和规模体量。

临安是南宋的都城，浙江大学城市学院考古系杜正贤以考古发现为中心，结合文献记载分析认为临安城的布局特色有三：一是"道法自然"，临安城的布局尊重当地自然地理特征，采用河路并行体系；二是"风气开放"，"左祖右社"的礼制规范被打破，并且皇后宅位于皇城外；三是"理念先进"，临安的城市规划中，显现出将城区按照不同功能划分的超前意识。

近年来，吉林大学等单位组成联合考古队对吉林乾安县查干湖西南岸区域遗址群进行了调查和发掘，吉林大学考古学院吴敬介绍了2018年对该遗址群居中位置的藏字区遗址的发掘收获。藏字区遗址与乾安县花敖泡东南侧的后鸣字区遗址具有基本相同的使用年代，均以金代遗存更为丰富，而且都发现了与辽代春捺钵活动有关的蛛丝马迹。该遗址群虽然没有发现直接的证据证明其性质，但是综合遗址群的总体面貌和多年的调查发掘，吴敬认为这是目前所见遗存年代和遗迹属性与辽金春捺钵最为接近的遗址。

吉林安图宝马城遗址是金代长白山祠庙遗址。数年的考古勘探工作显示，宝马城遗址的主体为长方形外墙环绕的封闭单元，墙内中部偏北为一

处以"工"字殿为中心的回廊院落。中国人民大学历史学院王子奇对其反映的祠庙格局进行了比较分析，认为祠庙营建与这一时期金王朝的礼制建设密切相关，其主体格局与中原岳庙、济渎庙有很多相似之处，当是有所渊源。王子奇还对遗址进行了营造尺度复原研究，并折算出垣墙尺度为350尺×425尺，进一步研究认为祠庙以方二点五丈的网格对平面格局进行规划设计和模数控制。

中国社会科学院考古研究所韩建华通过文献史料和考古成果，以徽宗朝的宫皇城形制为基础，对西京洛阳城的殿阁基址展开了研究。韩建华指出，范围上，殿阁基址的范围向北突破了隋唐洛阳城宫城北墙，向西突破了宫城大内的西墙；布局上，东疏西密，以宫城太极殿东西廊为界遵守原有的宫城轴线布局，但东西廊之间的空间规模缩小很多；等级上，以太极殿基址为代表的工字殿在殿阁基址中的等级最高，基础做法也是区别建筑等级的重要标志。在此基础上，韩建华还通过考古发掘的北宋西京殿阁基址，尝试对其基址的结构及营建进行复原，并将考古发掘的基址与《营造法式》进行了对比研究，以了解徽宗时期的官式工程营建的工序与管理。

参会代表发言

安徽省文物考古研究所近年来对明中都开展了有计划的考古工作，安徽省文物考古研究所王志在梳理以往学术界认识的基础上，结合新的考古工作，从考古学视野对明中都罢建原因进行了再探讨。王志提出，明中都罢建是多方面综合原因造成的结果，但其中洪武四年接手重建的李善长难辞其咎，其缺乏工程经验，致使工程进度严重滞缓，且违背朱元璋意愿，更涉嫌虚报进度和工程标准。王志认为明中都罢建政治影响深远，也为淮西派将领的命运埋下伏笔。

二、陵墓的考古发现与研究

陵墓是考古学研究的主要对象之一，本次研讨中既有宋元时期陵墓考古的新发现，也有对既往研究的重新检讨和深化研究。

北京大学考古文博学院刘未对巩义北宋皇陵西村陵区的后陵位次进行了再检讨。他将西村陵区地表遗迹旧貌与现状两相比较，并仔细辨析文献中关于后陵安葬情况的记载，再结合五音姓利说对宋陵布局的影响，认为《北宋皇陵》报告中推定的后陵位次实际存有很大的疑问。他结合五音姓利说影响下的宋陵布局规律及地面石刻，认为永安陵西北第一至四冢全部为其陪葬后陵，自东南向西北依次为：太祖孝明王皇后陵、太祖孝惠贺皇后陵、太宗懿德符皇后陵、太宗淑德尹皇后陵。

近年在辽宁省北镇市富屯街道新立遗址北部发掘出一组大型廊院建筑，紧邻廊院建筑发现了两座大型墓葬。湖北大学历史文化学院万雄飞介绍了发掘情况，廊院遗址由正殿、殿门和廊庑围合而成，出土瓦件绝大多数为绿琉璃质，还出土了铺地花斑石、汉字玉册与契丹小字玉册等高等级遗物，证实是一座辽代高等级廊院建筑。万雄飞结合文献和以往对辽庆陵的考古工作，认为该廊院遗址即辽乾陵的陵庙遗址，在辽代称为"玉殿"，并认为其建筑形制的渊源与唐代真言密宗殿堂或有关联。

2021年济南市考古研究院在济南东郊对一处元代郭氏家族墓地进行了考古发掘。济南市考古研究院郭俊峰介绍了发掘新收获，共发掘墓葬12座，墓葬规模较大，均为南北向。其中，11座为砖雕壁画墓，1座为石室墓，均由墓道、墓门、甬道、墓室等部分组成。7座墓中发现有纪年文字，年代最早为泰定三年（1326年），最晚为至正年间（1341～1368年）。这批墓葬是山东地区已知规模最大的元代砖雕壁画墓群，本次发掘的纪年墓数量较多，在山东地区元代墓葬中尚属首次，前后双室且纪年明确的元代砖雕壁画墓在山东地区也是首次发现。

参会代表发言

　　明朝实行皇子分封建藩制，遗留下大量的亲王及其他宗室成员墓葬。南开大学历史学院刘毅对这些藩王陵墓制度特征进行了梳理分析，指出无论是地面建筑还是玄宫（墓室），各地明代藩王陵墓都不是整齐划一的模式，但它们也存在突出的时代共性特征和身份等级象征的一致性。各地明代亲王陵园的具体营造规制并不完全相同，宫门、享殿、封土是各藩王陵园都具备的基本要素，在整体平面布局上和皇陵一样，也是模拟宫殿或宗庙的"前朝后寝"之制。各藩王陵墓玄宫制度五花八门，其差异性远远超过陵园平面布局；但共同的核心营造理念，应该是模拟王府。总体看来，各藩府自成体系的案例居多。藩王墓的随葬品大多丰厚，其中既有等级礼仪表达所需的明器，也有一些是传承自唐宋或更早的民俗类葬仪用品，还有大量的实用器。除实用器外，其他类别的随葬品大都出现了走向衰退的征兆。

三、手工业、丝绸之路及宗教遗迹的考古发现与研究

手工业考古是考古学研究的重要门类，宋辽金元明清时期尤其以陶瓷考古最为重要。以此为中心，不少学者对陶瓷贸易和海上丝绸之路也展开了综合研究。此外，宗教考古历来也是宋元考古研究的重要对象，近年也有不少重要新发现。

鸡冠壶是辽代一种常见的器物，也是辽代瓷器研究的重点对象，以往已积累不少先行研究。目前，关于鸡冠壶的演变规律的认识基本趋同，总体上都将鸡冠壶分为两个系统，一为穿孔系统，一为提梁系统，并在此基础上探讨其分期。北京大学考古文博学院杭侃对鸡冠壶进行了再研究，重点分析了前述两个系统的壶是否可以在同一个器物名称下命名，并对两个系统的壶是实用器还是明器展开了反思。杭侃进一步指出，考古学对器物演变的研究，应重视演变过程是循序渐进的，还是存在着突然出现的情况。换言之，即应注意是否存在器物的"插播"现象。

宁夏文物考古研究所朱存世、柴平平介绍了宁夏贺兰山苏峪口瓷窑址的考古新收获。贺兰山苏峪口瓷窑址揭露出以马蹄形半倒焰馒头窑窑炉为中心的丰富的作坊遗迹，出土了大量各种类型的高质量精细白瓷。通过这次发掘，揭示了宁夏地区一个全新的窑业类型，产品均为不施化妆土的精细白瓷，典型器物包括花口瓜棱罐、垂腹执壶等，基本不见纹饰装饰，与灵武窑区别巨大，发掘者提出可以称为贺兰窑。发掘者认为其发现为西夏宫廷用瓷找到了烧造地，该窑址可能具有西夏"官窑"的性质。

北京大学考古文博学院秦大树以出土中国瓷器为中心，对16世纪印度洋的海上贸易进行了综合研究。秦大树指出从15世纪后期的明中期开始，中国在官府严格的海禁政策下开始形成了走私贸易体系，到15、16世纪之交的时候已经十分成熟，形成了几个特点：第一，景德镇青花瓷约在16世纪初完全取代了龙泉窑青瓷，景德镇青花瓷成为外销的主流产品；第二，15世纪在东南亚海域形成的中国与东南亚（越南、泰国）瓷器产品的竞争，到16世纪初基本结束，中国完胜；第三，形成了畅达的中国经过中南半岛到西亚、中东的贸易路线，并以这条路线为主，形成了一类具有伊斯兰特征的器物和纹饰，明显有别于东亚、非洲发现的中国瓷器。秦大树进一步指出当时应该有两条环球贸易路线，一条是阿拉伯商人主导的到中国到中东再经陆路到欧洲的路线；另一条是葡萄牙人运行的经好望角的环球贸易路线。

参会代表发言

宁波市文化遗产管理研究院罗鹏介绍了宁波天童禅寺周边塔院考古调查与发掘工作的新收获。调查发现了卢家岙、老普同、新庵等古塔院,清理出了北宋至民国时期的大批卵塔石构件。其中13座塔可以确定禅师身份,2座卵塔可复原完整。北宋完整卵塔结构自下而上分为须弥基座、覆莲座、柱身、中台(仰覆莲座)、塔身五部分。通过调查,弄清了天童禅寺塔院布局和塔院内禅师塔分布位置,确认了禅师塔形制为"卵塔",即文献记载的"无缝塔"。在此基础上,对塔院历史沿革和卵塔排布规律、禅师安葬方式及塔下地宫的形制进行了初步总结。

每组研讨结束后,参会学者都围绕发言进行了热烈的讨论和充分的交流。会议最后,由南开大学历史学院副院长、博物馆馆长刘毅教授做学术总结。这次分组研讨,既有考古新发现,也有深入展开的新研究,涵盖的考古遗存类型丰富。考古新发掘既体现出新的理念、方法,也展现出考古技术的高水平。综合研究既有对以往研究材料、研究思路的检讨,也有跨学科的综合研究。本次研讨体现出了未来宋元考古发展的新趋势和广阔前

分组研讨会现场

景，也搭建了良好的学术交流平台，对推动宋元考古的研究和发展起到了
积极的重要作用。

执笔：王子奇

审核：董新林

文化遗产保护专业委员会

时　　　间：2021年10月18、19日

地　　　点：文博城三楼3-3会议室

主　持　人：塔　拉　郑同修　张文瑞　徐长青　高大伦

线下参会代表：林留根　杨军昌　梁宏刚　王　辉　郭伟明　赵西晨　白　岩
　　　　　　　滕　磊　陈建立　马　涛　周　旸　方　勤

线上参会代表：杜金鹏　李存信　刘　勇　韩向娜　刘卫红　万　琳　郭　薛
　　　　　　　张春长　张　涛　刘　斌　方　辉　李　政　陈丽新　唐际根
　　　　　　　杨　晖　吴炎亮　杜晓帆　李荣华　马清林　胡东波　王　丹
　　　　　　　王冬冬　宋若虹

　　　　2021年10月18、19日，在河南省三门峡市举办的"第三届中国考古学大会（2021·三门峡）"期间，中国考古学会文化遗产保护专业委员会组织召开"文化遗产保护论坛"，来自中国社会科学院考古研究所、河北省文物考古研究院、四川省文物考古研究院、陕西省考古研究院、湖北省

线下参会代表会场合影

博物馆（湖北省文物考古研究院）、南京博物院，以及北京大学、北京科技大学、西北大学、西北工业大学等十余所科研院所、高等院校的40位会议代表，通过线下、线上的方式出席该论坛，共有19位专家学者以不同方式作了学术专题发言。

河北省文物考古研究院研究馆员张文瑞、北京大学教授陈建立、北京市博物馆文化研究所研究馆员白岩、南京市考古研究院研究馆员马涛、中国文物保护技术协会研究馆员滕磊、陕西省考古研究院研究员赵西晨、西北工业大学教授杨军昌、浙江大学艺术与考古学院教授林留根、中国丝绸博物馆研究馆员周旸、中国社会科学院考古研究所副研究馆员梁宏刚博士、湖北省博物馆（湖北省文物考古研究院）研究馆员方勤、四川省文物考古研究院研究馆员高大伦，在线下会场做了报告。

此外，中国社会科学院考古研究所研究员杜金鹏、西北大学副教授刘卫红博士、中国社会科学院考古研究所实习研究员刘勇博士、北京科技大学副教授韩向娜博士、北京清华同衡规划设计研究院郭薛、北京科技大学讲师王冬冬博士、盘龙城遗址博物院馆员宋若虹，在线上做了报告。

内蒙古博物院塔拉研究馆员、山东博物馆馆长郑同修研究馆员、河北省文物考古研究院张文瑞研究馆员、江西省博物馆徐长青研究馆员和四川省文物考古研究院高大伦研究馆员分别主持论坛。

线下会议主持人

文化遗产保护专业委员会主任委员杜金鹏研究员在线上致开幕词，欢迎参会代表出席论坛并预祝"文化遗产保护论坛"取得圆满成功，同时做了题为"百年考古学发展，千年金石学基础——中国特色考古学二元渊源论"的发言，认为中国考古学独具自身特色。他指出："中国特色考古学，既具有国际性，也具有国家性和民族性。它在研究资料获取之一般方法上，与国外考古学大同小异。但其研究对象，主要是中国古代的各类文化遗存。其研究方法，除了考古学一般方法，还依靠丰富的古代历史文献资料，借鉴历史悠久的传统学问——如金石学等。"

其后，论坛学术报告围绕考古遗存的研究、考古遗址保护与展示利用、考古发掘现场文物保护、考古现场文物信息采集与检测技术、考古遗址及成果的展示传播与教育模式、考古学与文物保护（规划）等专题展开。

张文瑞、陈建立、赵西晨等分别汇报了"常山郡故城遗址勘查及周边文化遗存发掘与研究""先秦时期长江中游地区铸铜手工业研究新进展""文物出土现场应急保护技术体系项目研究新进展"等，介绍了研究新进展。

张文瑞做了题为"常山郡故城遗址勘查及周边文化遗存发掘与研究"的报告，围绕位于河北省石家庄市元氏县殷村镇故城村的常山郡故城遗址，通过对1991年11月至1994年5月、1997年5月、南水北调中线工程、2010年以及2015年所开展的考古发掘与勘探工作的归纳总结，旨在以这些考古发掘报告（或简报）、勘探报告为基础，进行初步的考古学文化研究，探索常山郡故城遗址的文化内涵，建立起常山郡故城形成、发展、衰落的历史年代框架。

陈建立汇报了"先秦时期长江中游地区铸铜手工业研究新进展"，认为：长江中游地区青铜资源丰富、出土商周时期青铜器较多、相关研究较为充分，通过盘龙城、郭元咀、铜绿山和苏家垄等遗址，以及叶家山、郭家庙、义地岗及苏家垄等周代曾国墓地出土青铜器的田野调查、发掘与科技分析结果，梳理先秦时期长江中游地区青铜器的资源与技术发展脉络，讨论该地区铸铜手工业面貌，对认识"金道锡行"以及南北方青铜文化交流有重要参考意义。

赵西晨做了"文物出土现场应急保护技术体系项目研究新进展"的报告，汇报项目已经建立了出土时文物病害、理化指标的评测体系，建立起基于综合研判下的应急性保护、出土文物提取、包装运输体系。完成了3D打印制作柔性机器人投放与回收装置及控制功能舵机模组的设计、传感器搭载与数据实时采集和无线传输、运载平台的电源管理系统及固定安装及电源供给、初步研发考古预探测软件平台。初步完成在线监测体系、

参会代表发言

环境快速检测、环境信息数据整合平台、微生物快速判别等出土现场文物保存环境信息采集方法技术体系。初步建立了青铜、陶器、壁画、漆木器四类文物健康评估的分析方法体系。在新型非晶玻璃态应急保护材料、智能运输包装箱研究方面进行了大量实验设计和开发。围绕信息化等新技术集成研究，在完成二代移动平台搭载建设的基础上，完成了考古现场综合信息管理平台设计。

白岩、马涛等通过"百年考古语境下的北京古遗址保护回顾与展望""南京历史文化遗产的保护和利用——以南京官窑山明代官办窑场遗址为例"等论述了如何保护利用古城历史文化遗产。

白岩做了"百年考古语境下的北京古遗址保护回顾与展望"的报告，指出以北京周口店遗址的科学考古调查为肇始，北京考古已走过百年，考古发现的周口店、琉璃河、军都山墓地、大葆台汉墓、老山汉墓、元大都等遗址实证了北京在中华文明起源和统一的多民族国家形成过程中的重要作用。已公布的"十二五"期间150处大遗址项目库中，涉及北京的有5项；36处国家考古遗址公园中，北京地区有2处。北京地区重要的大遗址中琉璃河入选项目库，但未列入国家考古遗址公园立项名单。但从学术基础来看，北京大遗址考古开展不连续，主动性考古较少，考古研究和遗址价值阐释不足，考古部门在规划和保护利用中缺少话语权等问题比较突出。北京大遗址保护主要面临城市化进程、旅游开发和过度公园化等问题。因此，要从考古研究、价值认知、保护规划和保护策略等多方面入手，提升北京在大遗址保护"国家行动"中的参与度。

马涛在"南京历史文化遗产的保护和利用——以南京官窑山明代官办窑场遗址为例"报告中，论述了南京官窑山明代官办窑场遗址的发现、保护和利用就是保护利用古城历史文化遗产的成果，也是新形势下南京文化遗产保护实践的亮点之一，具体体现在：一，考古先行的产物。根据南京地方性法规《南京市地下文物保护条例》之规定，考古人员得以在土地出让前进行了考古勘探工作，发现144座窑。二，保护先行的范例。勘探结束不久，在政府多部门协调下，将窑址密集分布的60万平方米范围进行原址保护。三，保护规划先行。2018年完成《南京官窑山砖窑考古遗址公园规划设计》，2020年5月南京市市政府通过并开始实施。四，探索分类保护与利用手段，依据考古成果的价值，对遗迹进行多样化保护措施，将遗址公园内及其周边进行统筹考虑，将遗产保护与城市更新、乡村旅游有机结合。五，活化利用的典范。将周边文旅项目融入历史文化遗产保护利用中，多渠道、多方式、多纬度拓展造血功能。

杨军昌、周旸、韩向娜、刘勇等做了题为"陕西西安昆仑公司隋唐墓葬M2出土冠饰的保护修复与初步研究""考古现场丝绸残留物微痕检测技术及应用""薄荷醇提取土化遗存后期安全去除方法""河北行唐故郡遗址出土脆弱质车轮揭取研究"的报告，探索了文物保护与实验室考古清理中的一些新技术、新手段。

杨军昌做了"陕西西安昆仑公司隋唐墓葬M2出土冠饰的保护修复与初步研究"的报告，汇报了对陕西西安东郊十六街坊25号楼的基本建设项目工地发现的M2古墓中出土的冠饰饰件，借助于现代分析手段进行的系统的检测分析与初步研究，并在此基础上对这组饰件进行了保护修复与综合研究。通过系统整理、分析与研究，得知相关饰件的制作材料与加工工艺的信息：①M2冠应是礼冠，其饰件制作所用材料包括铜、金、玻璃、玉石、螺钿、珍珠等；饰件加工涉及的工艺种类有锤揲、掐丝、花丝、铸焊、鎏金、贴金、镶嵌、錾刻、剪裁、锯切、磨光或抛光等。②获得了该礼冠主要饰件的清晰图案纹饰，其中杏叶形饰件上的纹饰图案，应该受到佛教文化艺术的影响。这一时期装饰这种图案的金属饰件还是首次发现。③M2冠饰饰件的实验室清理与保护研究工作，为配合基本建设考古发掘出土文物保护与研究探索出了一条有效且现实的方法，有效保护了保存状况极差的文物。

周旸做了题为"考古现场丝绸残留物微痕检测技术及应用"的报告，认为中国是丝绸的故乡，但丝绸极易老化降解，随着降解程度的加深，在肉眼下无法辨识。针对考古现场丝绸残留物无法鉴定但需求迫切的技术现状，通过蛋白质组学方法获得不同种属蚕丝的特征氨基酸序列，将其认定为材质属性的"分子标志物"，通过合成特征多肽、完全抗原，创新地制备得到可对古代丝绸进行专一性识别的特异性抗体，具有较高的灵敏度和特异性。通过酶联免疫检测法、免疫荧光检测法、电化学免疫传感器等方法，构建丝绸文物遗迹的精细鉴别技术，研发基于胶体金免疫层析和时间分辨免疫荧光层析技术的丝蛋白快速检测产品，敏感、特异、快捷地寻找已经化作无形的丝绸残留物，提高了考古现场有机质残留物的信息提取水平。该技术作为一种揭示古遗址中蛋白类残留物的分子鉴别手段，已为丝绸的起源和丝绸之路上纺织文化的传播与交流添加了多项重要考古学实证，极大拓展了纺织考古的时空范围。

韩向娜做了"薄荷醇提取土化遗存后期安全去除方法"的报告，指出薄荷醇是近年来新兴的考古出土文物的提取材料，用于脆弱文物的临时固型。薄荷醇常用于提取土化遗存，不同地域考古工地土质性质差别较大，薄荷醇的使用方法需要根据文物实际情况做出调整，后期去除薄荷醇也需要差异化处理。已开展的研究评估了5种不同的薄荷醇去除方法对三种土样外观形态的影响，发现自然挥发是薄荷醇提取土化文物到实验室后较好的去除方法。将自然挥发用于去除秦俑红烧土席纹压痕和生漆彩绘土压痕上的薄荷醇，结果表明薄荷醇去除后土压痕和彩绘的外观、孔隙结构等都没有变化，说明该方法比较安全有效。研究结果可以为其他土化遗存使用薄荷醇提取后期去除提供借鉴。

刘勇"河北行唐故郡遗址出土脆弱质车轮揭取研究"的报告，探索了文物保护与实验室考古清理中的一些新技术、新手段；河北行唐故郡东周遗址CMK2车马坑出土的五号车为独辀双轮马车，两轮被卸下后紧靠车厢埋藏，出土时两轮木胎腐朽，仅存漆皮附着在周围土体上，非常脆弱不能直接提取。为了不影响继续发掘并兼顾车轮本体保护，采用了薄荷醇临时固形揭取法对两轮分别进行了整体提取。以左轮为例，其技术流程为：前期准备、薄荷醇临时固形、整体揭取、背面清理与加固、正面清理保护等。对左轮的成功提取和保护，其中发掘技术、刚性支撑技术、临时固形材料薄荷醇起到了关键作用，为此类较大平面脆弱漆土质遗存的整体揭取和保护提供了技术参考。

林留根、方勤、滕磊、梁宏刚、刘卫红、郭薛、宋若虹等通过论述"'大遗址考古'是中国考古学重大理论创新""考古成果的展示与传播探析""试论遗址保护展示中的玻璃罩棚问题""考古学与文物保护""考古学与文物保护规划设计""考古遗址公园的过去、现在与未来""考古学与遗址类博物馆的建设运营——以盘龙城遗址博物院为例"，对考古学、考古遗址及其展示传播与保护等方面的问题进行了理论探索。

林留根通过论述"'大遗址考古'是中国考古学重大理论创新"，认为中国"大遗址考古"历程完全可以涵盖中国百年考古学史，中国"大遗址考古"成就完全可以等同于中国考古百年成就。百年中国考古历程与大遗址考古的重大实践表明，"大遗址考古"不仅仅是一个工作层面的概念，而是中国特色、中国风格、中国气派考古学的生动实践与体现，是中国考古学的重大理论创新，为了进一步深化"大遗址考古"的理论认识，有必要对中国"大遗址考古"理论与实践所经历的过程进行阶段性观察与分析。中国百年考古历程以及极其丰富的大遗址考古实践是"大遗址考古"的理论源泉，日趋成熟的"大遗址考古"理论对中国考古学和文化遗产保护事业产生了巨大的推动作用。"大遗址考古"正是一条符合中国国情的文物保护利用之路，也是中国特色、中国风格、中国气派考古学的生动实践与体现，是中国考古学重大理论创新。

方勤在"考古成果的展示与传播探析"报告中指出，苏秉琦先生关于"考古是人民的事业"，要推动"考古学的大众化"的论断，是加强考古成果展示传播的理论基础。在中国考古学诞生百年和中国考古学逐步融入国际考古学学科体系的今天，文章回顾了考古成果展示传播的历程，进一步明晰了公共考古性质功能，分析了考古成果传播的方法、政策及媒体支持、科普读物、跨文化传播、考古遗址公园多元使用等取得的成绩与发展的方向，指出促进考古成果的传播与转换，需要遗址博物馆、考古博物馆等考古文博机构、考古人员、媒体与决策部门要群策群力，并需结合信息化时代特点以及国际化要求。

滕磊讲述"试论遗址保护展示中的玻璃罩棚问题"，认为经过70年的探索实践，遗址保护展示已经取得了长足发展，设计与建造水平方面有了较大进步。对于遗址本体的保护效果逐步增强，展示形式多样化，公众体验也日益提高。同时，在遗址展示过程中依然存在问题，如考古信息阐释有误，露明展示加速考古遗址的风化，展示设施对遗址景观风貌干预过大或直接导致遗址本体出现新的问题。玻璃罩棚由于其透光、洁净、耐用等特点，在遗址保护展示中发挥着重要的作用，但是在国内外遗址的实践过程中也出现了种种问题。通过对国内外遗址展示中玻璃罩棚的调查研究，总结梳理了玻璃罩棚出现、发展的过程；通过对玻璃罩棚的类型和现存状况的分析研究，探讨了玻璃罩棚对遗址真实性、完整性造成的各类影响。希望通过玻璃罩棚的专项研究，在考古遗址的保护展示过程中，更好地把握"合理利用"和"最小干预"的"度"。

梁宏刚的报告"考古学与文物保护"，从考古学与文物保护的产生与发展、新中国的考古与文物保护的发展等方面，概述了国内外考古学和文物保护科学的发展历程，对新中国的考古与文物保护的发展进行了初步梳理。从考古学和文物保护的内涵、研究内容和研究对象着手，探讨了考古学和文物保护之间存在的联系，并追溯了两者结合的年代，阐述了两者的关系。此外，从"实验室考古"兴起，"南海Ⅰ号"整体打捞，到文物出土现场保护移动实验室的研发，这三个体现我国文物保护科学技术的长足进步的方面，总结了现代文物保护进步对考古学的科技支撑作用。同时指出，在水下文化遗产的考古调查和发掘、"实验室考古"的深入研究、文物考古信息的采集和提取等方面，未来文物保护在考古学中能够发挥出更加积极的作用。

刘卫红做了"考古学与文物保护规划设计"的报告，提出考古学和文物保护规划设计都是文物保护的重要组成部分，新时代考古学和文物保护规划设计在工作对象、目的目标和使命任务等方面具有高度的同一性和互补性。考古学是文物构成及其价值认知、文物保护规划设计工作的基础，是文物保护规划设计方案科学合理有效的学术资料来源；文物保护规划设

分组研讨会现场

计是文物保护和考古学价值实现的重要手段方式，有助于保护文物，为考古学的健康可持续发展提供文物资源保障。系统、全面的考古调查发掘和研究工作是编制一个科学、合理、有效的文物保护规划设计方案的前提。从文物保护规划设计工作需求而言，考古工作的主要任务包括明确文物构成和文化属性、评估文物保存现状及破坏影响因素、深化文物价值体系研究、提出保护建议、编制考古工作规划计划等，为划定文物保护区划、明晰保护和展示利用重点及保护和展示利用措施等规划设计服务，以实现对文物的有效保护利用。

郭薇的"考古遗址公园的过去、现在与未来"报告，从宏观的大遗址保护视野出发，结合中国考古学的百年发展历程，系统回顾了考古遗址公园的三大发展阶段：古迹遗址保护意识的萌芽期、遗址公园的出现与探索期以及考古遗址公园的快速发展期。在此基础上，结合现有的三批国家考古遗址公园，从宏观和微观两个层面对我国考古遗址公园建设所面临的现状和问题进行了探讨。最后，基于对政策、行业、市场等方面的分析，提出考古遗址公园应该重新审视自身的发展定位，积极融入国家战略，在建立健全体系、完善配套政策的同时，积极拓展思路，探索更多的特色路径。

宋若虹在"考古学与遗址类博物馆的建设运营——以盘龙城遗址博物院为例"的报告中，对考古学、考古遗址及其展示传播等方面的问题进行了理论探索；遗址类博物馆和考古学结合紧密，拥有得天独厚的考古资源。本文以盘龙城遗址博物院为例，从博物馆建筑的选址建设、展览陈列、日常运营等角度入手，系统阐释考古学与遗址类博物馆的关系，为此类博物馆提供经验与借鉴。

高大伦、王冬冬通过"考古公司在英国的诞生运营及前景展望""日本考古遗产教育宣传模式及其对中国的启示"，介绍了国外有关考古学发展方面的经验。

高大伦做了"考古公司在英国的诞生运营及前景展望"的报告，认为英国是商业考古发展得较好的国家。20世纪90年代初以来，英伦三岛考古行业在法律法规制定和落实、投入考古的资金、发掘、研究和活化方面都得到了很大的提高，考古不仅成为建设行业成熟的副产业，也为国家文旅业添砖加瓦并增进了国民文化身份认同和社会凝聚力。报告介绍了考古公司在英国的诞生、发展、运营和前景展望，可从其成功与失败经验中学习，以促进我国考古行业的发展。

王冬冬的"日本考古遗产教育宣传模式及其对中国的启示"，介绍了国外有关考古学发展方面的经验。考古遗产是不可再生的文化资源，在文化传承和发展中发挥着重要作用。考古遗产保护公众的理解和参与至关重要，激发公众遗产保护的意识，使之自觉参与到遗产保护活动中，与持续开展考古遗产教育宣传密不可分。本研究以日本为例，通过对教育中心以往教材的梳理和典型遗产地的实地调研，将日本具有代表性的考古遗产相关教育宣传形式分为四类：课堂教育、乡土教育、终身教育和媒体宣传。多样化的教育宣传形式和完善的体系有助于提高公众遗产保护意识，凝聚地方文化认同，也为进一步完善我国考古遗产教育宣传体系提供了有益的借鉴。

"文化遗产保护论坛"最后由杜金鹏研究员进行会议总结发言。他首先感谢疫情期间大会主办方的辛勤工作与所做出的努力，感谢线下线上参会人员对文化遗产保护专业委员会各项工作的支持以及出席论坛会议的代表所做的精彩报告，指出本届论坛涉及的诸多主题及相关内容都是业内和社会各界广泛关注的话题。与以往相比，考古遗址现场与出土文物的保护

部分线下参会代表合影

更加得到重视，大遗址考古与保护是新时期文化遗产保护方面理论上的突破，考古成果的展示传播与运营业已成为新的研究视角。如何建设中国特色、中国风格、中国气派的考古学，做好考古资产的保护与利用应该是今后重点发展的研究方向之一，希望参会代表和专业委员会的各位成员为之共同努力，做出自己应有的贡献。

论坛结束后，线下会议的部分参会代表合影留念。

执笔：梁宏刚

审核：杜金鹏

动物考古专业委员会

时　　　间：2021年10月18、19日

地　　　点：文博城二楼2-1会议室

主　持　人：胡松梅　李志鹏　吕　鹏

线下参会代表：袁　靖　蔡大伟　陈　杰　胡耀武　陈相龙　蓝万里　罗运兵
　　　　　　　文少卿

线上参会代表：莫林恒　侯彦峰　尤　悦　马敏敏　李　悦　陈　君　刘文晖
　　　　　　　郑　闯　刘　欢　刘一婷　孟　鑫　菊地大树

动物考古专业委员会和植物考古专业委员会线下参会代表会场合影

动物考古学就是利用动物遗存来研究古代社会，主要以资源、技术和生业为导向开展学术研究。经过100年的学科发展，中国动物考古学已日渐发展成为以对动物遗存的定性定量研究为中心，综合应用年代学研究、古DNA研究、同位素分析、寄生虫考古等在内的综合性前沿学科。动物考古学以考古实证材料重写了古代畜牧史，它以独特的视角探讨祭牲、次级产品、骨器及制骨手工业等多个方面的学术问题，为当今人类与环境和谐相处的时代命题提供历史借鉴，它已成为中国考古学研究密不可分且极为重要的组成部分。

2021年10月18日下午至19日，在第三届中国考古学大会举办期间，动物考古专业委员会分组研讨在河南省三门峡市文博城二楼2-1会议室举行。本次大会动物考古专业委员会共收到来自中国社会科学院考古研究所、河南省文物考古研究院、陕西省考古研究院、湖南省文物考古研究所（现为湖南省文物考古研究院，后同）、湖北省文物考古研究所（现为湖北省文物考古研究院，后同）、吉林大学、西北大学、兰州大学、山东大学、复旦大学、武汉大学、首都师范大学、重庆师范大学、咸阳师范学院、中国国家博物馆、上海博物馆等科研院所和高校共23位研究学者的报名，以线上、线下相结合的形式参加了本次分组研讨。研讨过程中，还有不少来自全国各研究单位、高校的师生以线上形式旁听了本次学术研讨。

本专业委员会学术研讨由专业委员会主任袁靖研究员组织开幕，发言内容大体可分为考古遗址出土动物遗存和骨器的鉴定和研究、动物和古代社会研究、多学科合作研究三个方面。现综述如下。

一、考古遗址出土动物遗存和骨器的鉴定和研究

这一部分的发言由陕西省考古研究院胡松梅研究员主持。9位学者介绍了河南庙底沟、新疆达勒特古城等遗址出土动物遗存的研究，吉林后套木嘎、河南郑韩故城、上海广富林、湖南老司城遗址出土骨器及其制作的研究，区域性生业研究包括对中原、陕北榆林地区开展包括动物考古学在内的综合研究，探讨对数指数法在动物考古学中的应用。

按照历史唯物主义的基本观点，生产力决定生产关系，经济基础决定上层建筑，生产力的发展是推动人类社会进步的根本动力。中国社会科学院考古研究所研究员袁靖先生做了题为"古代中原地区的生业和社会"的报告，他认为依据遗址出土的动植物遗存进行包括当时的家畜饲养业在内的生业经济的研究，探讨当时的主要生产力状况，是认识中华文明早期发展及其动因的不可或缺的重要内容。本研究以中原地区分别属于仰韶文化

庙底沟类型至二里头文化的西坡、瓦店、王城岗、新砦和二里头五个典型遗址的生业状况为例，结合其他相关资料，归纳出中原地区的生业特征可以分为仰韶文化和龙山至二里头文化两个阶段。中原地区的生业状况整体上呈持续发展的过程，新的生产力要素在公元前2000年之前已经进入中原地区。生业持续发展过程和加入新的生产力要素在中华文明早期发展过程中发挥了不可或缺的重要作用。在肯定经济基础决定上层建筑的前提下，还必须高度重视上层建筑在推动持续发展的生业状况及推广新的生产力要素过程中的重要作用。在生业状况基本一致的中原地区出现过多次政治中心的转换，这是上层建筑具有重要作用的表现。

武汉大学刘一婷特聘副研究员做了题为"庙底沟遗址出土动物遗存研究"的报告。该研究从种属与数量、测量尺寸、年龄结构与性别比例、骨骼发现率、骨表痕迹与异常等几个方面对河南庙底沟遗址庙底沟文化时期的动物遗存进行了分析，认为这一时期先民的肉食资源获取方式属于"开发型"，以饲养家猪为主，偶尔也狩猎野猪、鹿科动物、鸟类，捕捞软体动物。针对不同的动物，先民采取不同的宰杀策略。猪以1岁以前的未成年个体为主，与同时期的西坡遗址较为相似，但并不符合最佳屠宰模式。狗尽管也是家养动物，但以成年个体为主，这应与其功用有关。狩猎的野猪和中型鹿科动物的死亡年龄也与家猪不同，以成年个体为主，这可能是为了获取更多的肉量。本文的分析填补了庙底沟遗址生业经济研究的空白，进一步丰富了庙底沟文化的此类研究，显示出庙底沟文化在动物资源利用方面有较强的一致性。

首都师范大学尤悦副研究员做了题为"对数指数法所见绵羊在二里头国家内部的供应差异"的报告。聚落考古研究表明，二里头文化时期（前1750～前1530年）中原腹地出现了都邑（二里头）和大型（望京楼）、中型（南洼）、小型（煤山、皂角树）四级聚落系统，东亚地区由此进入了早期广域王权国家时代。二里头文化时期的生业经济研究对于理解中华文明形成与早期发展过程中的关键时期的社会变革与文化演进的骤然提速具有重要意义。家养动物及其副产品的开发和利用、管理和分配是生业经济研究和社会复杂化发展的重要内容。通过对二里头、望京楼、南洼和煤山等都邑和大中小型聚落的绵羊掌跖骨的对数指数法的分析可知，早期国家的高等级聚落中包含身体尺寸更大的绵羊，高等级聚落中绵羊的身体尺寸较低等级聚落更加多元化。这一现象是否与人类的行为（例如选择策略或经济策略）有关，这些由动物反映的人类社会的经济问题值得我们进一步思考。

河南省文物考古研究院侯彦峰副研究员做了题为"骨头钻骨头——郑

线下参会代表

韩故城遗址制骨作坊出土骨钻头研究"的报告。郑韩故城遗址制骨作坊位于东城中部偏北，1989年河南省文物研究所对其进行了考古发掘，出土了大量的制骨废料、半成品、成品以及少量制骨工具，时代为春秋晚期至战国早期。经初步整理发现该制骨作坊生产的产品主要包括：骨币、骨珠、骨簪、骨针等12种产品，原材料主要来自马、牛肢骨骨干和鹿角，制作流程主要包括选料、截料、开料、制坯、打磨（抛光）等，加工工艺主要包括锯、锯锉、削、钻、磨、抛光等。其中，最为有趣的是发现了108支骨钻头。本研究通过肉眼形态观察、三维形态扫描数据分析、体视显微镜下微痕分析和重构实验，对该批骨钻头进行了较为深入的研究，确定其为"钻头"，主要是为"骨珠"钻孔，重构实验也表明骨钻头可有效地在骨头上钻孔。该遗址出土了一批春秋至战国时期的"骨钻头"，并用于钻骨头，在国内乃至世界范围内尚属首次发现，对研究工具史、古代手工业等具有重要意义。

上海博物馆陈杰研究馆员做了题为"广富林遗址骨器加工技术初步研究"的报告。广富林遗址位于上海市松江区方松街道，因广富林遗址发现而命名的"广富林文化"是介于良渚文化与马桥文化之间的新石器时代末期的考古学文化，它的发现填补了长江三角洲地区考古学谱系的空白。2008~2015年，上海博物馆组织对广富林遗址进行了多次抢救性发掘工作，出土了大量遗物，获得了一大批重要的考古材料。其中，2013年度上海博物馆发掘区正处于遗址的北部边缘地区，北邻早期湖泊。发掘区发现了主要沿湖岸线分布的多排木桩遗迹，以及大量的陶片、石器、动物骨骼和骨器等遗存。这些遗迹和遗存年代单纯，同属于广富林文化时期，是研究当时生业经济的重要材料。通过对该区域出土的动物骨骼进行鉴定和统计工作，显示广富林文化时期遗址的生态环境十分优越，动物种类丰富，主要以鹿科动物为主，包括麋鹿、水鹿、梅花鹿、獐等，此外猪科动物也有一定数量，包括家猪和野猪，其他常见的哺乳动物还有水牛、狗、獾等，遗址中也发现了多个个体的象的头骨和胫骨、虎的肱骨等。该发掘区发现的动物骨骼，其中有小部分可以在骨骼表面观察到明显的人工痕迹，主要有砍斫、切割痕迹等，应该与制作骨器的加工技术有关。此外，在该发掘区，较为集中地出土了400余件骨器，主要种类包括骨镞、骨锥、骨簪、骨针、骨凿、骨鱼钩等，主要以成品为主，在器物的表面多可以观察到骨器制作最后修整、打磨、抛光的痕迹。目前所见动物骨骼和骨器尚无法证实该区域即为一处集中的制骨作坊，但是相关材料为复原广富林文化时期骨器加工技术提供了重要线索。

湖南省文物考古研究院莫林恒副研究员做了题为"动物考古学实地调查研究新探索——以永顺老司城遗址为例"的报告。湖南永顺老司城遗址是宋元明清时期湘西土司遗址，经过大规模发掘，出土了4万多件动物骨骼，发现30余种动物种类。本研究是针对老司城遗址动物考古研究所作的专项实地调研，从渔猎、饲养、肉食结构、加工处理方式、自然生态环境这几个方面开展，并将有关信息与之前的动物考古研究的认识相对应。在渔猎实地调查中，从渔猎的工具、方法、时间等几个方面进行了相关信息的归纳。总体来看，依靠出土动物骨骼来研究渔猎相关内容的局限性较大，而调查所得的信息非常丰富，可以作为复原历史的一种补充参考。在饲养动物的实地调查中，饲养动物的品种、年龄、目的这三项内容可以与老司城动物研究中的种属、骨骼测量尺寸、动物的年龄和病理研究内容相互对应。通过肉食消费实地调查，认为蛋类、鱼类很可能是由于骨骼保存不利的原因，未能在遗址出土动物骨骼中得到反映。而牛在老司城遗址中大量出土，以及发现泥蚶、海螺之类的海洋动物，说明老司城遗址具有土司中心聚落的性质。在动物加工处理方式的实地调查中，"宰杀"所对应的人工痕迹无法辨认、"烹饪"所能对应的人工痕迹相对较少。"肢解"手段与遗址骨骼上所观察到的人工痕迹及骨骼大小存在一定的对应关系，反映出肢解的主要目的是将动物肉体分解成烹饪所需的大小形状。在对动物环境资源的实地调查中，当地人未曾见过大中型鹿科动物，因此水鹿、梅花鹿灭绝的时间应在清代，而虎、豹、苏门羚、黑熊这几种动物在20世纪60年代都有见到，其灭绝时间较晚近。另外，当地野生鱼类的品种在近二三十年来明显减少，野生动物的灭绝主要是人类的影响，这其中不光只是捕猎，其他如植被的改变、修筑水坝、使用农药等都会对野生动物造成很大影响。本次关于老司城遗址的动物研究专项调查是一次尝试，有的信息弥补了单纯研究动物骨骼所获认识的不足，充实了动物考古研究的内容；有的信息对动物考古学研究起到借鉴、启发作用，并使既有的认识得到提炼、升华。

陕西省考古研究院胡松梅研究员做了题为"全球视野下中国北方农牧交错带的形成——基于榆林地区距今5000～4000年动物考古与最新测年数据"的报告。近十几年来，随着陕北榆林地区基本建设的大规模发展和文明探源等研究性课题的深入，陕西省考古研究院和榆林市文物考古勘探工作队联合发掘了30多处新石器时代遗址，初步建立了榆林地区距今5000～4000年比较完整的文化发展序列，从仰韶晚期的尖底瓶系统（距今5000～4800年）到龙山时代前期（庙底沟二期文化）的斝系统（距今4800～4300年），再到龙山时代后期（石峁文化）的鬲系统（距今4300～3800年），每个时期根据陶器的演化可再进一步划分为早、晚两段或早、中、晚三段。每个遗址按照发掘单位全面科学地收集了人骨及动植物资料，为全面科学研究该地区生业的连续变化提供了第一手原始材料。在仰韶晚期的横山杨界沙、靖边五庄果墚一期和龙山早期庙底沟二期早段的横山大古界、靖边五庄果墚二期、佳县乔家寨等遗址中，出土的动物骨骼以野生动物蒙古兔、狍子等为主，家养动物主要是与农业经济相关的动物猪和狗，比例一般小于40%，没有可以确认的绵羊、山羊和家养普通牛。到庙底沟二期晚段横山贾大峁、红梁遗址及靖边庙梁二期遗址，发现了一定数量有测年数据的家养普通牛和绵羊的骨骼，畜牧经济的雏形开始形成。到龙山晚期和夏代早期的神木石峁、木柱柱梁和榆林火石梁遗址时期，动物骨骼数量较多，家畜的数量一般都达到了80%以上，但主要以家养动物羊（包括绵羊和山羊）、牛、猪为主，与仰韶晚期以猪、狗为主相比发生了明显的变化，其中羊和牛占到总数量的60%以上，此时的家养动物与仰韶晚期相比，新增加了绵羊、山羊和黄牛，与龙山早期相比，新增加了山羊，而且羊的比例相当高，说明畜牧经济占据了主要的地位。本文通过上述一系列遗址距今5000～4000年从早期到晚期主要动物属种及每种动物百分比的变化，可以看出畜牧经济的成分在龙山时代逐步上升，农业经济在人们的日常生活中所占的比例相对减弱，在一个此消彼长的动态过程中逐渐形成了农牧交错带。畜牧经济从庙底沟二期晚段距今4400年的萌芽阶段逐步发展到龙山晚期的成熟阶段。

重庆师范大学陈君讲师做了题为"大安后套木嘎遗址出土人工骨制品研究"的报告。吉林大安后套木嘎遗址出土人工制品包括骨制品、蚌制品两大类。骨制品总数977件，一至七期遗存中出土964件。通过对各时期器形的统计，新石器时代骨制品种类繁多，以实用器为主。到了青铜时代，骨制品种类减少，多为随葬品。通过对原料来源、加工方式、制作流程的探讨，可知新石器时代制作流程简单的制品数量较多，青铜时代骨制品的制作已经实现量产，推测应存在专门制作骨制品的场所及工匠，并通过饲养的家畜获取稳定的骨料资源。蚌制品总数154件，一至七期均有发现。新石器时代出土蚌制品总量居多，青铜时代数量较少。蚌制品的制作较骨制品相比略显粗糙。制作蚌制品时，并未利用复杂的制作工艺，未见到雕刻、剔槽、抛光等精加工技术，一般只需进行磨制修理或根据需要钻孔即可。在对后套木嘎遗址出土人工制品进行研究时，着重从器形的演变与发展、原料来源、加工方式、制作流程等方面进行综合性研究，进而探讨当时的手工业发展水平、专业化程度以及社会经济状况。

西北大学李悦副教授做了题为"历史时期城市动物考古的新思考：以新疆达勒特古城2017年出土动物遗存为例"的报告。达勒特古城位于新疆维吾尔自治区博乐市达勒特镇破城子村北缘，是10~14世纪丝绸之路北道上的重要城镇。2017年，新疆维吾尔自治区文物考古研究所对达勒特古城进行了发掘，出土了丰富的陶、石、铁、铜、骨等遗物。本研究运用动物考古研究方法对这批动物骨骼进行了研究。就可鉴定标本数而言，古城早、晚期动物遗存中家养动物的比例极高，其中羊占比最高，其次为马、黄牛，骆驼和狗次之，驴和猪最低。古城居民饲养家畜的主要目的是为获取肉食，同时可能还利用羊毛、大型动物的畜力等其他动物资源。家畜利用呈现较为多样化的特点。古城不同发掘区域早、晚期动物遗存的数量变化在一定程度上反映了城市发展过程中城市布局与人口数量的变化。结合文献记载，畜牧业和农业的发展为达勒特古城的社会发展提供了重要经济基础。该研究在分析生业经济之外，尝试结合动物遗存出土背景、年代与文献资料等综合探讨古城发展与人口变化，为探讨丝绸之路沿线古代城市的动物利用与城市变迁提供了新资料，有助于进一步认识边疆地区在中华文明多元一体文化格局演进中的重要作用。

二、动物和古代社会研究

这一部分的发言由中国社会科学院考古研究所李志鹏副研究员主持。7位学者做了汇报，内容包括对陶寺先民食用竹鼠、秦人用牲、西周养马业、混血骆驼在中国的踪迹、古代家猪驯化和饲养技术的世界贡献、社会视角下如何开展动物考古学研究的思考等。

中国社会科学院考古研究所李志鹏副研究员做了题为"社会考古视角

下的动物考古学"的报告。社会考古是考古学研究的重要视角,是考古学透物见人的必由之路。动物考古作为考古学的重要分支学科,通过研究考古遗址出土的动物遗存透物见人,也必须将社会考古的视角纳入动物考古的研究视野中。本报告集中讨论动物考古学研究中采纳社会考古视角的意义、研究内容、研究方法,并对中国动物考古学中采用社会考古视角的典型案例进行评析,探讨社会考古视角下的中国动物考古学研究的发展方向。

咸阳师范学院刘欢讲师做了题为"秦人用牲的动物考古学观察"的报告。本研究以甘肃、陕西地区西周晚期至战国时期秦墓中动物遗存为材料,对随葬动物的种类与部位、摆放位置与头向、年龄结构与性别、用牲选择与墓葬等级等方面进行研究。初步发现秦人在不断东进中,其墓葬用牲习俗也在发展变化,大致可分为三个阶段:西周晚期到春秋早期、春秋中晚期和战国时期。秦人在西周至春秋早期时保留着浓重的商文化因素,并吸收了周文化的用牲制度;春秋中晚期出现了一些细微的变化,如个别墓葬用牲存在西戎的文化因素,但主体仍保持前一阶段用牲习俗;而到了战国时期发生了较为重大的转变,如殉狗逐渐减少并消失、用牲部位单一化等。原有礼制化、等级化的用牲习俗在战国中晚期逐渐走向衰落,秦人似乎不再重视烦琐的丧葬礼仪。

湖北省文物考古研究院罗运兵研究员做了题为"獠牙之相:史前造神的动物选择"的报告。动物种属鉴定可为图像考古提供重要线索甚至关键支撑,动物犬齿(俗称獠牙)的种属特征极为鲜明,是动物考古学种属鉴定的重要依据。广受关注的史前神面造型中,獠牙是其表现的关键部位;关于獠牙的动物种属,多臆指为猪或虎,但无科学论证。本文总结了猪科动物和猫科动物的犬齿生长特征,重点考察了古代先民对猪和虎的具象艺术表现,发现这些艺术形象中的獠牙造型都非常准确地再现了各自种属的生长特征。特别是猪类艺术形象,其对獠牙的表现惊人一致——仅表现向上的下犬齿,这种艺术表现高度契合其生长特征的侧视效果;而虎类动物艺术形象的獠牙一般同时表现上、下獠牙,多交错分布。史前神面造型中的獠牙一般呈上下交错状态,据此可判断神面的獠牙似与猪类獠牙无涉,或无意表现猪类的特征,而更接近猫科动物如老虎的獠牙特征。鉴于猪类是史前先民极为熟悉的动物而且也是先民肉食的主要来源,神秘性的缺乏可能是猪类落选神面的重要原因。

中国社会科学院考古研究所吕鹏副研究员做了题为"中国古代家猪研究的现实意义"的报告。中国是养猪大国,就世界范围看,中国是家养动物驯化起源的中心地区之一,也是欧亚大陆家猪六个独立起源中心之一。我国猪类资源十分丰富,其演化系统也相当完整,多学科的证据表明我国家猪是由全新世的本土野猪驯化而来的。距今9000～8600年前的河南舞阳贾湖遗址出土有中国最早的家猪考古实物例证。到了距今7000～5000年前的仰韶文化时期，随着中国农业社会的建立，我国先民对家猪的饲养方式有了长足的进步，圈养、阉割等技术助推了中国本土家猪品种的多样化，除作为主要的肉食来源之外，猪的仪式性使用趋于分化，猪粪用作农田肥料的证据也有迹可循。到了距今5500～5000年，家养食草动物的传入进一步丰富了中国古代可资利用家养动物资源的种类，重塑了史前畜牧的格局，家猪在人类生活中依旧发挥着多样而重要的价值，如何保护本土家猪资源、进一步提升家猪饲养的水平、使我国由家猪饲养大国向强国迈进，新的时代命题需要我们借鉴古人的智慧。

中国国家博物馆刘文晖馆员做了题为"混血骆驼在中国的踪迹及意义"的报告。中国国家博物馆和陕西历史博物馆收藏的2件唐代三彩骆驼载乐舞俑，每头骆驼上载有5或8人表演胡汉乐舞，精美绝伦，被列入第三批禁止出国（境）展览文物目录。这两件珍贵文物的乐舞俑（人物俑）部分，前人已经从文化、历史、艺术等角度对其进行了深入研究；而骆驼俑（动物俑）部分，学界则关注较少。本研究首次提出，这两件骆驼俑的原型应为雌单峰驼与雄双峰驼杂交产生的初代混血骆驼。这种初代混血骆驼，具有显著杂交优势：体型巨大，载重能力强，且性格温顺，可以满足8人驼背乐舞表演要求。唐朝时期，内亚已有成熟的骆驼杂交育种技术，混血骆驼的使用已经有相当丰富的经验。而在欧亚大陆两端，东亚和西欧地区，这一技术直至近代仍基本空缺：文献中没有相关记载，甚至中文没有混血骆驼的指代字（混血驴马则有如骡、赢等字词）；法国20世纪初的经典骆驼解剖文献中，对是否存在杂交骆驼还存疑问。从考古发现来看，单峰驼极少被带到中国；且单峰驼不耐寒，难以在中国度过长达12～14个月的妊娠期。因此，中古时期初代混血骆驼在中国本土培育产生的可能性极低，而更可能是由内亚输入成畜。如此，这两件载乐骆驼俑的动物俑部分，是这两件文物上最具代表性的外来因素，与胡人、胡乐共同构成中外物质、文化交流的证据。中国古代混血骆驼技术的缺失，根本原因是自然条件限制，缺乏单峰驼资源；也不排除内亚各民族集体（有意或无意）垄断该技术的可能性。物种间的生殖隔离与混血杂交，东西方的文化融合与技术壁垒，集中体现在这两件三彩俑上，使其具有极高的科学、文化和历史价值，也提示我们有可能在中国境内找到混血骆驼的骨骼遗存。

兰州大学菊地大树教授做了题为"西周王朝的养马业"的报告。据以《周礼》《礼记》为代表的文献记载，西周王朝为季节性地饲养管理马匹，设置了多种职掌官职，而尽管有一些对马骨进行的实际分析报告，其整个状况仍未能详尽。因而，还需要积累更多分析数据。本研究根据陕西周原遗址东部边缘姚家墓地出土马骨的动物考古学分析结果，以及稳定同位素分析对饲料构成的组合分析等所获得的新认知，与其他遗址分析结果相比，探索西周王朝马的饲养管理实态。到目前的分析研究表明，西周王朝可能已经根据马的生态环境进行了战略性的饲养管理。根据马的性别确定不同的饲养管理，牝马在马厩饲养，使之与挑选出的种马交配。同时，仔马与牝马一起饲养，以母乳以及牧场的野草为食物。据牙齿珐琅质食性分析结果，可确认3岁以上的个体如粟和黍等C4植物摄取量增加，这一结果与古代文献记载相吻合，可以推测，3岁以上开始驯马，可能将其转移到不同的饲养管理环境中，这是熟知马的生态、按计划进行饲养管理的措施。周原姚家墓地的分析结果进一步证实了这一结论。此外，通过结合其他同位素分析，我们能够探索饲养环境的演变，并确认有来自当地以外个体存在。这些结果为探究西周时期的马匹生产和消费过程提供了宝贵的数据。

山东大学孟鑫做了题为"有关陶寺遗址竹鼠遗存的若干问题"的报告。对龙山时期陶寺地区的气候条件及竹类分布条件的分析表明，陶寺地区的自然环境适宜竹类的生长。目前的动物研究表明，竹鼠的栖息条件远较过去一般认为的宽松，将竹鼠遗存视为暖湿气候证据的传统观点值得反思。因此陶寺地区的自然环境适合竹鼠生存。研究发现，竹鼠遗存在龙山时期前后的中国北部地区广泛分布。鉴于对竹鼠遗存的人工利用痕迹、出土区域功能、伴随出土的动物、所在地层深度及竹鼠作为食物意义的分析，这些遗址中的竹鼠遗存应主要是人类食用的遗留，而非后期侵入的结果。故陶寺人群具备在本地养成食用竹鼠行为的条件。考虑到在黄河中上游地区发现竹鼠遗存的遗址在数量上和延续性上都超过黄河下游地区，陶寺人群食用竹鼠的行为若系外来，则更可能受到庙底沟等黄河中上游地区文化的影响。所以陶寺人群更可能来自黄河中上游地区，而非黄河下游地区。

三、多学科合作研究

这一部分的发言由中国社会科学院考古研究所吕鹏副研究员主持。7位学者做了发言，内容包括从同位素角度研究西北地区的早期畜牧业、二里头和偃师商城遗址仪式性动物的饲养、同位素分析在动物考古学中的现状及思考、家马和山羊的分子考古学研究、河南大唐电厂秦人墓地浮土的寄生物考古分析、中国动物遗存数据库建设等。

线下参会代表

　　吉林大学蔡大伟教授做了题为"中国山羊古基因组研究"的报告。家养动物的起源与人类文明的发生、发展密切相关，对研究人类社会经济形态的转变以及农业的起源与发展具有重要意义。随着传统动物考古学研究的深入和现代动物分子遗传学的发展，人们对于家养动物的起源与驯化有了更深入的认识。近年来，随着二代测序技术的迅猛发展，家养动物的遗传学研究进入基因组时代，核基因组研究日益增多。近年来，在国家社会科学基金重大项目资助下，我们对丝绸之路沿线考古遗址出土动物的马、牛和羊进行了全基因组学分析，在古代山羊基因组研究中取得重要成果。山羊在距今1万多年前于西亚的新月沃地被驯化，并随着人类的迁徙传播至世界各地，最终形成了900多个适应各地气候环境和人类需求的山羊品种，收录到我国羊志的地方品种也有58个。然而这些山羊品种是何时传播到我国，又是何时分化成不同的地方品种，并在这个过程中发生了什么样的重要遗传改变，这些问题至今都没有确切的答案。该研究首次对中国北方9个考古遗址发掘的距今4500～3900年的古代山羊样本进行全基因组分析，通过与全世界的现代山羊品种进行全基因组序列比较，发现中国山羊具体发源于古代的伊朗（红铜时期，距今7000～6000年）西部，经过上千年的迁徙扩散到达中国的黄河流域。同时中国现代山羊品种已分化为分别适应北方干冷和南方湿热环境的两个大群体，还确定山羊适应北方干冷环境的关键功能基因（绒毛性状相关的重要基因FGF5和EDA2R）和最近的变异时期。

　　复旦大学文少卿青年副研究员做了题为"分子考古学视角下的中国古代家马研究"的报告。在过去的十年，我们见证了古DNA研究的一场革命，也见证了古蛋白研究的巨大潜力。古DNA研究的焦点在很长时间内被限制在了线粒体DNA和有限个核基因组标记，但现在已经能够获得非常古老的全基因组数据。这一突破主要是缘于高通量测序平台以及获取高度降解DNA分子的能力，并发展出了古基因组学这一新领域。本文回顾了马的古基因组研究的发展历程，以及在揭示家马的遗传谱系和基于基因型-表型关联分析预测马的性状两方面的最新进展。我们依据马的基因组研究的新成果，优化三款基于高通量测序的检测panel，分析古代家马的谱系、性别、毛色、运动能力、步态、体型/肩高、高原适应等相关方面。结果显示，遗传谱系和表型特征对探讨中国古代家马的起源和用途，特别是祭祀用马的来源和挑选标准有重要意义。最后，该研究以新疆阿勒泰地区依希根墓地出土马骨为例，介绍了古蛋白质和古DNA分析的联合应用。该研究有助于进一步认识中国家马的演化与传播及其与古代社会政治、经济、文化、思想的关系。

中国社会科学院考古研究所陈相龙副研究员做了题为"二里头与偃师商城仪式性动物的饲养方式"的报告。作为大型都邑聚落，二里头遗址与偃师商城遗址曾频繁使用动物进行祭祀等仪式性活动。这些动物遗存一定程度上代表了精英阶层仪式活动中选择动物的偏好。据初步统计，两个遗址仪式性活动使用的动物种类以猪为主，另有狗、牛、羊等几种动物，它们饲养方式是本研究关注的重点。为此，我们选取了二里头遗址宫殿区东北角1号巨型坑与偃师商城宫城祭祀D区出土的动物遗存，进行了碳、氮稳定同位素分析。研究发现，二里头遗址与偃师商城仪式性动物群的不同个体，尤其是猪群内部不同个体的食物来源差异甚大。这种情况反映了仪式性活动所用动物饲养方式的多元化。这在同时期中原地区并不寻常，具有明显的特殊性。考虑到两个遗址在洛阳盆地乃至中原地区聚落群中的核心地位，以及当时存在周边地区资源向两个都邑汇聚的情况，我们认为二里头与偃师商城两个都邑仪式性活动所用的动物资源可能有着较大的流通网络。虽然资源流通网络覆盖范围的大小，早晚之间是否具有继承性，还需今后继续开展研究，但这一发现为我们认识早期王权控制力，以及资源流通与仪式性活动之间的关系提供了新的视角。另外，通过对比偃师商城猪牲肋骨和肢骨的同位素数据可知，这些猪牲生前并没有被长时期集中管理和饲养，这意味着当时可能还不存在对祭祀牺牲进行长期特殊饲养的习俗。

兰州大学马敏敏副教授做了题为"从同位素角度看西北地区早期畜牧业的产生与发展"的报告。从新石器时代晚期到青铜时代，甘青地区的人类生存策略和牛羊畜牧业的发展情况还不清楚。此项研究试图通过分析三个聚落遗址的动物遗存组合及其同位素，从动物考古和食谱的角度来揭示这一历史。我们分析了387个动物样本的同位素，发现距今5300～4900年和距今4100～3600年的猪是自由放养或在居住地点饲养的；狗可能是自由放养的，可能与人类一起狩猎或生活在居住地点附近。这种灵活的饲养猪狗的方式可能使居民能够充分利用自然资源并节省小米。同时，青铜时代的绵羊、山羊和牛以草地放牧为主，它们的食谱以C3和C3/C4混合植物为主，这与中原的畜牧业明显不同。此外，干旱地区野生草食动物的$\delta^{15}N$值高于半干旱地区，表明动物$\delta^{15}N$值可能受到干旱的影响。本文不仅揭示了新石器时代晚期至青铜时代甘青地区畜牧的出现和发展以及可能原因，而且为重建该地区的人类饮食提供了氮同位素基线。

复旦大学胡耀武教授做了题为"稳定同位素分析在动物考古研究中的现状及思考"的报告。目前，稳定同位素分析已在动物考古研究中得到了越来越广泛的运用。然而，对其研究现状和发展过程中的一些问题，尚缺乏深入探讨。为此，本报告在简单介绍我国同位素分析发展史的基础上，着重阐述个人对其发展现状和问题的思考。

河南省文物考古研究院蓝万里副研究员做了题为"河南三门峡大唐电厂秦人墓地浮土寄生物考古分析"的报告。本研究以河南三门峡市大唐火电厂三期工程配合基建考古发掘项目中采集的浮土样品为主要材料，开展寄生物考古研究。在其中28座墓的样品中观察到人体寄生虫遗存，包括似蚓蛔线虫卵（*Ascaris lumbricoides*）、异形吸虫科吸虫卵（*Heterophyids* sp.）、粪类圆线虫卵（*Strongyloides stercoralis*）。这些发现使我们能了解秦汉时期三门峡地区流行寄生虫病种类、感染率的概况，并能结合墓葬的考古学信息，分析各人群间寄生虫病感染率的差异。在以不同标准划分的人群间，蛔虫感染率不具统计学上的显著差异，说明从战国晚期到西汉中期，在这里生活的各类人群受到蛔虫病的威胁程度是相似的，他们的社会等级和财富等级所对应的生活方式、居住环境差异不大，反映了社会结构可能比较简单。这可能与当地军事化程度较高有关。大量秦军士兵的墓葬，以及此墓地与文献记载中"曲沃城"的推测位置相近，暗示该墓地与附近的关隘要塞相关。大唐电厂秦人墓地寄生虫的分布情况，可能代表军事要塞这一类聚居点的流行病学特征。

西安云图信息技术有限公司郑闯高级工程师做了题为"科技考古数据库建设实践——以动物遗存标本数据库为例"的报告。中国动物遗存标本数据库建设项目作为文物科技共享平台之自然遗存标本库之一，主要是以建设动物遗存标本为基础，整合其相关鉴定数据、遗址数据、检测数据为一体，通过动物遗存标本库的项目实施，建立完善的动物遗存

分组研讨会现场

标本数据资源建设规范，项目建设中结合 GIS、数据中台、AI 大数据技术等前沿技术，可实现对我国动物遗存演变历史、发掘概况、遗迹单位、重点区域演变多学科交叉和综合研究，并全面整合相应的历史文献资料、考古信息及标本检测数据等资料，最终建立一套集动物遗存时空数据存储、管理、应用、分析、发布和共享等功能为一体的动物遗存考古时空数据库和管理服务的试点平台。

每组研讨结束后，参会学者都围绕发言进行了热烈的讨论和充分的交流。会议最后由中国社会科学院考古研究所吕鹏副研究员做了学术总结。本次研讨会汇聚了近年来中国动物考古学前沿研究，展现了多学科有机合作的精彩魅力，参会学者围绕各位老师的汇报内容展开讨论，并就如何在考古百年的时间节点上进一步推进我国动物考古学研究建言献策，认为中国动物考古学研究前景光明、大有可为。

执笔：陈相龙

审核：吕　鹏

植物考古专业委员会

时　　　间： 2021年10月18、19日

地　　　点： 文博城二楼2-2会议室

主　持　人： 郑云飞　杨玉璋　陈雪香　赵志军

线下参会代表： 顾海滨　靳桂云　刘　昶　贾　鑫　唐丽雅　安　婷　邱振威

线上参会代表： 许　月　孙永刚　金和天　董　豫　姜　铭　蓝万里　毕晓光

吴　妍　钟　华　马晓娇　李　虎　吴文婉　邓振华　蒋宇超

黎海明　常经宇　吴瑞静　李亚萍　顾纯光　王冰言　廖静雯

孙炳桂　刘　真　乔小桐　艾莉森·贝茨（Alison Betts）

穆斯林·汗（Khan Muslim）

　　2021年10月18日下午至19日上午，在第三届中国考古学大会举行期间，植物考古专业委员会学术研讨会在河南省三门峡市文博城二楼2-2会议室举行。来自中国社会科学院考古研究所、中国科学院古脊

线下部分参会代表会场合影

椎动物与古人类研究所、中国国家博物馆、浙江省文物考古研究所、河南省文物考古研究院、湖南省文物考古研究所（现为湖南省文物考古研究院）、北京市文物研究所、南京博物院、重庆市文化遗产研究院、成都文物考古研究院、北京大学、山东大学、中国科学技术大学、西北大学、吉林大学、郑州大学、浙江大学、南京师范大学、南京农业大学、安徽大学、河南师范大学、赤峰学院，以及澳大利亚悉尼大学等国内外科研院所和高校的学者和研究生30余人以线上、线下相结合的形式参加了本次分组研讨会议，19人分享和介绍了相关的研究成果。本次学术研讨会发言内容包括农业与社会、农业传播过程、植物考古方法的反思、植物遗存的新发现和新认识等方面。研讨过程中，还有大量来自全国各研究单位、高校的师生以线上形式旁听了本次专业委员会学术研讨。会议共分为四个阶段进行，分别由浙江省文物考古研究所郑云飞、中国科学技术大学杨玉璋、山东大学文化遗产研究院陈雪香以及中国社会科学院考古研究所赵志军主持。

一、植物考古研究揭示的农业与社会

这一部分内容共有4位学者进行了发言，涉及植物考古研究包括北辛、大汶口、仰韶、崧泽等文化的内容。

山东大学文化遗产研究院陈雪香做了题为"史前农作物结构与社会合作机制"的报告。她通过对比分析山东大汶口时期和浙江良渚时期农作物结构的异同，探讨了两个区域的农业结构与社会合作机制的异同。她认为，以单一稻为特点的社会，更易于上层管控和提升产量，从而获得赋税等回报；而农民也对上层社会的依赖性更强。这样有利于形成一个偏集权或合作程度低的统治方式。与之形成对比的是，以粟类作物为核心的旱作体系，在产量提升方面有很大困难，长期以来主要靠天吃饭。粟类作物可以适应各种生态环境，贫瘠或者富饶均可。这种情况下，农民的种植不会过度依赖于类似公共灌溉体系的架构，农民的自由度更高。社会上层要获得来自旱作农业体系农民的支持，需要从多个层面增加与民众的合作，以维持社会的凝聚力。

南京农业大学中华农业文明研究院黎海明做了题为"长江下游地区崧泽文化时期农业形成及其影响因素研究"的报告。他认为全新世的气候、环境变化与人类文明发展之间的关系一直是学术界研究的热点问题。长江下游地区崧泽文化时期是文明起源的关键阶段，该时期是否已形成稻作农

参会代表发言

业经济社会及其影响机制依然不清楚。江苏省常州市青城墩遗址的24份浮选样品共发现了131粒炭化水稻种子和2262粒水稻基盘的结果表明青城墩遗址先民在崧泽文化时期的农业经济是以种植水稻为主。结合前人工作研究发现：长江下游地区崧泽文化时期人类的生业经济是以种植水稻为主，兼采集葫芦、芡实、桃、甜瓜等野生植物资源。距今7000年前后海平面波动平缓和海岸线的后退为开展水稻农业生产的古人类提供了大量的栖居环境，该时期适宜的相对温暖湿润的气候条件为水稻农业生产提供了适宜的气候条件。距今6000年后的人口压力是长江下游地区古人类选择以稳定和高产的稻作农业为主体生业经济的原因。

山东大学文化遗产研究院的博士研究生李亚萍做了题为"仰韶文化早期至晚期的农业、环境与社会复杂化——从中原地区的大植物遗存视角解读"的报告。研究认为，豫西山地是仰韶早期的小型聚落，其农作物结构以黍为主，粟和稻次之。仰韶中晚期，豫中西地区农业经济占据主体地位，在大、中、小型聚落都出现了粟为主，黍、稻次之的农作物结构；该时期出现的"粟-黍"替代现象，推测其主要原因为人口-资源失衡带来的压力。此外，较大聚落的炭化遗存出土概率均小于较小聚落，且这种差距随时间的推移日益显著，推测与大型聚落的经济构成多元化、社会复杂化程度更高有关。遗址的空间分布模式分析显示，农业分布区从仰韶早期海拔较高的黄土台塬向仰韶中晚期的黄土台塬边缘区、平原区扩散，这可能与古气候变化对局部地区地表水文环境的影响有关。全新世大暖期的气候为仰韶文化时期农业的发展提供了基础，微地貌环境通过影响农作物结构而影响聚落分布；农业的发展促进了仰韶时期社会复杂化的形成和发展，社会复杂化的深化又反之影响不同聚落的农业结构、规模等。

山东大学文化遗产研究院的硕士生乔小桐做了题为"北辛文化生业经济研究综述"的报告。她认为，对史前人类生计方式的研究是考古学"透物见人"的关键环节，主要通过科技考古手段实现。目前，开展动植物及环境考古研究的北辛文化遗址已有数十处。综合分析发现，北辛文化沿海地区与内陆地区的生计方式具有共性，对自然资源的广谱利用和低水平作物生产相结合；也具有鲜明的地域差异，内陆地区比沿海地区更依赖农业生产，且沿海地区对海洋资源的开发有其特殊性。此外，生产工具可以与动植物考古研究相结合，探讨动植物资源的获取、加工方式等问题。当前北辛文化遗址的动植物考古研究存在地域不平衡、单个遗址研究方法不全面、忽略生产工具的重要性等问题，需要更多新材料和对现有数据的重新分析来了解更多细节。

二、植物考古揭示的农业传播过程

该部分有2位学者发言，讲述了小米西迁的故事和藏彝走廊早期旱作农业的南传。

来自澳大利亚悉尼大学的艾莉森·贝茨（Alison Betts）的报告题目是"喂养世界：中国小米西迁的故事"（Feeding the World: The Story of Westward Migration of Chinese Millets）。她收集了中国小米向西扩散的数据，根据考古记录进行整理，分析了小米种植传播的机制、探讨了小米如何被纳入资源管理以及其可能对社会经济结构产生的影响。主要来自古植物学和同位素分析的研究认为，西亚驯化的小麦和大麦通过内亚山区走廊进入中国，而大约在同一时期小米也出现在中国新疆以外的史前遗址中，这种双向传播发生在公元前3世纪初的某个时期。从新疆的哈密地区开始，小麦向东传播由绿洲农民种植，而小米向西传播却由农牧民种植。谷物种植技术，特别是小麦、大麦和小米的传播是跨文化式的，它从定居的农牧民的村落转变为以低成本资源为主的季节性游牧民。最终，两种作物类型都回归到定居的村落居民的栽培物种。

山东大学文化遗产研究院的博士研究生王冰言做了题为"藏彝走廊早期旱作农业的南传——基于会理猴子洞遗址植物遗存分析"的报告。她指出藏彝走廊是我国古代一条非常重要的南北向民族走廊，其范围包括横断山脉、澜沧江、岷江、大渡河、金沙江、雅砻江以及怒江大部分地区。金沙江流域四川会理猴子洞遗址的植物遗存研究认为，该遗址是以典型的旱作农作物结构为主。水稻数量较少，并不经常被古人食用。在遗址中的分布范围也多集中于房址及其附近，而且几乎均为脱壳粟，说明与农作物的消费阶段关系更大。结合同时期其他遗址的植物考古材料，她探究了藏彝走廊不同流域遗址间生业方式的共性及其影响因素，初步探索了旱作农业及其农作物进入会理的传播路线——"西北马家窑—藏东卡若—云南永平—云南元谋—川西南会理"。

三、植物考古方法的思考

该部分有2位学者发言，分享了他们对先秦两汉时期植物考古研究现状与展望、上山文化水稻植硅体研究的思考。

北京大学考古文博学院邓振华做了题为"先秦两汉时期植物考古研究现状与展望"的报告。该报告通过系统收集全国范围内已发表的植物大遗存数据，对先秦两汉时期植物考古的研究现状，特别是数据质量进行了评估。他通过统计发现，目前先秦两汉时期已发表的植物大遗存数据仅涉及不到200处遗址，且大量遗址并非针对性的专门研究，基本无法提供有效的信息。这一阶段的植物考古研究整体上十分有限，且数据在时代和区域分布上都具有明显的不平衡性，严重制约了对当时农业发展状况的整体性认识。同时，他还根据现有的数据对先秦两汉时期农业经济的时空格局进行了分析，但囿于数据的限制，在很多关键问题上难以得出明确的认识。同时他也提出该时段植物考古值得关注的主要问题包括粟作农业在南方地区的发展、小麦种植范围与规模的扩张等。

中国国家博物馆考古院邱振威做了题为"上山文化水稻植硅体研究的几点思考"的报告。结合浙江上山遗址目前的植硅体研究，他认为存在的问题包括：水稻扇形植硅体所反映的水稻驯化程度在不同研究（者）之间

参会代表发言

存在差异、水稻扇形植硅体与水稻双峰形植硅体反映的水稻驯化程度存在差异、上山文化在水稻驯化进程中的位置存疑。这些问题可能出自样品来源不同、样品处理过程差异、数据统计分析不一致、水稻植硅体机理可能存在差异。为解决上述问题，他建议在今后的植硅体研究中要注意以下五个方面：样品的科学性、统计方法的一致性、定量数据的有效性、微体植物遗存的宏观指示性、多重证据的必要性。

四、植物遗存的新发现和新认识

该部分共有11位学者发言，他们分别运用植物大遗存、植物微小遗存和稳定同位素等方法，进行植物考古研究，为考古学提供了新的发现和认识。

植物大遗存的研究主要有6位学者，分别报道了蒙古国高勒毛都2号墓地M189、内蒙古辽上京城址、山东枣庄海子遗址、河南荥阳官庄遗址、河南巩义双槐树遗址和江苏建湖大同铺遗址植物大遗存的新发现。

河南省文物考古研究院的蓝万里做了题为"蒙古国高勒毛都2号墓地M189出土植物遗存"的报告。M189是蒙古国后杭爱省高勒毛都二号墓地中的一座大型匈奴贵族墓葬，基于垫层堆积样品的显微观察将其分为三层，自下而上依次是木屑层、带壳黍粒层和黍粒及木屑层，中间用毛毡和丝绸间隔。垫层铺设的目的应是为了吸湿防潮。此外，提取发现的淀粉粒均显示有不同程度的发酵迹象。蒙古国诺音乌拉墓地、高勒毛都1号墓地均发现过棺内铺垫谷物层（粟）的现象，但M189的谷物层选用了黍而不是粟，其有可能来源于本地种植。上述这种葬俗应该来源于中国汉朝，是汉文化与草原文化交流互动的直接证据。

中国社会科学院考古研究所的钟华做了题为"松漠之间的农耕与畜牧——以辽上京城址出土植物遗存研究为例"的报告。他认为，历史时期的植物考古研究没有得到应有的重视，尤其是以辽金为代表的少数民族政权统治时期。他通过内蒙古巴林左旗辽上京城址的植物考古浮选，在辽上京城址多个金代遗存中发现了极其丰富的植物遗存，包括近10种农作物，50余种非农作物遗存。这些农作物组合结构显示出以粟、黍为主的多品种旱作农业种植体系；非农作物遗存中则包含了大量可能的家畜饲草种子，为畜牧发展的程度和规模提供了重要线索；西瓜、亚麻等外来作物（水果）出现在了上京城的一般性民居中，而大麻、葡萄属种子的特殊保存背景也为我们了解其利用方式提供了证据。通过与周边辽金时期已发表植物考古研究的比较，发现了遗址等级、族群等因素对本地生业模式、农业种植结构选择上的影响。即便是相邻地区辽金元时期的遗址，其生业模式和农业种植结构都存在明显差异，受到遗址等级、族群、小环境等因素影响。

郑州大学历史学院的蒋宇超做了题为"山东枣庄海子遗址汉代基层聚落的植物考古研究"的报告。山东枣庄海子遗址为一处汉代基层聚落，出土有结构清晰的石质房址、溷厕、院落、围墙等遗迹，遗址规模可能对应汉代行政单位的"里"。对在该遗址经系统浮选获取的大植物遗存的研究表明，该遗址农作物有小麦、粟、大豆、大麦和黍，其中小麦和粟占据优势地位，黍明显处于次要地位。海子遗址显示出对大麦的青睐，但出土单位集中，可能与其基层聚落的性质有关。与邾国故城和北台上遗址相比，海子遗址出土大麦相对较多，但未见水稻。出土的杂草种子多为藜属植物，另有较多的马齿苋和牛筋草，多为杂草或饲草。

西北大学文化遗产学院的唐丽雅做了题为"郑州地区周代农作物生产研究：以荥阳官庄为例"的报告。该报告通过对2010～2011年度和2011～2012年度两次荥阳官庄遗址发掘的土样进行采集、浮选、鉴定分析获得了炭化植物种子10509粒，出土农作物包括粟、黍、小麦、大豆、豇豆属植物和大麻，非农作物种类丰富，多达25种。通过将官庄与其他周代遗址相比，发现官庄遗址虽然一直维持着以粟为主的旱作农业传统，但农业生产结构中的其他部分似与两周时期全国农业经济的时代特点有所差异。两周时期，小麦在黄河中下游地区的地位几乎与粟不相上下，黍似乎已成为一种次要的旱地作物。她发现周人似不喜食稻米，推测一方面大概是由于气候冷干因素的影响，另一方面还可能是周人饮食习惯的制约。从仰韶时期至丝绸之路开通以前，非农作物中的部分豆科植物是家畜饲料的主要来源，以胡枝子属和草木樨属为主，丝绸之路开通后，苜蓿作为优良饲料传入中国，种植范围慢慢扩大，家畜饲料的结构将有所改变。

中国科学技术大学科技史与科技考古系的博士研究生孙炳桂做了题为"河南巩义双槐树遗址2016～2020年度出土植物遗存研究"的报告。他运用炭化植物遗存、植硅体分析方法与[14]C测年手段相结合，对2016～2020年河南巩义双槐树遗址的样品进行了分析。[14]C结果显示，遗址年代为距今5290～4527年。植物遗存研究结果表明，农业经济在生业经济中的地位已经确立，以粟、黍为主的旱作农业是双槐树遗址一期至四期农业种植的主要形式，水稻在农业经济结构中的比重一直很低。值得注意的是，炭化植物遗存与植硅体分析结果对粟、黍在该遗址农业结构中所占据的比重略有差异。总体来看，以双槐树遗址为中心的中原核心区聚落群在仰韶时代晚期的农业结构整体特征是典型北方旱作农业体系，水稻少量利用，这一区域的整体农业经济发展水平较高，仰韶中晚期中原核心区已进入农业社会。

南京师范大学地理科学学院的硕士生刘真做了题为"'距今2800年'气候事件与江苏沿海地区晚周时期农业发展的关系"的报告。江苏省盐城市大同铺遗址小麦和粟的^{14}C测年结果为距今2750～2350年，大致相当于周代晚期。浮选样品中共鉴定炭化种子三千余粒，包括水稻、粟、黍、小麦和杂草种子。此外，还鉴定出大量的水稻基盘和少量的小麦穗轴。炭化水稻的大量出现表明，大同铺遗址稻旱混作的农业系统中，水稻为主要作物。此外，她分析了距今2800年左右的气候突变对社会产生了重要影响，"距今2800年"事件可能导致中原地区的粮食短缺，使得人们沿淮河向东南迁移到江苏省沿海地区，这种气候突变间接促进了该地区大规模农业的开发和出现。

植物微小遗存的研究共有3位学者发言，他们运用植硅体、淀粉粒等植物考古分析方法，研究了安徽淮北渠沟遗址、湖北屈家岭和寨子山遗址、河南荥阳青台遗址的植物遗存。

中国科学技术大学科技史与科技考古系来自巴基斯坦的留学生穆斯林·汗（Khan Muslim）做了题为"新石器江汉平原植物性食物资源应用的淀粉粒分析"的报告。他通过分析屈家岭和寨子山两个遗址中出土的陶器中的淀粉粒，构建了两个遗址各时期先民的植物利用组合。在油子岭至石家河时期，先民食用的主要农作物为水稻和谷子，这与炭化植物浮选的结果一致，表明江汉平原虽然是水稻农业的中心，但也存在食用谷子的现象。除农作物外，采集的野生植物如薏苡、莲藕、豇豆和橡树也是史前人类的植物性食物来源，但野生植物的利用呈下降趋势；到石家河晚期，农作物和谷物的组合发生了变化，野生植物的采集规模进一步缩小，一些植物如栎属的淀粉也消失了。此外，从陶杯和陶壶内壁提取植物淀粉粒的证据表明，该地区先民生活中可能存在饮酒习俗。

中国科学技术大学科技史与科技考古系的博士研究生顾纯光做了题为"安徽淮北渠沟遗址原始农业发展的植硅体证据"的报告。淮河中游地区是中国中东部南北气候、文化和农业的过渡地带，也是新石器时代稻作与粟作农业起源、发展及传播研究的重要区域。本研究利用植硅体分析方法，结合炭化植物种子和植硅体的^{14}C测年数据，对采自渠沟遗址的土壤样品进行相关研究。结果显示，距今8800～8400年前渠沟遗址先民已开始利用水稻，水稻是唯一发现的农作物种类；距今7200～6900年前农作物结构仍以水稻为主，但黍植硅体也开始出现；距今6600～6000年前新发现了粟植硅体，农作物结构包括水稻、黍和粟，从绝对数量和出土概率方面来看，水稻处于主要地位，黍、粟次之。此外，水稻扇形和双峰形植硅体的形态特征分析结果表明，自距今8800年前开始渠沟遗址水稻遗存已处于驯化的早期阶段，随着时间的推移，驯化程度逐渐提高，原始栽培粳稻一直是渠沟遗址先民食物生产的重要组成部分；黍植硅体形态特征分析结果也显示，7200年前的黍遗存可能已处于驯化过程中。

中国科学技术大学科技史与科技考古系的博士研究生廖静雯做了题为"河南青台遗址仰韶中晚期陶器表面酒类残留物综合分析"的报告。报告通过对河南荥阳青台遗址出土的尖底瓶、平底罐、陶杯、彩绘葫芦瓶、漏斗和器盖等的淀粉粒、植硅体、真菌与化学残留物分析，发现漏斗、器盖和葫芦瓶上具有酿酒特征的淀粉粒、谷物颖壳和植物茎叶植硅体，以及酒类有机酸，证明这三种器物都是酒器。酿酒原料以粟、薏苡、小麦族植物为主，同时也包括豆科、块根块茎、水稻、栎属等植物。漏斗应是发酵阶段前过滤或转移酒液的装置，器盖可能是盖在开口容器上阻止酵母菌接触氧气或防止酒精蒸发。使用葫芦瓶饮用过滤清酒是当时的饮酒方法之一，这种饮酒方式的变化是社会复杂化现象的具体表现形式。

此外，还有2位学者通过植物碳氮同位素研究揭示了植物的利用策略，研究内容分别涉及山东菏泽青邱堌堆遗址和陕西榆林地区。

山东大学文化遗产研究院的硕士研究生毕晓光做了题为"植物遗存碳氮稳定同位素分析揭示菏泽青邱堌堆遗址农业策略变化"的报告。他认为植物碳氮稳定同位素组成可反映其生长的气候环境状况，而农作物生长受到自然条件和人为管理的共同影响。对考古遗址出土炭化植物遗存进行稳定同位素分析，可以推测农作物的水分和肥力情况，以及劳动力投入的高低，为我们研究早期农田管理措施和农业技术的发展提供直接的证据。青邱堌堆遗址的遗迹跨越龙山文化、商代、周代、汉代以及明清等多个时期。对浮选获得的大量炭化植物遗存进行了碳氮稳定同位素分析，发现粟的氮同位素值从龙山到汉代呈逐渐升高的趋势，推测该遗址农业集约化程度逐渐提高。同时，当地居民对农作物的栽培策略体现出"物以稀为贵"的思想，对小麦、水稻、大豆等数量较少的农作物比粟黍作物的投入更高。

安徽大学历史学院的博士研究生常经宇做了题为"陕西榆林地区新石器时代晚期杂草的利用及碳氮稳定同位素研究的反思"的报告。他认为与传统的农作物不同，杂草在考古学研究中常被学者忽视。他通过对榆林地区新石器时代晚期植物、动物和碳氮稳定同位素数据的再分析，发现以藜科和豆科为代表的杂草与人类和家畜的关系非常密切。基于植物志的记载，结合周边区域现生杂草的碳、氮稳定同位素数据，他初步确定了藜科

分组研讨会现场

并非是单纯的C3类杂草，其主要属种是与人类和家猪密切相关的C4类食物，而豆科应是绵羊、山羊和黄牛的主要饲料。

每组研讨结束后，参会学者都围绕发言进行了热烈的讨论和充分的交流。会议最后进行了简短的闭幕式，由中国社会科学院考古研究所赵志军研究员做了会议总结。他认为，此次植物考古专业委员会研讨会召开得十分圆满，每位学者的报告都很精彩，交流了新成果，探讨了新方法，提出了新思路和新观点，达到了预期目的，大家获益匪浅。

执笔：贾　鑫　黎海明
审核：赵志军

人类骨骼考古专业委员会

时　　间：2021 年 10 月 18、19 日

地　　点：文博城二楼 2-3 会议室

主　持　人：付巧妹　吴秀杰　王明辉　何嘉宁　郭　怡

线下参会代表：朱　泓　周　慧　陈　靓　崔银秋　王明辉　赵永生　王传超
　　　　　　　周亚威

线上参会代表：李法军　唐自华　李海军　侯亮亮　樊　榕　侯　侃　曹芳芳
　　　　　　　李　楠　赵凌霞

　　为学习贯彻落实习近平总书记致仰韶文化发现和中国现代考古学诞生 100 周年贺信精神，总结过去近百年来人类骨骼考古工作历史、现状以及学科建设取得的新进展，进一步加强对我国人类骨骼考古研究工作的指导，值此第三届中国考古学大会召开之际，中国考古学会人类骨骼考古专业委员会于 2021 年 10 月 18、19 日在河南省三门峡市组织召开学术研讨。

线下参会代表会场合影

来自中国科学院、中国社会科学院、北京大学、吉林大学等12家科研院所和高校的20余位学者代表参加会议，围绕古人类学、古DNA分析、骨骼形态学、古病理学、骨骼同位素分析以及人口与性别研究的最新成果展开学术交流。

一、古人类学研究

20世纪初以来，我国境内已发现70余处更新世时期人类化石地点。中国科学院古脊椎动物与古人类研究所吴秀杰研究员在系统梳理我国古人类学研究最新进展基础上，指出目前我国境内发现最早的古人类化石应为陕西蓝田公王岭直立人头骨（距今163万～115万年）；同时提出中更新世晚期我国境内可能存在不同直立人支系或者隔离人群，距今30万～10万年，我国曾存在具有东亚古人类和欧洲尼安德特人镶嵌型体质特征的"古老型智人"或"早期智人"；而不同地区古人类演化速度并不一致，在距今10万年左右，我国华南地区已出现早期现代人，同时期华北地区却仅发现古老型人类化石；最后，吴秀杰研究员强调，根据目前研究结果推测我国早期现代人极大可能源自非洲同当地古老人类杂交的后裔。

二、古DNA分析研究

2021年是人类全基因组草图发表20周年。20年来，古DNA技术快速发展，烙印在古DNA中的人类历史被不断解读，并为农业起源和传播、语言扩散等研究提供了新方法。国际大量古基因组数据的发表，我国学者也做出了重要贡献。吉林大学生命科学学院崔银秋教授及其团队针对新疆东天山地区和塔里木盆地青铜至铁器时代人群开展古基因组研究，首次发现了在史前的欧亚大陆北部地区曾广泛存在由"古北亚与古东亚成分"组成的古老谱系，并成功绘制了以颜那亚文化为代表的欧亚草原人群最早进入新疆的时间、路径及对新疆人群结构发生影响的草图。中国科学院古脊椎动物与古人类研究所付巧妹研究员及其团队通过对旧石器时代至历史时期我国古代人骨标本古基因组的研究，实证了4万年前的北京田园洞人是古东亚人的祖先，但其直接后代并未延续至今；揭示了万年以前我国南方地区人群的遗传多样性；同时，明确了9500年前我国南北方人群已分化，但8300年前又开始融合，且延续至今；距今8400年的我国福建及周边古南方人群是南岛语系人群的祖先来源。厦门大学人类学研究所王传超教授及其团队在古基因组学视角下对人群迁徙和语言传播进行综合研究，推测

参会代表发言

印欧语可能源于安纳托利亚至高加索南部区域，后由颜那亚文化相关人群大规模传播；而东亚和东南亚地区的汉藏语系、壮侗语系、南岛语系、南亚语系的形成和扩散均符合"农业-语言共扩散"模式。

三、骨骼形态学研究

20世纪初以来，我国的人类骨骼形态学研究先后经历了萌芽期（1921～1949年）、起步期（1949～1979年）、迅猛发展期（1980年至今）三个阶段。20世纪70年代，为了更好地阐释古代社会形态与古人生活状况，北美考古学界启用"人骨生物考古学"理念，90年代后，我国学者开始接受这一研究理念。西北大学文化遗产学院陈靓教授在中国考古百年的时代背景下系统梳理了人类骨骼形态学研究发展历程，强调在新时期考古研究中人类骨骼形态学研究仍具有不可替代性。以色列海法大学樊榕博士对北美"人骨生物考古学"发展历程进行概述，并对构建中国特色人类骨骼考古学提出"关注人群多样性、开展专题研究、完善人骨数据库、加强多学科合作"等建议。北京大学考古文博学院何嘉宁副教授及其团队对河南邓州八里岗仰韶墓葬人骨进行研究后，发现随着时间发展该遗址居民身高有所降低，四肢功能强度明显下降，龋齿发病明显增多，结合动物考古、葬仪分析等研究成果，推测其与农业技术发展、生计模式变化以及社会分工情况相关。

参会代表发言

颅骨变形、生前拔牙等骨骼形态的变化为族群区分、文化行为内涵研究提供了重要依据。山东大学文化遗产研究院赵永生副教授对大汶口文化居民拔牙行为进行研究后，推测其拔牙方式为打牙，且不具有明显的强制性，拔牙最初年龄为14～20岁；在考察古人因长期跪坐形成的距骨头关节面延伸现象后，发现跪坐在商代已普遍流行，明显区别于夏人的蹲踞，且不存在性别、等级差异。中山大学社会学与人类学学院李法军教授及其团队对广西南宁灰窑田遗址2016年出土人骨进行表面切割痕迹分析后，认为该遗址人骨表面的人工切割痕迹是由肢解和剥肉两类行为造成，且切割方式具有一定规律性，并未见明显性别差异。

四、古病理学研究

我国的古病理学研究肇始于20世纪初，共经历了先行期（20世纪初至20世纪50年代）、萌蘖期（20世纪50年代末至70年代初）、学科成型期（20世纪70年代至20世纪末）、疾病考古学（21世纪）四个阶段。山西大学历史文化学院侯侃博士对国内外古病理学研究情况进行了系统梳理，强调在未来工作中应加强与医学界的合作，克服"骨学悖论"和材料异质性问题。郑州大学历史学院周亚威教授及其团队在陕西西安幸福林带遗址出土的1598例人骨中发现2例典型密螺旋体感染病例，对我国古代梅毒流行病史研究具有重要意义。

参会代表发言

五、骨骼同位素分析研究

20世纪80年代以来，稳定同位素分析成为人类骨骼考古研究的重要组成部分。复旦大学科技考古研究院胡耀武教授对国内外稳定同位素分析发展史进行系统阐述并提出展望。浙江大学艺术与考古学院郭怡副教授通过长三角地区新石器晚期先民食谱研究，认为稻作农业不断发展，渐趋成为该地区古人主要食物来源，但宁绍平原、环太湖地区先民对稻作农业依赖程度不同。山西大学历史文化学院侯亮亮副教授及其团队对山西大同吉家庄遗址出土人类、动物骨骼进行稳定同位素分析，确定该地区先民主要以粟、黍农业为生，牛、羊等草原地区传统家畜是其主要饲喂对象。中国科学院地质与地球物理研究所唐自华副研究员对锶同位素分析在考古学研究中的应用进行回顾；同时，介绍了其团队在对河南巩义双槐树遗址115例人骨标本进行锶同位素分析后发现至少有22例外来个体，且女性比例较高，进一步推测该遗址已具有父系社会组织特征，并出现了明显的社会复杂化信号。

六、人口与性别研究

古人口学研究也是人类骨骼考古研究的重要组成部分，旨在利用性别、年龄鉴定结果及人口学分析方法来进一步还原古代人口构成情况。北京大学考古文博学院李楠博士指出我国古人口学研究自20世纪80年代开始，以讨论仰韶文化性别比失衡现象为肇端，并在定量统计及"生命表"

分组研讨会现场

方法引入后获得快速发展。北京大学考古文博学院曹芳芳博士对中国考古学中的性别研究进行了详细梳理，并呼吁应加强长时段、大范围的性别考古对比研究。中央民族大学民族学与社会学学院李海军副教授及其团队通过对新疆且末扎滚鲁克墓地儿童头骨标本研究，发现该遗址儿童2岁后眶高和眶区面积年龄变化并不显著，2～5岁为枕骨大孔生长突增期。

　　与中国现代考古学几乎同时，我国人类骨骼考古研究也经历了百年发展历程。2014年中国考古学会成立人类骨骼考古专业委员会，在专业委员会指导下，各位学者积极参与考古成果的挖掘、整理、阐释工作，在人类起源、中华文明探源、统一的多民族国家形成与发展等研究方面取得重要成绩，为更好认识源远流长、博大精深的中华文明发挥了重要作用。通过此次研讨，各位学者深刻学习领会了习近平总书记关于文物考古工作的重要指示批示及贺信精神，进一步增强历史使命感和责任感，在未来的人类骨骼考古研究中努力开展多学科融合、跨学科合作，继续探索未知、揭示本源，努力建设中国特色、中国风格、中国气派的考古学，更好展示中华文明风采，弘扬中华优秀传统文化，为实现中华民族伟大复兴的中国梦做出新的更大贡献。

执笔：张　旭

审核：王明辉

新兴技术考古专业委员会

时　　　间：2021年10月18、19日

地　　　点：文博城二楼2-5会议室

主　持　人：金正耀　葛　威　陈坤龙　崔剑锋　魏国峰

线下参会代表：唐靖宇　秦小光　曾昭发　范安川　胡　钢　黄　兴　长孙樱子

线上参会代表：郭子祺　翟少冬　黄　梅　袁晓红　吴又进　连蕙茹　刘娜妮

　　　　　　　　马仁杰　余甫倩　吴晓桐　张　吉　苟　欢

　　2021年10月18日下午至19日，第三届中国考古学大会新兴技术考古专业委员会学术研讨会在三门峡市文博城2-5会议室召开。新兴技术考古专业委员会共有24位学者做了发言，参会代表来自中国科学院高能物理研究所、中国科学院地质与地球物理研究所、中国科学院空天信息研究院、中国科学院自然科学史研究所、中国社会科学院考古研究所、洛阳市文物考古研究所、中国地震局地质研究所、中国科学技术大学、厦门大学、吉林大学、北京科技大学、安徽大学、西藏民族大学等科研院所和高校，线上线下共有73位专家学者参与了研讨与旁听。学术报告共分为三个板块：考古新兴技术与新方法、金属器物与金属资源研究的新发现与新方法、多学科交叉与考古综合应用研究专题，分别汇报了科技考古创新发展的"器"与"道"思考，洛阳、大理、山东等地出土青铜器研究新进展，丝绸之路南线驿站与长城式防线的新发现，良渚、石峁、苏家村、七星墩等新石器时代遗址出土陶器和建筑材料的性质研究新成果，中国散裂中子源和地球物理等技术在考古中的探索和应用。金正耀、葛威、陈坤龙、崔剑锋和魏国峰分别主持了各分议题的讨论和评议。

一、考古新兴技术与新方法

　　专业委员会报告和讨论第一场以"考古新兴技术与新方法"为主题，由北京大学崔剑锋副教授主持。随着中国经济的不断增长和国家对考古文博事业的日益重视，考古项目大量增加，在无损勘探、高精度成像等诸多

线上参会代表合影

领域对现有的研究技术提出了新的挑战。来自中国科学院、中国地震局、吉林大学的多位学者围绕这一主题汇报了各自团队对遥感勘探、地球物理技术、散裂中子源等大科学装置等新技术和方法在考古中的应用的研究进展和最新成果。

中国科学技术大学金正耀教授首先以"科技考古创新发展的'器'与'道'"为主题进行了发言。金教授提出，科技考古的"器"就是科学分析手段。科技考古的创新在"器"的层面就是要不断探索新技术、新方法，并引入新的仪器手段。在目前国家和社会的高度重视下，科技考古迎来了很好的历史发展机遇，如何合理配置资源成为关键。同时，金教授也提出，科技考古的创新发展中不能只追求新仪器，要有新发现，也要提出新问题并逐渐形成一个新的学术增长点。关于创新发展，金教授给出了两个新兴技术在考古中的应用实例：一是2018年唐靖宇研究员的中国散裂中子源（CSNS）项目；二是中国科学技术大学叶邦角教授的缪子探测平台项目。最后，金教授谈到如何落实建设中国气派的考古学，应该在研究对象上关注运用中国材料，为中国气派考古学的发展、落实习近平总书记的指示精神贡献一份力量。科技考古的创新发展既要不断丰富自己的"武器库"，让新科技助力、助推考古学的发展，同时也要努力超越畛域界限，推进范式、话语的体系化，实现学科自身的成熟化。

中国科学院地质与地球物理研究所秦小光研究员报告了丝绸之路南线驿站与长城式防线的发现。丝绸之路南道在历史中存在多处记载，最早可追溯至《汉书·西域传》，在《魏书》《隋书》等中也均有记载。丝绸之路南线被认为自玉门关向西沿阿尔金山北缘的阿奇克谷地南岸经米兰、且末通向和田。秦小光团队经过卫星地图和大量的野外工作，在阿奇克谷地南岸发现了两处驿站，其中一处在南北向雅丹链上修建了长达数千米的哨卡，形成了一条长城式的防线，并具有向东防御的态势。另一处驿站则与阿奇克谷地东南驿站格局相似，从发现的开元通宝铜钱看，主要在唐朝使用。两处驿站的发现对于理解丝绸之路南线的变迁具有重要的参考价值。

吉林大学地球探测科学与技术学院曾昭发教授以"考古与文物保护领域中地球物理技术与应用实例"为题，详细地介绍了吉林大学团队在地球物理考古技术和应用领域的研究成果。近年来地球物理方法技术的发展为考古与文物保护方面提供了可靠的方法技术。曾昭发教授以团队在山西夏县考古基地地球物理方法的应用为例，综合讨论了探地雷达技术和高密度电阻率法在适用环境、分辨率和探测效果等方面的优缺点。在文物保护的应用中，针对石窟寺的裂隙与渗水探测，曾昭发教授提出了井地崖联合的差分测量方式，并采用数值模拟分析，对于探测灵敏度和含水裂隙的探测与识别提供重要的指示与参考。曾昭发教授在报告的最后对地球物理方法在文物考古探测、保护、修复等方面的应用提出展望，强调在人工智能以及计算技术不断进步的未来，智慧探测有望更好地应用于考古领域的应用中。

中国科学院高能物理研究所唐靖宇研究员应邀做了以"中国散裂中子源在科技考古中的应用前景"为题的报告。唐靖宇研究员首先介绍了迅速发展的中子技术，利用中子探针可以分析文物中的元素成分甚至是同位素比例、内部结构成像、分子层次的结构等重要信息，是与其他分析方法如X射线荧光分析和成像等相互补充的重要方法，具有完全无损、可以进行大尺寸样品分析等优势。报告介绍了于2018年建成的我国最先进的中子源-中国散裂中子源（CSNS），包括基于宽能谱白光中子束和热中子束在考古中的潜在应用。CSNS反角白光中子源具有国际上领先的白光中子束流强度，可以开展基于多种方法的文物元素成分分析，可进行内部结构的中子成像并同时进行构成成分的元素鉴别，利用白光中子与每个元素和同位素作用的特征共振峰可以鉴别元素周期表上的几乎所有元素及其同位素。利用白光中子束具有强穿透能力的特点，可以开展厚度在10厘米量级的大尺寸文物的分析，甚至可以分析尚在考古套箱中的文物。目前

参会代表发言

CSNS正在与中国科学技术大学合作开展一些相关的文物考古研究，包括采用门控互补式金属氧化物半导体（CMOS）相机中子开展的共振成像实验、对来自太平洋丝绸之路的海洋沉船文物进行共振成像以寻找内部结构以及文物套箱的成像实验等。

二、金属器物与金属资源研究的新发现与新方法

专业委员会报告和讨论第二场先后由厦门大学葛威副教授和北京科技大学陈坤龙教授主持。10名专家学者的报告分别围绕青铜器、金器等金属器物的材料、工艺及其承载的族群迁徙、贸易流通等历史文化信息等主题，展现了国内近期在金属器物与金属资源领域考古研究的新发现与新方法。

安徽大学历史学院魏国峰教授报告了洛阳徐阳墓地出土青铜器的科技研究。魏国峰教授首先介绍了洛阳徐阳墓地的考古学背景以及取样青铜器的基本信息，详细讨论了洛阳徐阳墓地出土青铜器的科技分析结果。金属成分和金相组织的研究结果表明徐阳墓地出土青铜器主要为铅、锡含量中等的铜锡铅三元合金，制作工艺以铸造为主，少量采用了热锻工艺；铅同位素比值的研究结果表明徐阳墓地出土青铜器主要使用了两类铅料，Ⅰ类铅料可能来自甘肃地区，Ⅱ类铅料则来自豫西地区；微量元素的分析结果表明徐阳墓地出土青铜器所用铜料很可能来自长江中下游铜矿区，这与春秋战国时期晋楚贸易的繁荣和商周时期"金道锡行"路线的存在密切相关。

北京科技大学科技史与文化遗产研究院陈坤龙教授以"新疆波马遗址出土金器所见焊接技术研究"为题，介绍了关于波马古城出土部分金器焊

接技术的最新研究成果。研究使用超景深三维数码显微镜对金器的微观结构及金相组织进行观察和测量，使用扫描电子显微镜及能谱仪进行显微结构的观察和化学成分的分析，并结合电子探针显微分析仪对样品细部进行了线扫分析。结果表明，波马遗址出土的金器样品材质以成分各异的金银（铜）合金为主，所使用金原料多为未经精炼的自然金。焊接技术方面可见两种不同的技术，金戒指及金剑鞘上的金珠可能使用了铜盐还原法，而金护臂上的金丝则是使用高银铜浓度的 Au-Ag-Cu 三元合金焊料焊接而成。

西藏民族大学长孙樱子博士从铅同位素比值出发讨论了汉代铜镜的生产与传播。铅同位素分析表明，汉代铸镜，尤其是西汉时期铸镜所用铅矿同时包含了华北铅和华南铅，铅料来源与时代变迁没有固定关系，较之日本汉镜来源更加多元。西汉镜所用华北铅的具体产地可能有多处，东汉镜所用华南铅应主要来自长江中下游地区。长安、临淄、南阳铜镜的合金成分和铅同位素比值不同，表明不同铸镜中心在合金技术和矿料来源上可能有所区别。我国云南、新疆地区及阿富汗、泰国、日本等国家相关地区出土西汉镜与长安西汉镜的数据最为接近，表明这些地区发现的西汉镜很可能是从长安传入的。考虑到西汉时期的社会政治和历史背景，都城长安可能是对外输出镜的制作中心。

洛阳市文物考古研究院袁晓红副研究员介绍了洛阳唐城花园西周贵族墓出土部分青铜礼器的科学分析。铅同位素结果表明有三个集中地区，其中一处是殷墟四期使用过的金属资源产地，另外两处为新开发的。西周王室根据青铜器种类的不同，在矿料使用上有选择性。洛阳地区铜器使用的铜、铅矿料可能来自中条山古铜矿区，部分铜器的铜、铅矿料可能来自东秦岭金属矿。洛邑地区西周青铜器金相组织说明冶炼矿石中存在硫化矿。西周早期周原地区青铜矿料的使用、制作技术等与洛邑成周地区有很大相似性。成周地区与周边在金属资源来源等方面的相似性表明，西周中央王朝控制着各封国的金属资源，新的青铜文化结构不仅来源于周初的血缘纽带，最根本的是西周统治中心在金属等资源上对地方封国的控制与分配。

北京大学考古文博学院崔剑锋教授的报告以"大理银梭岛青铜时代早期遗址出土部分青铜器的金属学分析"为题。银梭岛遗址是目前发现的云南青铜时代早期遗址之一。根据 ^{14}C 年代，银梭岛遗址从公元前 1500 年进入了青铜时代。根据出土青铜器的成分分析和金相观察，银梭岛青铜时代铜器制作具有以下特点：铜器的材质只有红铜和锡青铜两种，且锡青铜略占上风；铜器加工方式热锻和铸造并行，以热锻成型占主要地位；能够按照锡含量高低选择青铜器的制作方式，说明已经了解锡含量与铜器加工性能之间的关系。银梭岛铜器的制作工艺显示出我国西北、西南等青铜时代早期遗址制作工艺的共性，即仍有相当比例的红铜器，铜器含铅量很低甚或不含铅，热锻加工成型占很大比例，锡青铜比例更高说明已经了解了含锡量和加工性能的关系。从银梭岛遗址铜器的分析结果看，银梭岛遗址仍处在红铜时代向青铜时代过渡或者青铜时代早期阶段。

北京大学考古文博学院张吉博士报告了泗水中游地区春秋青铜器中铅料资源变迁的最新研究。张吉博士简要介绍了泗水中游地区周代青铜器的发现和研究，然后通过梳理泗水中游地区春秋青铜器的铅同位素比值数据来说明其铅料资源的两次转变，最后对泗上诸国青铜器所反映的金属资源的分布格局展开了详细的讨论。泗上诸国青铜器金属资源的变化，反映了邻近各文化区对泗水地区的交替控制，也反映出这一地区对政治格局变化的敏感，有助于加深对于先秦时期资源与社会的互动的认识。

中国科学院自然科学史研究所博士研究生苟欢报告了春秋战国"纹饰同模"青铜器及其考古学意义。报告首先简介了"纹饰同模"这一流行于春秋中晚期至战国中期的制作方法，题材包括蟠螭纹、蟠虺纹、龙纹、几何纹等多种类型。围绕山西地区（主要是侯马铸铜遗址）展开了系列研究，通过观察青铜器、泥模范的纹饰分布规律，来分析遗物的产地及年代，并在此基础上研究该类器物的流通和不同文化之间的关系。根据青铜器的范线形态、加强筋，以及泥模范的浇口、排气口、芯撑等设置，可以判断该器物是否属于"同模品"，进而可以判断是否可视为同一个"流派"的产品。她通过天理参考馆藏铸客炉的纹饰单元组合分析图，向大家展示了纹饰单元的组合方式、图案单元的连接痕迹，根据纹饰单元与范缝的关系、与附件的关系、一模多器的现象，揭示了该类纹饰的制作工序。报告最后在侯马铸铜遗址研究的基础上，结合太原赵卿墓、临猗程村墓、长治分水岭墓地、淅川下寺、寿县朱家集、曾侯乙墓、枣阳九连墩等遗址出土的器物，对青铜器及泥模范的纹饰排列单元的规律进行了总结。

中国科学院自然科学史研究所的黄兴副研究员从古文字角度讨论了先秦两汉锻造知识的产生与演变。报告借助古文字和古文献探讨了在古代知识体系下，古人对锻造如何认识与认识的演变过程。汇报人解析了"段"字金文和"石"字的甲骨文写法，猜测"段"的本义是用工具从石块上打下小石片，并以《庄子》佐证。举例4件青铜器表金文"段金"。含锡量高的青铜器硬度较高，易受外力破碎。先秦时代"段"字的含义已超出了破碎的范畴，没有在文字上明确区分塑性与非塑性，但实践上已经分清两者。李斯在小篆中创"锻"和"碫"区分了塑性加工与非塑性加工。总的来说，石器时代的石器打制是锻造知识的最初来源；青铜时代"段"仍然指青铜的非塑性、半塑性、塑性加工；铁器时代形成了丰富的锻造知识，

参会代表发言

造字活动需求推动了定义和厘清"段"字。

北京大学考古文博学院的博士研究生马仁杰的报告题为"湖北宜昌万福垴遗址出土铜器的科学研究——兼论西周甬钟起源问题"。马仁杰首先介绍了万福垴遗址的发现过程和青铜器的相关情况。万福垴遗址出土有西周中晚期的11件甬钟和1件铜鼎。通过对万福垴铜器在合金配比、加工工艺、矿源特征等方面的研究，详细讨论了早期楚文化铜器冶铸情况。综合来看，万福垴铜器尤其是钟鼎之器的原料、工艺、技术信息以及早期甬钟的南方起源都表明遗址使用的金属原料可能不是中央直接分配的，不排除遗址晚期可以独立获取原料的可能。一些原料工艺技术特征在周边地区的地方性遗址中也普遍发现。可以推测，青铜时代，除了中央王朝集中管控的"金道锡行"之外，南方地区同时还存在一个范围广阔、较为独立的金属资源流通网络。

中国科学技术大学科技考古实验室博士研究生黄梅做了题为"务川青铜器与秦汉时期的矿业移民——基于文化因素与铅同位素分析"的报告。17件务川地区的蒜头壶、铜鍪等青铜器的科技分析结果表明，绝大部分青铜器为铜锡铅三元合金，务川青铜器与中原地区具有相同的青铜合金技术；综合务川、秦至西汉中原、云贵高原等地青铜器铅同位素的比较分析，务川地区西汉早期的青铜器并非本地生产，可能产自中原地区，而东汉时期的青铜器则为本地生产。最后，报告人发现务川地区具有丰富的汞矿资源，该地区已经发现了东汉时期汞矿的开采遗址，务川汉墓多分布于汞矿山附近，多数墓葬随葬有朱砂，表明该地区汉墓的发现与当地朱砂矿的开采有关。结合历史背景，报告人认为务川汞矿在秦汉时期已经得到大规模开发，是秦汉王朝所用朱砂和水银的主要产地之一，矿产资源开发是中原人口最早进入云贵高原的主要动力。

三、多学科交叉与考古综合应用研究

随着我国考古事业的不断发展，考古学的内涵也在不断延伸和丰富，各种相关学科和技术运用于考古的综合交叉研究已经逐渐成为我国考古学发展的新增长点。从古地理和地貌学的角度，中国地震局地质研究所胡钢副研究员汇报了河道变迁与人类活动关系议题中的两个研究案例及其相关思考。雅鲁藏布江是西藏最大的河流，其流向从西向东横贯青藏高原南部，之后在南迦巴瓦大拐弯折向南，流入印度和孟加拉国之后改称布拉马普特拉河。其河道两侧人口稠密，是现代主要的经济文化中心；

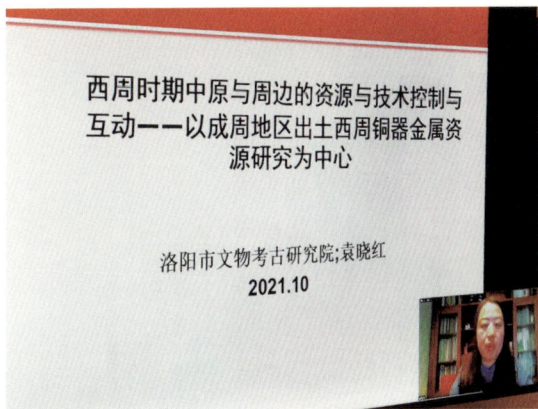

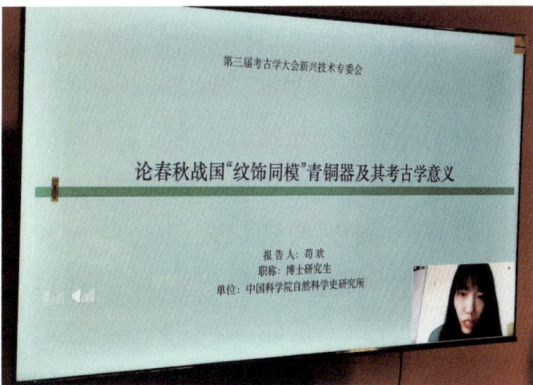

参会代表发言

与此同时，河谷中也保存了丰富的考古遗存，表明该区域自古以来都是人类活动的中心。胡钢副研究员对西藏政治经济中心拉萨盆地进行研究，发现布达拉宫所在的拉萨河T2阶地为堆积阶地，形成时间约为0.9ka，晚于历史记载中的公元633年的修筑时间，这与文献中拉萨城最初修建时水患频发一致，表明布达拉宫修建于高地中是十分合理且必要的。追寻溃决洪水对下游的影响，胡钢团队赴孟加拉国对布拉马普特拉河河流历史变迁与瓦里-巴特什瓦尔（Wari-Bateshwar）遗址进行研究。大约在距今4700年，河流迁移使该区域地层沉积转换为沼泽相；约距今3200年沼泽排干，地层中出现陶片，表明人类开始在此地居住生活；距今2400～1800年，人类活动最为强烈，这期间修建了瓦里-巴特什瓦尔城市；约距今1800年布拉马普特拉河道摆动，遗址顶部被漫滩相沙层覆盖，瓦里-巴特什瓦尔城市城址废弃。

中国科学技术大学科技考古实验室吴晓桐副研究员介绍了山东日照苏家村遗址的科技考古研究进展。日照苏家村遗址是近年山东龙山文化最重要的考古发现之一，丰富的聚落和墓葬资料对于研究龙山文化的社会具有重要意义。苏家村遗址发掘过程中及时、系统地开展了出土白陶、玉器、红烧土和牙齿等多类文物的科技考古研究，研究结果揭示了隐藏在文物背后的多元信息，为深入研究苏家村遗址的资源、技术和人群提供了科学依据，对全方位认识苏家村的性质和地位起到了重要的支撑作用。

厦门大学人文学院葛威副教授的报告题目是"对河姆渡遗址骨粉糊研究的反身性思考"。反身性（reflexivity）是后过程主义考古的重要特征之一。葛威首先对反身性的概念进行了回顾，在此基础上评述其在中国的产生和发展。种种迹象表明，反身方法并非西方学者所独创，其在中国考古学的实践中由来已久，并且具有广泛的社会心理基础。接着，基于对河姆渡遗址出土的一类残留物的科学研究，对其进行反身性思考。报告人从反身的视角分析了河姆渡遗址骨粉糊研究的详细过程，包括课题的产生，样本的提取，分析测试的技术方法，结果的讨论，审稿和发表的诸多细节，以及与其他学者就有关问题进行的跨学科交流等。通过回顾河姆渡骨粉糊研究的相关背景，讨论了从考古现象到人类行为重建之间的缺环和存在的困境。分析表明，考古学研究作为一个知识生产体系，具有很强的建构性，而非一个纯粹客观和中立的科学过程。应该鼓励和包容考古解释的多样性，一味追求所谓科学性和唯一性，不仅是不现实的，也是不必要的。

中国科学技术大学科技考古实验室博士研究生汪椿鑫代表范安川副教

授做报告，介绍了良渚红烧土与陶释光定年的研究成果。汪椿鑫首先简要介绍了良渚文化及北村遗址新发现较大面积的红烧土与炭屑堆积层。中国科大团队采用单片再生法光释光、热释光测年方法测定了北村遗址（南）出土的陶片、红烧土的释光年代，并与同位置采集的炭屑样品 ^{14}C 年代比对，结果表明释光年代与 ^{14}C 年代基本吻合，并确定北村遗址（南）属于良渚文化早期偏早的年代范围，与此前考古类型学的结果大体一致。这项研究着重分析了各类考古材料的光释光信号特征，并验证了其所测定的释光年代的可靠性。通过对热致发光定年法（TL）与光致发光定年法（OSL）测年结果的误差分析，讨论了热释光方法的误差来源，年代的低估或高估的可能原因。基于良渚北村遗址的综合定年研究，通过测定较为均一的红烧土的热释光与光释光年代，有望能获得最后一次考古受热事件（诸如祭祀、焚烧、生活用火等）的高精度年代。

北京大学考古文博学院博士研究生余甫倩报告题为"湖州凡石桥出土米黄釉瓷器成分分析及产地溯源"。报告人从1975年韩国发现的新安沉船及随后的考古发掘谈起，介绍了米黄釉瓷器这一南宋末年至元代生产的一种釉面呈浅黄色带有细碎开片的瓷器。基于浙江省湖州市凡石桥宋元时期乡村聚落遗址出土的一批米黄釉瓷器，报告人在传统考古学研究的基础上进行了系统的科技考古研究。根据便携式XRF、色度分析与X射线荧光光谱分析对米黄釉的成分、工艺及胎釉原料进行了深入讨论，对米黄釉的釉面呈色范围进行了界定。结果表明，这类米黄釉瓷器均来自于景德镇地区，胎釉原料选择有别于其他产品，胎料选用了含有丰富助熔剂的沉积高岭土。综合以上分析结果和南宋蒋祈《陶记》的记载，报告人认为这类米黄釉瓷器是景德镇地区专门为南宋时期的京畿地区定烧的特殊产品，其胎体使用了一种高铝的原料，为景德镇早期高岭土的开发史研究提供了新的佐证。米黄釉瓷器的生产和销售是当时景德镇贸易生产以市场为导向的重要见证，对从考古学视角下探究古代经济贸易关系有着重要的启发。

北京科技大学科技史与文化遗产研究院研究生刘娜妮报告了"石峁遗址出土陶器生产初步研究"。报告人以陶器为切入点对石峁遗址皇城台及城内外其他地点出土陶器进行了岩相和成分分析。结果表明，皇城台东护墙北段出土陶器主要由低铝易熔黏土制成，其中大部分钙含量较低，可能使用了古土壤为原料；另有少数样品钙含量较高，可能使用了第三纪红黏土。个别样品的黏土中粉砂含量很低，可能与河流冲积土或原料反复淘洗操作有关。陶罐和陶豆多为含细砂的泥质陶，陶鬲和陶盆样品则多夹砂，且应为有意识加入的羼合料，主要类型包括砂质、沉积岩和熟料等。陶器的烧成温度均高于600℃，表明烧成技术已经达到相对稳定的水平。这些特征显示了石峁遗址核心区陶器原料及羼合料种类的多样性，显示其可能来源于多个制陶作坊。石峁内外城其他地点出土多数陶器的黏土为低铝易熔黏土，仅韩家圪旦地点出现特殊的钙质黏土制成的陶器，羼合料种类少于皇城台出土陶器，这种差异性可能体现了皇城台顶人群获取陶器的渠道更为丰富，再次验证了皇城台的核心地位。

中国科学技术大学科技考古实验室吴又进副研究员汇报了"史前建筑中烧土材料的经热温度研究"。报告人从烧土制品这种最早的人工建筑材料谈起，介绍了近年来应用于古代陶器的烧成温度研究的磁化率法。研究团队选取了安徽含山凌家滩遗址、湖南华容七星墩遗址、浙江良渚瓶窑北村遗址和山东日照苏家村遗址等遗址的生土样品和烧土样品作为研究对象，基于生土样品和实验室模拟样品的磁化率性质研究，试图回答磁化率测温方法的适用性及测温精度等问题，并尝试将其应用于烧土制品的经热温度研究。结果表明，磁化率法适用于这一类低温烧制的酥松黏土样品的经热温度研究。

北京科技大学科技史与文化遗产研究院连蕙茹博士介绍了连续居住遗址的地质考古学研究。近年在良渚古城钟家港南段发掘出了大量的人类生活垃圾和手工业生产的遗物，由此推断，该区域可能是良渚古城重要的居民生活及作坊区。报告人采集了良渚古城钟家港南段台地遗址典型剖面的土壤，通过对样品进行土壤微形态及相关的地质考古学研究，辨认出了十数层不同功能和形成原因的微层。其中，通过分析铺垫物和踩踏痕迹，分辨出了至少6层的原地活动面，并辨认了人类活动留下的微遗物，推断了良渚人使用的铺垫物材料种属。据此，报告人重建了该台地的遗址形成过程，确认其为连续生活居住遗址。连续生活居住形成

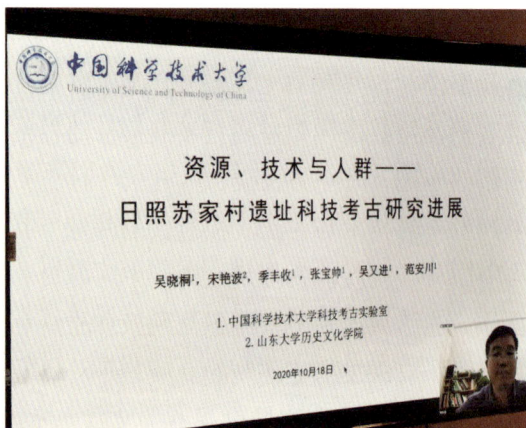

参会代表发言

土丘，对这一过程的土壤微形态研究在国内尚属首次。对此类土丘形成模式的理解，有利于在未来发掘中，对良渚的生活和居住面进行更好的判断和研究。类似形成原理的土丘，在中东、巴基斯坦、东南欧及中亚有广泛分布，是早期城市发展留下的重要遗迹。对良渚古城台地的详细研究也将有利于未来开展国内外土丘遗址形成过程、人类与环境交互关系等问题的对比研究。

会议讨论环节，各参会人员从科技考古的角度就考古学及科技考古学的学科建设和发展提出了自己的见解。金正耀教授表示，由于党和国家的重视，考古学和科技考古学的发展进入新的历史机遇期，新的政策也使得考古从业人员备受鼓舞、精神振奋。新时代的科技考古建设，一方面重点在于各级文博机构的科技考古装备更新，但也需注意因地制宜，具有针对性，避免资源浪费；另一方面在于科技考古储备人才的培训、培育。在实验室建设方面，要鼓励高等院校和文博机构共同参与到国家级重点实验室的设立创办中去。唐靖宇研究员首先肯定了国家级重点实验室的建设在引领和凝聚科技考古力量中的作用。同时也强调，高等院校应该在其中发挥桥梁作用，尤其对于探索性的技术，要发挥好科学家和考古从业人员之间的"中介"作用。

最后，新兴技术考古委员会常务副主任金正耀教授从"器"与"道"的角度对会议内容进行了总结。在"器"的方面，此次会议涌现出一批新方法的研究成果，有了新的发现，并尝试解决了考古学的重大问题，提出了新的问题。科技考古并非锦上添花，而是要在考古工作中起到雪中送炭的关键作用。无人机拍摄、三维激光扫描、光学和电子显微镜、拉曼和红外光谱分析，这些来自物理、化学和计算机领域的方法与技术，许多已经成为中国考古发掘、保护和研究中的"标配"，凸显出科学技术"探索未知，揭示本源"的关键作用，极大地促进了我国考古事业的发展；在"道"的方面，此次会议对于科技考古学科的建设具有重要的作用，我们需要架设"科技"与"考古"之间的桥梁，一方面考古领域需要通过多种渠道积极接收现代先进科技发展最新动态，积极探索新的科技手段在考古领域的应用，另一方面要深入开展学科交叉，针对考古学的重大问题和需求开发新的技术与方法。在过去的两年，中国科学技术大学科技考古团队与中国科学院高能物理研究所、中国散裂中子源、核探测国家重点实验室合作，连续获得了考古遥感与勘探智能技术、白光中子共振成像方法和高分辨缪子成像技术等课题的立项，研发我国自主的无损考古关键技术，为中国的考古事业发展提供强有力支撑。本次考古学大会上涌现的研究范例，体现了科技考古学科的体系化倾向，是科技考古学科走向成熟的标

分组研讨会现场

志。新兴技术考古专业委员会将遵循党和政府的文化和科技发展战略，在中国考古学会的领导下，不断创新，引导考古新科技的研究和应用，搭建科技界与考古界高层次的交流平台，推出高质量研究成果，在国际上讲好中国故事，为国家重大文化战略做出贡献。

执笔：罗　喆

审核：范安川

公共考古专业委员会

时　　　间：2021 年 10 月 18、19 日

地　　　点：文博城二楼 2-4 会议室

主　持　人：高大伦　刘国祥　李飞　范佳翎　王涛

线下参会代表：王仁湘　张自成　乔玉　郑媛　信应君　罗武干　曹龙
　　　　　　　曹峻　方向明　吴长青

线上参会代表：周有光　周海　魏峻　朱丽　张雪菲　李金涛　张瑞
　　　　　　　刘文科　吴倩　郑钧夫　孙滫娜　王霄凡

　　2021 年 10 月 18 日下午和 19 日全天，第三届中国考古学大会公共考古专业委员会分组研讨在三门峡市文博城 2-4 会议室举行。参加会议研讨的包括来自中国社会科学院考古研究所、中国历史研究院历史文化传播中心、陕西省考古研究院、山西省考古研究院、浙江省文物考古研究所、四川省文物考古研究院、天津市文化遗产保护中心、郑州市文物考古研究院

线下参会代表会场合影

和复旦大学、南方科技大学、中国科学院大学、首都师范大学、辽宁大学等研究单位与高校的专家学者；还有来自中央电视台、人民政协报和上海古籍出版社等媒体从业人员，研讨采用线上、线下相结合的形式进行。此外，还有来自全国各考古文博单位与高校的专业人士、师生及考古爱好者近百人，以线上形式旁听了本次学术研讨。

本次公共考古专业委员会共举办三场研讨会：①公共考古专题研讨，共有15位学者分别通过线上或线下发言的方式讲述其学术新识；②央视考古节目分享会，由两位考古类电视节目制作人分享相关经验；③三星堆考古分享会，针对2021年三星堆考古发掘的公共考古活动座谈交流。

中国考古学会公共考古专业委员会主任王仁湘研究员、文物出版社总编辑张广然在开幕式上致辞。王仁湘老师率先垂范分享了他的探究新识，通过对商周青铜器兽面纹鼻子的观察，认为鼻子位于兽面中轴，兽面虽不可缺少鼻形，但鼻子却常常离开兽面，独体出现在铜器上，其上端装饰也难以理解。通过对越来越多的考古材料的研究，进一步考察了其来龙去脉，并认为兽面上变形的鼻子很可能就是后来马首装饰的当卢。此外，王老师还作为专业委员会代表，为第三届中国考古学大会公共考古讲座做了题为"仰韶人在彩陶里画出的世界"的报告，深受观众欢迎。

开幕式后，中国考古学会常务理事兼公共考古专业委员会副主任高大伦教授、常务副主任刘国祥研究员、上海古籍出版社吴长青副社长、陕西省考古研究院曹龙副研究员、山西省考古研究院副院长郑媛研究员和中国历史研究院历史文化传播中心乔玉副研究员分别主持了不同场次的讨论。现将会议内容简要汇报如下。

一、公共考古专题研讨

（一）中国公共考古：回顾与思考

公共考古学是考古学的分支，只有理清中国考古学的发展脉络，才能对当今公共考古学的发展提供历史的遵循。刘国祥研究员以1921年安特生发掘仰韶村为起点，将中国考古学划分为四个发展阶段：第一阶段为1921～1948年，这一时期开展的田野考古发掘工作数量有限，除河南安阳殷墟外，其余均属于零散的调查和发掘，考古工作基础相当薄弱。第二阶段为1949～1977年，新中国成立后，中国考古学的发展步入正轨。第三阶段为1978～2011年，改革开放后，中国考古学的发展进入快车道。随着国家整体实力的提升，对考古工作投入的人力、物力和财力支持不断

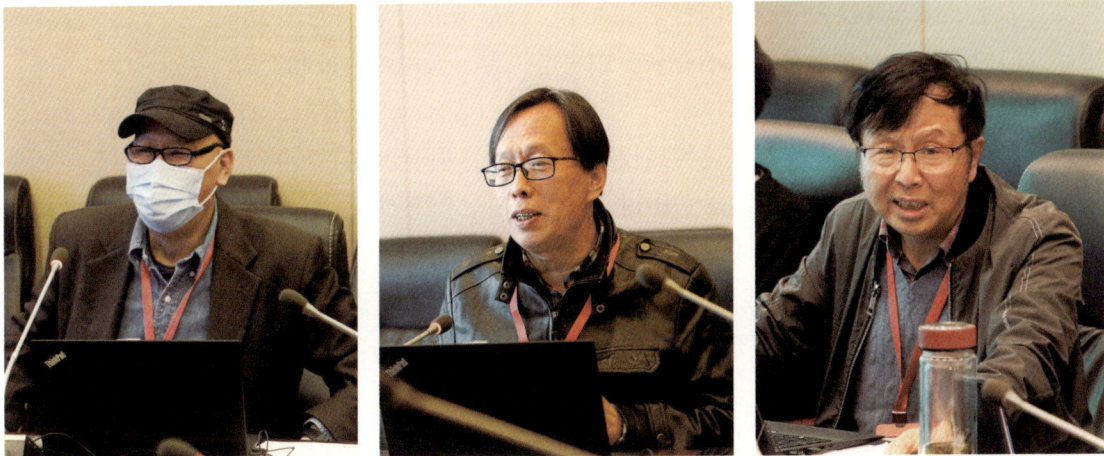

参会代表发言

增多，中国考古学的学科体系建设得到极大提升。作为国家"十五"期间重点科技攻关项目，"中华文明探源工程"通过组织不同学科团队，开展联合攻关，用考古材料证实了中华五千多年文明的历史及多元一体格局的形成、发展和演变过程。第四阶段为2012年至今，党的十八大以来，习近平总书记多次就文物考古研究、历史文化遗产保护和传承等工作做出重要指示批示。以习近平新时代中国特色社会主义思想为指导，中国考古学的发展进入新时代。他认为，深入贯彻落实习近平总书记的重要讲话精神是一项长期的任务，我们要充分认识考古工作的重要性，踏踏实实做好田野考古调查、发掘和阐释工作，探索未知，揭示本源，不断丰富对中华文明内涵和特征的认识，科学论证中华文明对世界文明的重大贡献。这是时代赋予考古工作者的重任，也是我们肩负的使命。

南方科技大学高大伦教授以"百年中国考古：学术之外的贡献举例"为题，从四个方面指出中国考古的贡献：①考古在中国开辟了一门新的行业；②考古为国家发现了大量的文化旅游资源；③考古科普产生了广泛而深刻的社会影响；④考古对国民经济的贡献。以上四个方面集中体现了中国考古学百年发展过程中除学术以外的贡献。他指出，在看到成就的同时，我们更多的还应该看到不足，特别是与英国、法国等国家的考古同行相比，我们既有值得夸耀的成就，也有不少大的差距，对此应有清醒的认识。

中国历史研究院历史文化传播中心乔玉以亲自参与主持的七届中国公共考古论坛为中心，对其参会人员、人员结构、论坛研讨内容等方面的数据进行分析，总结出中国公共考古发展的趋势和脉络。她认为应该从两个方面探索新形势下公共考古发展繁荣的路径：①以习近平总书记"9·28"

参会代表发言

重要讲话精神为指导，从"考古工作是一项重要文化事业，也是一项具有重大社会政治意义的工作"①角度出发，重新确立公共考古的目标；②通过传统媒体、新媒体、融媒体等平台，以严谨的学术性的专业知识为基础，利用各种手段拓展公共考古的传播模式。

中国考古学诞生已历百年，公共考古实践也伴随其发展，从具体的、自发的实践活动，逐渐系统化、常态化，成为考古学的重要组成部分。首都师范大学历史学院王涛通过对中国公众考古学的百年回顾，从学者的公众考古实践、学科的公众考古转型两个方面，梳理了从安特生、李济、梁思永、夏鼐、苏秉琦，再到王巍、王仁湘、许宏和刘国祥等一代代考古人的公众考古实践，总结出中国公众考古学从学者自发到学科自觉的发展轨迹；由此观之，一部中国考古史，其实也是中国公众考古学从无到有、摸索前进的发展史，与之相伴始终。

（二）从高校、博物馆到大千世界：无处不在的公共考古实践

如何通过有效途径更好地将考古学所获新知与人民群众共享，参会学者以各自实践为例，从高校、博物馆、新媒体等各个领域对这一问题进行了具体阐述。

中国科学院大学人文学院考古学与人类学系罗武干副教授介绍了所在高校自习近平总书记"9·28"重要讲话以来的一系列大型活动和文化遗产研究保护系列讲座的实践，这些公共考古工作都具备以下特征：①高

---

① 习近平：《建设中国特色中国风格中国气派的考古学 更好认识源远流长博大精深的中华文明》，《求是》2020年第23期。

度的政治站位——以习近平总书记重要讲话精神为指导，将考古作为一项有重大社会政治意义的公共事业；②明确的目标——为"未来科技领军人才"培根铸魂；③凸显科技考古特色——注重介绍科学技术在考古中的应用，注重传播经典的科技考古科研成果，发挥科技考古的沟通优势；④"三结合"——线上线下结合、校内校外结合、娱乐学习结合；⑤重视宣传工作，制造舆论影响。他认为，科研人员在做好自己的科研任务之余，在开展公共考古实践时需要有使命感和责任感，有大局观。此外，开展公共考古时有必要细分，针对不同对象，具体形式和内容要有所区别。

辽宁大学考古文博学院郑钧夫副教授介绍了该校2012年以来在开展公共考古活动的主要内容及形式，并从考古成果宣传、考古成果文创产品设计、考古成果的大学生创新创业项目转化三个方面介绍了辽宁大学开展公共考古的具体实践。在考古成果宣传方面，创办了辽宁大学考古队公众号不间断宣传学校的考古发掘成果，同时结合每年的考古发掘实践，在校园内开展田野考古实习成果展。另外，还与辽宁省考古研究院、阜新市博物馆等文博单位合作，让考古走进公众，让公众考古走进博物馆等文博机构。在文创产品设计方面，设立了名为"地雀"的文创工作室，并坚持赋予文物新生、融入文化创意市场、拓展学术外延、培养创新创业意识四方面的发展理念。在考古成果的大学生创新创业项目转化方面，以调研报告为基础，通过校企合作的模式，重点探讨考古专业同学如何开展创新创业项目。

博物馆作为考古成果展示的重要平台，也是开展公共考古实践的重要场所。复旦大学魏峻教授介绍了我国水下考古和博物馆工作者为保护和展示这些文化遗产而开展的大量工作，在肯定我国水下文化遗产的展示利用取得众多成绩的同时，指出我国博物馆在水下文化遗产展览展示方面还存

参会代表发言

在着理念模糊、主题分散和手段单一等方面的问题。在分析典型案例和借鉴国外相关保护展示实践的基础上，提出未来应加强博物馆展示与原址展示、数字化展示、公共空间展示的结合。

山西省考古研究院郑媛认为，公众考古最终要将考古学回归公众，要达到文化遗产有效保护和传承以及满足公众文化需求的目的。她以山西垣曲北白鹅春秋墓葬发掘工作为例，围绕考古新发现的公众化阐释与传播，讲述了山西省考古研究院开展的"边发掘、边保护、边研究、边展示"的探索，最终形成了"燕姬的嫁妆——垣曲北白鹅考古揭示的周代女性生活"专题展览。郑媛认为，通过这种模式的开展，形成了考古学与社会公众之间的良性互动，一方面促进考古发掘研究者快速形成对这项考古新发现的综合认知，帮助下一步的考古工作预判；一方面，社会各界很快就提高了对此项考古新发现的关注度和对其文化内涵的认识，同时更能帮助理解考古工作的重要性，并给予尊重。

媒体是考古面向公众的重要媒介，也是公众了解考古的重要窗口，随着时代的发展，新媒体异军突起，成为不可忽视的一支力量。陕西省考古研究院曹龙通过自己的亲身经历，介绍了我国考古媒体直播媒介从电视媒介到新媒体为主，再到以考古人与媒体、公众为共同向导的融媒体传播期三个阶段，认为现阶段应该努力探索融媒体直播的新形势：①应在考古直播前通过相关调研预设直播主题；②需要适度转化考古专业语言；③合理规划直播内容尤为关键。

首都师范大学历史学院范佳翎认为，如何科学利用大众传媒开展考古文博知识传播和公共教育，是公共考古实践的重要内容之一，也是考古学科的社会责任所在，是让社会公众充分认识我国考古工作重大成就和重要意义、坚定文化自信的重要举措。她以自己带领学生团队负责的微博账号"考古观察猿"的运营实践为例，探讨了新媒体环境下公共考古实践的策略和思路。

人民政协报记者付裕指出，随着人民群众文化自信的日渐提升，大众传播领域开始密切关注中华优秀传统文化的相关议题。"国潮文化"作为中华优秀传统文化创新性发展的代表之一，已经成为大众传播领域关注的新热点。"国潮文化"作为人们生活中的新兴事物，以本土化、民族化的设计理念，新潮、丰富、多元的产品形态，突破了固有的传播及消费渠道。"国潮"的兴起和发展，与公众考古的支撑和发展密切相关，二者之间存在许多重要且特殊的联系。在融屏时代，面对更多大众传播需求的公众考古，和以公众考古内容为依据的"国潮文化"设计制作，都面临着吸引更多大众关注、取得更多大众传播的目的。因此，寻找更多大众需求，巧妙利用公众考古相关内容，找到更多更好的传播方式，也是未来融媒体时代公众考古继续发展的必由之路。

（三）虚与实：公共考古的探索与展望

公共考古学作为一门分支学科，自然也少不了理念等方面的进一步探索。郑州市文物考古研究院刘文科认为，当今时代和社会对公共考古学提出了更高的要求，首先，对古代文化遗存阐释的科学与否是一个时代物质文化综合实力的集中体现，公共考古学的研究也不能仅仅局限于阐释这种单一的功能，应建立多学科参与的大数据平台，使考古资源得到全方位、多角度分享与研究；其次，公共考古学的兴起是时代发展的必然趋势，坚持考古学的大众化，不应仅着眼于考古遗存的本体，以公众为中心的文化自觉是应该必须坚持的原则之一；最后，作为社会公共教育有力的组成部分，公共考古学早已突破了学术研究的范畴。

天津市文化遗产保护中心张瑞结合自己的实践认为，中国水下考古逐步探索出了一条适合在我国沿海水域开展水下考古项目的工作理念、方法和技术之路。在这个探索与实践的过程中，中国水下考古在公共考古领域不断努力与尝试，通过各种各样的互动形式，向全社会传达了水下考古工作在重新构建、拓展考古学的目标和任务中所做出的卓越贡献。

浙江省文物考古研究所所长方向明研究员介绍了浙江在中华文明中的重要地位，他认为，深入发掘浙江文化底蕴，研究浙江考古与中华文明，是浙江考古义不容辞的使命与担当。他指出，面向未来，浙江考古工作者积极主导、参与"中华文明起源和早期发展综合研究""考古中国"等重大项目，围绕世界稻作农业起源、中华文明起源、浙江历史发展脉络等重大问题，继续探索未知、揭示本源，立足上山文化、河姆渡文化、良渚文

参会代表发言

化、越文化、吴越国文化、南宋文化、青瓷文化、海洋文化、石窟寺等重点方向开展考古研究，切实打造一批具有较高知名度、鲜明辨识度的浙江文化标识，全面展示以"10000年上山""5000年良渚""1000年南宋"为代表的浙江历史文化的深厚内涵和独特价值。

二、公共考古的国家舞台：央视考古节目分享会

近年来，中央电视台制作了一批很有影响、深受欢迎的考古类电视节目，本次专业委员会专门邀请了两位央视栏目编导现身说法，介绍各自负责节目的拍摄与制作过程。

（一）蔡一帆："考古进行时"节目的拍摄与制作

"考古进行时"是中央广播电视总台科教频道和中国社会科学院考古研究所共同策划、共同打造、共同出品的一个考古节目品牌。首播于2014年，经过三年的探索与尝试，2017年正式确立了"进行时态"的节目制作风格，为此专门制定了工作手册。创作团队以手册为准则，实现了规模化、持续性的节目生产。目前"考古进行时"节目一年播出四季，每季播出8～12集，全年共播出40集左右。节目播出后，取得了优异的收视与社会反响，获得了中国考古学会公共考古奖金镈奖，成为国内历史考古类节目的著名品牌。

蔡老师以"考古进行时"为例，对栏目考古类节目进行了具体分析。特别指出了节目最鲜明的特点为其所秉持的"进行时态"，具体表现为选题的"进行时态"、拍摄和编辑的"进行时态"及"进行时态"所起到的独特作用。比如，选题范围限定为国内外正在发生的考古发掘和考古调查项目，包括考古田野发掘和实验室发掘。另外，在拍摄过程中严格按照考古发掘流程，在不同的时间内，对考古发掘活动进行持续的、真实的记录拍摄，杜绝了"再现"的表现手法，突出了对文物发现、清理和提取过程的全方位记录。通过镜头，让观众真实地看到发掘的过程和文物的细节，真实地表现出考古的科学严谨和艰苦，也记录下考古工作中种种突发情况和不确定性。通过真实记录和真实表达，达到"戏剧性"的观看感受。

在后期编辑中，"考古进行时"也采用了规范化的包装方式。首先，在节目中运用动画技术制作了地图展示环节，分别对应考古发掘地点从省、直辖市—地级市或地区—县—乡镇的四级行政信息，直观地明确了考古发掘的地点。同时，全片中至少出现八次左右的时间进度条，将拍摄的时间确定到具体的某月某日，几点几分，既保证了真实性，又突出了时

效性与紧张感，这些后期编辑中的统一规定，成为"进行时态"的具体体现，同时也成为"考古进行时"的标志之一。

"进行时态"的具体作用表现为以下三个方面：首先，"进行时态"的确立，可以有效地简化逻辑，在节目整体架构和逻辑推进上，做到"化繁为简"。其次，"进行时态"的确立，可以对大型的考古活动进行全面的、持续性的关注。最后，"进行时态"在考古节目中的运用，体现了纪录片记录真实的本质特征。

"考古进行时"节目自开播七年来，作为纪录片形式的节目，取得了优异的收视与反响。通过对选题和拍摄编辑中"进行时态"标准的建立和执行，"考古进行时"确立了自己的节目风格，在逻辑上做到化繁为简，在叙事上追求深入浅出。遵循科学性与严谨性，贴近观众的收视心理与收视需求，最终被广大观众和考古学界接受和喜爱。

（二）王珊："考古公开课"节目的拍摄与制作

"考古公开课"节目的宗旨是听考古人讲述自己的故事。第一个核心问题就是选人。栏目的选人标准是只有考古人才能担任节目的主嘉宾，可以邀请其他领域的老师参与节目作为辅助和补充。据制片人王珊老师统计，从2019年10月到最近一期，一共播出了73期原创节目，共邀请了100位嘉宾参与节目。100位嘉宾中大约有80多位都是考古界的老师，其中绝大多数都是从事过田野发掘的一线考古人员。是真正意义上的考古公开课。

选人之后的第二个重要问题就是选题。据统计，至今播出的73期纯原创节目基本涵盖了考古的全领域，旧石器、新石器、夏商周、秦汉、隋唐、宋辽金元、水下考古、动物、植物、人骨考古、古DNA、石窟寺、古建筑等，"考古公开课"全部都做过整集的专题讲述。而且最重要的是，"考古公开课"节目不是冷冰冰的科学描述，而是带着情怀和温度。

在经过一年的摸索和广撒网式的尝试后，栏目在2021年开始进行主题策划。2021年春节时推出了4集系列节目"寻找古老的中国"，分别聚焦石峁、陶寺、石家河和良渚遗址，这4个考古项目都有共性和内在逻辑，把它们聚在，嘉宾们的讲述非常感人，取得了不错的收视效果。同时，在2021年3月，首次尝试了大屏现场直播，连续4天，每天90分钟"解谜三星堆"，跟央视新闻频道同步推出。这次直播最大的亮点就是演播室嘉宾的现场解读，这是另一种考古公开课的打开方式，以后如果有机会，还将继续尝试。

"考古公开课"2021年的重头戏是正在播出的系列节目"百年考古

参会代表发言

大发现"，本节目共12集，专门为纪念中国考古百年量身定制，由节目组和中国社会科学院考古研究所、北京大学的专家们共同遴选了36个考古项目，共邀请43位嘉宾参与节目。节目分"考古学的开端""文明肇始""玉见文明""何以中国"等12个主题，每集介绍2～3处遗址，以仰韶村遗址的发掘作为考古学的开端，以中华文明发展史作为脉络，全面回顾一百年来中国考古学取得的重大成果。

接下来，栏目还要制作一个年度重点项目就是中央广播电视总台2021年度国内国际十大考古新闻的评选和发布，将于2021年12月31日晚跨年夜重磅推出。另外，2022年度即将推出关于石窟寺考古系列节目，分别是敦煌、云冈、龙门和大足石刻。

三、聚焦三星堆：中国公共考古成功范例分享会

三星堆考古直播无疑是本年度最吸引社会大众的公众考古实践，专业委员会特地邀请了该项目现场负责人冉宏林和许丹阳与大家分享心路历程。

（一）冉宏林：火热的三星堆与"三星堆热"

冉宏林指出，三星堆丰富多彩的文物发现是造成"三星堆热"的基础。1986年三星堆1、2号祭祀坑的发掘给公众展示了三星堆神秘的吸引力。2021年5月以来，三星堆两度"上新"，3～8号坑新发现的大量文物更是进一步让三星堆热了起来。六大"祭祀坑"已出土文物超过数千件，各坑所获不同，但都给人不小的震撼，引起了大家探索的兴趣。特别需要提出的是，新的工作理念及方法也助力了三星堆热。比如搭建的考古发掘大棚、搭建的恒温恒湿箱、远程专家系统、大兵团作战等。同时，国家领

导人及各级各部门领导也非常关注、关心支持三星堆考古发掘工作，这些都为三星堆公共考古提供了支撑。

他认为，可以从天时、地利、人和三方面来解释为什么会出现"三星堆热"。习近平总书记2020年"9·28"讲话，体现了党中央和国家对考古事业的关心、关怀及大力支持。特别是2021年是中国共产党成立一百周年和中国考古学诞生一百周年。考古发掘及其研究也助力于实现中华民族伟大复兴中国梦。有以上这些天时，2021年肯定会出现一个具体地点的考古热，而三星堆很幸运地被选中了，成为一个典型而被大力宣传。地利方面，主要体现在大量精美的文物发现及前期的考古发掘基础。人和方面体现为，数十家单位各司其职，通力合作，发挥各自优势。有着行政部门的指导，有着各方面媒体的长期合作，还有中国社会科学院考古研究所、北京大学考古文博学院等学术咨询单位的大力支持与帮助，使得这次三星堆考古发掘与研究工作成果非常震撼。

最后，他谈了个人体会：一是三星堆公共考古的几个关键举措：①坚持舆论导向；②坚持节点把控；③坚持科学管理。二是三星堆公共考古的几个关键词：开放——边发掘边把成果向外公布；科学——科学的研究、科学的报道；趣味——报道的趣味化处理；年轻——无论是考古发掘还是后期报道都是坚持年轻化，拉近考古工作人员与爱好者之间的距离；多样——宣传报道的多样性，如直播、纸媒体、央视频、新闻等。

（二）许丹阳：从一个三星堆年轻考古发掘者的视角谈体会

自三星堆发掘以来，已有80多家媒体采访了许老师。一开始，他还觉得比较纳闷，为什么这些媒体愿意采访他这样一个普通的年轻考古工作人员，在后来的采访、聊天过程中发现，媒体特别愿意从年轻考古工作者

参会代表发言

分组研讨会现场

的视角进行报道。通过报道,让更多人了解到考古工作的开展过程及文物发掘的全过程。同时,也了解到考古工作及考古人所做工作的重要性。社会大众开始逐渐认识到了真实的考古人,开始认可考古工作和考古人。公众了解考古、认识考古,需要通过类似三星堆这样重要的考古发现为基础。同时,以多媒体为手段,以群众喜闻乐见的方式介绍公众考古,当然,最终还是以考古成果的深入研究与阐释为目标。

公共考古专题研讨会最后,由公共考古专业委员会常务副主任刘国祥研究员做学术总结。他指出,这次分组研讨,参会代表们进行了充分热烈的分享与交流,这其中既有对过往历史的回顾与总结,也有公共考古的实践活动,更包括对中国公共考古学新的探索。本次研讨充分展示了中国公共考古学的过去、现在与未来,特别是勾勒出了中国公共考古学未来发展的新趋势和广阔前景,也构筑起了稳定的学术交流平台,为中国公共考古学的研究和发展做出了重大贡献。

执笔:王　涛　罗武干
审核:刘国祥

丝绸之路考古专业委员会

时　　　间：2021年10月18、19日

地　　　点：文博城四楼4-1会议室

主　持　人：安家瑶　张建林　单月英　张良仁

线下参会代表：王建新　罗丰　马健　段勇　赵丰　霍巍　沈睿文
　　　　　　　冉万里　张景明　陈彦堂　马强

线上参会代表：杨益民　贺逸云　刘呆运　王煜　任萌　于春　扎西次仁

　　2021年10月17～20日，在河南省三门峡市召开了第三届中国考古学大会（2021·三门峡），大会以深入贯彻落实习近平总书记"9·28"重要讲话精神，围绕"建设中国特色、中国风格、中国气派的考古学"这一主

线下参会代表会场合影

题开展交流研讨活动。

此次丝绸之路考古专业委员会有12位学者做学术发言（线下9人，线上3人）。学术报告讨论议题广泛，围绕文化遗产保护、文化交流、我国境外丝绸之路考古工作现状、丝绸之路佛教考古、丝绸之路文物展陈、丝绸之路瓷器、草原丝绸之路、海上丝绸之路出水文物、匈奴考古、印度-太平洋玻璃珠、考古新发现等专题展开，分别汇报了国内外丝绸之路考古的新发现，以及陆路丝绸之路、海上丝绸之路、匈奴考古、吐蕃考古等研究新进展。

安家瑶、张建林、单月英分别主持了不同议题的讨论和评议，张良仁做了专业委员会会议总结。

上海大学段勇教授"全球气候变暖对丝绸之路文化遗产的威胁及对策研究"的学术报告，指出丝绸之路文化遗产的重要性及特点，在过去长期高温干旱少雨的自然环境下，丝绸之路沿线以岩土和木结构为主的洞窟、建筑、道路遗存，以及地表和地下丰富的丝质、纸质、木质、陶土质、金属质等各种材质的珍贵文物，历经千百年仍有大量幸存至今，构成丝绸之路文化遗产的物质形象和主要特征。进而分析了丝绸之路文化遗产面临的洪水、暴雨等气候变化给沿线文化遗产带来的巨大威胁，并提出对策：应全面加快对丝绸之路沿线文化遗产的调查，摸清现存数量、类型、分布及状况；要从指导思想上将防雨防水作为丝绸之路文化遗产预防性保护的重点方向，开展相关宣传、教育、培训，改变过去干旱少雨环境下的传统应对思路；对于地面土木建筑遗存应研究搭盖合适的保护设施的可行性和必要性，对地下文物密集埋藏区应研究建设防雨、阻水、排水设施等，如有必要可组织抢救性考古发掘；还要积极开展国际合作，在更大范围内有效保护人类共同的丝绸之路文化遗产。

陕西省考古研究院张建林教授以"唐风远播：波尔巴仁遗址与阿克·贝西姆遗址的唐朝风格建筑"为题做了学术发言。他指出，唐代高度发达的文明为周边国家所仰慕，无论制度还是物质文化均成为学习模仿的对象，唐代的建筑形式和建筑技术即为一例。日本和朝鲜半岛7~9世纪的建筑几乎全盘"唐化"，并遗韵流长。远在漠北的回鹘政权不仅在王庭哈拉巴勒嘎斯建造了唐风的宫殿，还在今图瓦境内的波尔巴仁（Пор-Бажын）建造了唐风的夏宫。吉尔吉斯斯坦楚河流域的阿克·贝西姆城址已被学界认定为安西四镇之一的碎叶城，近年也发现了唐代风格的大型建筑遗址。一北一西两处遗址发现的唐代风格建筑都有夯土台基、砖铺散水以及屋面的筒瓦、板瓦、莲花瓦当等遗迹、遗物，与中土大唐的同类建筑几无二致，充分体现出唐帝国对周边地区的强烈影响。

中国丝绸博物馆赵丰教授做了"斯坦因所获敦煌丝绸的整理与研究"的学术发言。斯坦因在1907年第二次中亚探险和1913年的第三次中亚探险过程中，从敦煌获取了大批出自藏经洞的丝绸和纺织品文物，随后带到英国，之后分藏于大英博物馆、V&A博物馆和大英图书馆等地，也有一部分收藏于印度新德里国家博物馆。报告分三个阶段回顾了这批丝绸的整理、保护和研究，并指出这一项目不只是大英博物馆所藏，而且包括大英图书馆、V&A借藏的印度收藏品中的敦煌丝绸。这使大英博物馆开始重视敦煌丝绸的科学研究和保护修复，特别是对于敦煌丝绸染料分析和对凉州瑞像刺绣的揭展修复。目前来看，这一研究还将深入，并与其他地方如法国吉美、俄罗斯艾尔米塔什以及中国敦煌和旅顺所收藏的敦煌丝绸一起合作研究。

西北大学王建新教授"我国境外考古的现状与展望"介绍了中国境外考古工作的历史与现状，包括20世纪末之前我国境外考古工作的缺失，20世纪初我国境外考古工作的开端，"一带一路"倡议与我国境外考古工作的开展等，指出我国境外考古工作存在的主要问题：缺乏稳定的研究经费支持，部分境外考古项目学术目标不明确，国外考古资料和成果编译出版工作亟须加强。并且对未来我国境外考古工作进行了展望，即加强区域、国别的考古研究，加强丝绸之路考古研究，开展世界古代文明比较的考古研究，开展考古资料和成果的编译（外译中和中译外）出版工作等。

西北大学冉万里教授以"从盝顶龛到屋形龛——从刻意模仿到替换、装饰所反映的问题"为题做了报告，指出在佛教造像中，往往将造像雕刻或者绘制在不同形式的龛中，龛成为造像的重要表现形式，它是在对现实中的建筑进行模拟和图像化的基础上产生的，对于造像而言具有重要的辅助功能。认为在不同的地域和不同的时代，龛的形制有所不同，表现出较强的地域性特征、民族性和时代特征，这些特征对于探讨佛教造像的影响和传播具有重要意义。从盝顶龛到屋形龛，特别是表现特定题材的龛，经历了一个明显的从刻意的粉本模仿到中国化的过程，是佛教造像艺术中国化的一个活标本。

河南省文物局陈彦堂副研究馆员以"丝路文物诠释和表达方式的观察与思考——以阿富汗国家宝藏展为中心"为题做了学术报告。重点介绍了该展览。指出展览主要由阿富汗四个最重要的考古发现构成，因此也可以视为阿富汗考古成果展，但与其他文物展览不同的是，这个展览的缘起并不是策展人的学术主动而是由于塔利班对非伊斯兰艺术的排斥。展览在世界30余个国家长达20余年巡回展出。国际社会既表达了对阿富汗文物悲惨际遇的同情，也表达出对丝绸之路学术问题以及阿富汗历史文化的不同

主持人与参会代表发言

观点。延至后来，当该展览在巡展过程中成为策展人有意为之的时候，即便是对同一批文物，不同的展览却有着不同的诠释，表达方式更是千差万别。由此反映出策展理念对丝绸之路文物的诠释的深刻影响。因此，借由政治局势突变而导致的阿富汗国家宝藏的世界巡回展览，事实上构建了一个丝绸之路国际学术讨论的平台，但这并不是这批文物国际巡展的初衷。同时指出国内丝绸之路主题的文物展览，策展人与主办单位的展览理念和动机都非常明确，就是以凸显丝绸之路这一宏大主题为最终学术目的。因此，中国境内的丝绸之路文物展览事实上同样是一个有关丝绸之路的学术讨论和展示平台。但有所不同的是，一是展览主题的设定主动而且明确，二是展品的选取最大限度地呈现了最新的考古成果，三是讨论的范围侧重于中国区域文化，巡展各站对展品的调整和诠释方式也服务于这一目的，但由此也产生了缺乏对丝绸之路宏观审视的问题。报告认为通过典型案例的比较，可以期待国内外丝绸之路主题的文物展览在策展理念和展陈方式方面更加多元化，对丝绸之路这一学术概念的诠释更加专业化，同时，更多地顺应政治形势的变化。

南京大学张良仁教授"中外陶瓷技术交流：以伊朗青花陶为例"以近年来张良仁教授团队在伊朗北呼罗珊省纳德利土丘的考古发掘材料开展研究。在一个喀伽时期（1785～1925年）的灰坑里发现了一些釉陶和青花陶片，这些青花陶片的器形为中国风格的盘和碗，其花纹也像中国青花瓷，但是它们不是中国产品，而是仿烧品。通过对采集的部分样品做科学分析，发现其胎料为沙子＋玻璃＋黏土，釉料为胎料＋草木灰/泡碱，而着色剂为钴、铬、铁。这些都是阿拉伯世界传统的制陶原料。阿拉伯世界普遍缺乏高岭土和瓷土，但是古代陶工创造性地利用本地盛产的沙子、玻璃和黏土烧造出了既薄又白的熔块胎，上面再用钴、铬和铁等颜料彩绘，生产了青花陶。青花瓷是我国8世纪，也就是唐朝晚期创烧的瓷器。创烧以后，很快销往阿拉伯世界，并引发了仿烧品青花陶的出现。青花瓷在宋代衰落，而阿拉伯世界也停烧了青花陶。元代以后，我国重新烧造青花瓷。和唐青花一样受到了阿拉伯国家各个阶层的欢迎。它们不仅大量购买，而且大量仿烧我国明清时期的青花瓷。其中萨法维时期的几个伊朗中心生产的青花陶达到了以假乱真的地步。在明末清初中国青花瓷出口锐减的年代，萨法维青花陶就替代中国产品出口到欧洲、印度和南非。报告指出，我国不仅向阿拉伯世界输出了广受欢迎的陶瓷，而且刺激了当地仿烧产品的发展。

北方民族大学张景明教授做了题为"草原丝绸之路东端起点的考古学探讨"的学术报告。指出目前对于草原丝绸之路的研究多关注起点和走向以及形成时间等问题，由于专家学者的不同学科背景，对这些问题的研究出现了多种认识，有的提出草原丝绸之路的整体起点和走向，有的讨论草原丝绸之路东西向南北道的起点和走向，有的探讨草原丝绸之路各个时期的起点和走向，从而形成不同的认识和看法。总括起来，学术界对草原丝绸之路的性质鉴定为横跨欧亚草原和连接中国南北方的交通干道，在商贸往来、文化交流、民族交融等方面起到很大的作用。对于草原丝绸之路东端的起点问题，应该以实事求是的客观态度分阶段去考证。历史时期的草原丝绸之路，主要是出于商贸往来，然后带动文化交流和民族交融，必须

参会代表发言

以城市为依靠，才能进行商贸活动。所以说，东端起点的考证，需要有具体的城市作为支撑，而不应该泛指笼统的地域概念。根据草原丝绸之路的概念和内涵，结合考古学资料，报告认为早期缺乏普遍的商贸往来现象，多为文化上的交流，可以称之为"文化通道"，直到匈奴统一北方草原以后，才算是正式开通，时间约在公元前2世纪。在以后的历史时期内，各阶段东端的起点都有所不同，如汉朝的龙城、两晋十六国的龙城、北魏的盛乐和平城、唐朝的单于大都护府和营州、辽朝的五京、金朝的上京和中都、元朝的上都和大都，明清时期开始走向衰落。在历史上，古代草原丝绸之路沿线上的族群迁移、商贸往来、文化交流等，促进了世界各民族的融合和文明传播的发展，为构建人类命运共同体起到了很大的作用。报告最后提出时至今日，草原丝绸之路被赋予了新的时代内涵，融入"一带一路"倡议的总体规划之中，在沟通东西方和南北方商贸往来和文化交流中仍然肩负着重要的纽带作用。

北京师范大学单月英副教授以"汉朝贡纳体系下匈奴考古学文化的新变化"为题，指出重大历史事件通常会对相关政治体产生巨大影响，在汉匈关系中，匈奴呼韩邪单于稽侯狦称臣侍汉即是例证。历经西汉武帝的经年攻打和大风雪等自然灾难，匈奴帝国由盛转衰。宣帝神爵四年（前58年）开始，匈奴帝国进入五单于争立的内战时期。五凤二年（前56年），呼韩邪单于借助汉朝之力击败争立对手，重新统一匈奴，甘露三年（前51年），其朝汉称臣，匈奴帝国被纳入汉朝贡纳体系，汉匈关系进入长达半个多世纪的亲密期。在此期间，匈奴单于多次朝汉，汉朝的赏赐也逐次递增，匈奴统治阶层仰慕汉文化，汉文化对匈奴产生广泛而深刻的影响，最显著者当属单于名号的变化。从呼韩邪单于之子复株累若鞮单于开始，单于名号仿照汉帝谥号为"孝"之法，均称"若鞮"，即"孝"之意。报告还指出纳入汉朝贡纳体系对匈奴的影响是多层面的，大量已发掘的匈奴帝国晚期的考古遗存表明，这些影响广泛蕴藏于匈奴考

参会代表发言

古学文化中。报告对匈奴帝国晚期的城址、宫殿建筑、墓葬出土物品、岩画等考古遗存进行了全面梳理与深入分析，以揭示匈奴被纳入汉朝贡纳体系后在丧葬礼仪、衣、食、住、行等方面所发生的变化，以此为基础，结合文献记载，对这一时期的汉匈关系以及匈奴帝国崩溃的根源进行了全方位的阐释。

北京大学考古文博学院贺逸云博士以"'黑石号'江心镜为伪作镜考"为题做了发言，指出江心镜或水心镜是指唐朝推行千秋节期间所铸，始于730年，基本停止于756年。从目前所见文献记载来看，此类铜镜为天子镜，其镜背饰龙纹，用意明显。"黑石号"所出百炼镜炼制于乾元元年（758年），亦非当年的"五月五日"，而且其镜背八卦纹排列有误。可以确定该铜镜并非江心镜，颇疑其时去千秋镜停铸不久，是商家为谋利而继续仿制的伪作镜，只是因不谙相关规制而露出马脚。在商业活动中，造假以牟取暴利似乎是人性的普遍弱点，在丝绸之路贸易中也不例外。此类现象在今后的研究中应该引起我们足够的重视。

中国科学院大学考古学与人类学系杨益民教授做了"汉代印度-太平洋玻璃珠在中国的传播"的学术发言。印度-太平洋玻璃珠（简称"印太珠"）起源于印度南部地区，沿海上丝绸之路传播至东南亚及东亚各地，常被视为社会复杂化的象征。报告在梳理公元2世纪以前印太珠传播网络的基础上，重点讨论当时印太珠在中国的分布。通过对南阳出土的汉代印太珠进行激光剥蚀电感耦合等离子体质谱、拉曼光谱和可见光-近红外光谱分析，以确定珠子的成分体系、呈色机理、产地以及潜在的贸易网络。指出这些样品均属于钾玻璃，进一步可划分为两种类型：不透明红色珠子为m-K-Ca-Al类型，由金属铜颗粒致色，与南亚出土的红色玻璃珠非常相似；而其他颜色的珠子为m-K-Al类型，可能是从东南亚进口或在中国南方生产的。认为南阳出土的印太珠是中原地区目前最早的印太珠，反映了自公元前2世纪末以来海上丝绸之路的兴起与繁荣。大多数珠子所处的年代都处在陆上丝绸之路不稳定时期，可能反映当时东汉王朝进口海外商品更加依赖海上丝绸之路和江海联运。由于各地区缺乏此类珠子制作和传播的历史记载，凸显出科技分析在追溯其生产来源和传播路线的价值。

西藏自治区文物保护研究所扎西次仁馆员汇报了"西藏当雄墓地2020年考古发掘"的收获。当雄墓地位于西藏拉萨市当雄县当曲卡镇当曲村，海拔约4300米。2020年发掘的5座大型封土墓基本由地上封土和封土下墓室建筑组成，封土平面大体呈近圆形或方形，立面均呈覆斗状，边长（直径）20～42、高2.7～6.2米。封土主要以夯土层筑起，层面较为平整光滑。封土内部存在护坡墙结构，均围绕核心墓室所建，部分封土内发现石堆、

分组研讨会现场

灰坑等遗迹。封土下墓室形制主要有竖穴土坑石室墓和圆形穹隆顶石室墓两大类，均为多室墓，墓室外围有茔墙结构。葬式主要为二次拣骨葬，未发现葬具，有动物殉葬。发掘出土了金银器，狗头金、青金石、玛瑙、珊瑚、绿松石、玉石、珍珠等饰件，陶器（陶片），铜器，铁器残件，漆器残片，围棋子，贝类制品，骨制品等共约300件（套）。经 ^{14}C测年，墓葬年代初步定为7～9世纪，属吐蕃时期文化遗存，这为进一步了解西藏吐蕃时期考古学文化面貌、丧葬制度等提供了重要的实物资料，同时对于研究汉唐与吐蕃关系史，探讨物质文化交流史等具有重要意义。

执笔：马　强　马晓玲
审核：马　强

环境考古专业委员会

时　　　间：2021年10月18、19日

地　　　点：文博城三楼3-1会议室

主　持　人：王　辉　莫多闻　王树芝

线下参会代表：夏正楷　张居中　曹兵武　李春海　刘　辉　杨晓燕　毛龙江
　　　　　　　王　辉　张俊娜　左昕昕

线上参会代表：胡　珂　任小林　饶宗岳　鲁　鹏　张小虎　郭明建　李拓宇
　　　　　　　许俊杰　齐乌云　翟海国　王　霞　郭媛媛　韩　璐

2021年10月18日下午至19日上午，中国考古学会环境考古专业委员会学术研讨会在河南省三门峡市文博城3-1会议室举行。来自中国社会科

线下参会代表会场合影

学院考古研究所、北京大学、中国科学院南京地理与湖泊研究所、中国科学院自然科学史研究所、中国文化遗产研究院、河南省科学院地理研究所、陕西省考古研究院、河南省文物考古研究院、湖北省文物考古研究院、山东省文物考古研究院、兰州大学、中国科学技术大学、南京信息工程大学、暨南大学、福建师范大学、首都师范大学、北京联合大学、吉林大学、临沂大学、郑州大学等科研院所和高校的26名学者以线上、线下相结合的形式参加了本次分组研讨会议，20人分享和介绍了相关的研究成果。研讨过程中，还有来自社会各界的人士以线上形式旁听了会议。

本次学术研讨会发言内容分为三个专题，包括遗址与地貌、生业与环境以及环境考古和人地关系综合研究。会议分为三个阶段进行，分别由中国社会科学院考古研究所王辉副研究员、北京大学莫多闻教授和中国社会科学院考古研究所王树芝研究员主持。

一、遗址与地貌

该专题内容主要涉及环境考古学中的地貌研究以及特定遗址的古环境重建和分析，共有8位学者进行了宣讲。

北京大学城市与环境学院夏正楷教授做了题为"环境考古中的地貌学研究"的报告。通过近年来对不同时段、不同地区众多人类遗址的地貌调查和相关河流沉积的分析，对不同时期的遗址分布的地貌规律进行了总结。旧石器的古人类选择洞穴居住，但其主要活动在河漫滩上，尤其是在地势较高的滨河床沙坝上。旧石器晚期遗址主要分布在马兰黄土的古河道堆积中，对应于马兰黄土中的古土壤层（L_1S）。在旧石器向新石器过渡时期，随着新仙女木事件的结束，河流大规模下切，史称"板桥侵蚀"，新生的河谷中河流加积作用强烈，称"皋兰堆积期"，是河漫滩发育时期，河谷具有良好的小环境，人类活动在河漫滩上，靠采集狩猎生活，并开始认识和驯化植物，逐步向农夫过渡。新石器时代人类遗址的分布与河流阶地演变有密切关系，存在有多种模式。模式1：不同时期的遗址随阶地演变不断由高阶地向低阶地扩张（西拉木伦模式）；模式2：阶地已经形成，人类可以根据自己的需求，选择不同的阶地（洛阳模式）；模式3：有人类居住的阶地被后期河流堆积掩埋，形成复合阶地（喇家模式）；模式4：阶地的形成过程中，不断有人类定期到河漫滩上生活，造成组成阶地的堆积物中包含有多层文化层（灵宝模式）；模式5：泛滥平原经河流下切形成残丘（称崮堆），其中包含多层文化堆积（菏泽模式）等。在4000年前后复合阶地和相关洪水堆积的普遍出现，证明了当时史前异常洪水的存在。这

参会代表发言

场史前洪水事件给人类社会带来严重的破坏，但在一定的地貌和水文条件下，它也为华夏文明的诞生创造了有利的条件。

湖北省文物考古研究院刘辉研究馆员做了题为"石家河古城的水利工程与防御系统"的报告。石家河古城是目前长江中游地区发现的规模最大的史前城址，有着复杂的聚落结构体系。除了城垣、环壕，在古城的外围，沿环壕还分布着十多个人工堆积的黄土台地。除了形状规整、凸起较高的这类人工有意规划的台地和作为居住址的台地之外，还有一类明显呈带状分布、但未做他用的台地。通过GIS软件分析周边数字地表模型，结合周边地形以及各类水文资料，报告人得出如下结论：石家河古城东北部的京山坡—毛家岭台地，是一处重要的屈家岭—石家河文化时期的综合性水利工程，与石家河古城城垣、环壕、严家山—黄家山台地等一起构成一个复杂的防御系统，是石家河古城的配套工程和防御体系的重要组成部分。其兴建该水利工程的主要目的是汛期时将北部的洪水拦截，并通过毛家岭引水渠引向东部古河道，同时，也具有在枯水期时为古城周边环壕补水和供给城内生产和生活用水的功能。后石家河文化时期，随着气候变得干凉，北港湖的水位大幅下降，北部边界向南收缩，东南部低洼地的城垣已经完全被推平。石家河古城废弃后，环壕内基本干涸，京山坡水利工程失去了存在意义，随之也遭到废弃。西周时期，由于东北部土城的兴建，京山坡—毛家岭人工堤坝被大量取土，这一水利系统遭到彻底破坏，最终退出了历史舞台。

北京联合大学应用文理学院张俊娜副教授做了题为"中国西南地区气候变迁、地貌变化、古代迁徙通道与适应：四川罗家坝遗址的形成过程"的报告。虽然气候变化常被认为是古代人类扩张的驱动因素，但她认为地貌变化也可能在打开或关闭迁徙通道方面发挥重要作用。她对嘉陵江流域发现的新石器晚期罗家坝遗址开展的地学考古研究进行了介绍。研究结果表明，罗家坝古人类主要生活在季节性稳定的河漫滩上（距今5300～4800年），其遗物被埋藏在漫滩顶部的堆积物中。他们在靠近河道的漫滩前缘进行捕鱼、狩猎等活动，在受水流影响较小的河漫滩后缘建造简易房屋。在此基础上，进一步提出假说：在大约距今5500年之前的全新世大暖期，强东亚夏季风导致的高水位阻断了嘉陵江流域上游的通道；距今5500～5000年东亚季风强度减弱导致的一系列冷干气候事件之后，嘉陵江支流的水位下降，河漫滩逐渐堆积，开辟了一条进入四川盆地的新的迁移路线。

陕西省考古研究院胡珂副研究员做了题为"杨官寨遗址的兴废与其所在的泾河北岸地区全新世地貌水文条件变化的关系"的报告。杨官寨遗址是陕西地区重要的仰韶时代庙底沟文化和半坡四期大型聚落遗址，其存在时间为距今5760～4700年。在长期的发掘工作中，发现遗址文化层之上和之下都存在厚层的具有水平层理的水成沉积物。报告人通过对遗址内五处沉积剖面的测年和粒度分析，确认这些沉积物大部分为洪水平流沉积。沉积形成时代分为两段：距今41100～5980年和距今2980年至近代，说明这两个时间段是遗址周边地区洪水频发的时代。对遗址周边的考古调查也印证了实验分析结果。在此基础上，进行了以下推论：庙底沟文化之前的洪水频发造就了庙底沟时期遗址周边支持大量人口生产生活的地貌条件，距今5980年以来洪水的停滞为杨官寨遗址的存在和发展提供了时间窗口，但遗址的废弃应与洪水无关，具体原因还需深入研究。

河南省科学院地理研究所鲁鹏研究员做了题为"环境视角下的黄河流域新石器—青铜时代房屋形制演化"的报告。在过去的数十年间，考古学家在黄河流域发现大量新石器至青铜时代房屋，但影响房屋形制变化的环境与文化因素仍不明晰。报告人分别梳理了黄河上、中、下游新石器至青铜时代房屋的形制及其变化特征，讨论了房屋演变与环境和文化两种因素的相互关系。结果显示，黄河流域早期房屋具有相似的发展脉络，具体表现为以下阶段：①距今10000～8000年，黄河中游和下游地区出现了人类定居；②距今8000～7000年，整个流域均出现无墙的半地穴式建筑；③距今7000～6000年，人类开始营建矮墙的半地穴式建筑，同时出现了"木骨泥墙"式的地面建筑；④距今6000～5000年，超大型的房屋出现；⑤距今5000～4000年，房屋形制多样化，半地穴式建筑、窑洞，以及包括"木骨泥墙""夯土墙""垛泥墙""土坯墙"等多种地面建筑同时存在；⑥距今4000～3000年，原始宫殿开始出现。自然环境在早期房屋形制演化中扮演了重要角色。全新世早中期温暖湿润的气候特征为定居的出现创造了优越的条件。中全新世河流加积对地面建筑数量的增多产生重要影响。仰韶晚期木材的短缺与之后房屋形制的多样化关系密切。房屋建造方式的转变反映了不断变化的生态条件，以及资源限制驱动下的环境与社会实践之间的反馈循环。

河南省文物考古研究院张小虎副研究馆员做了题为"驻马店薛庄遗址古环境研究"的报告。驻马店薛庄遗址是一处重要的龙山文化遗址，遗址延续时间长，文化遗存较丰富，为了解不同时期的人地关系提供了线索。野外考察及室内实验分析表明：约仰韶晚期，薛庄遗址所在的二级阶地旁边有一次河流侵蚀沉积事件，在河漫滩上形成了牛轭湖沉积，持续到了夏商时期；西周时期再次出现一次侵蚀事件，之后开始发育湖沼，并且在遗址南部堆积了厚层的河流沉积；汉代薛庄遗址周围仍存在较大范围的湖沼沉积，人类文化仍受到洪水的影响。薛庄遗址不同阶段的人类活动均受到了水文环境变化的影响。驻马店薛庄遗址不同阶段的人地关系显示，这一地区由于其优越的自然环境，人类文化受自然环境影响较为显著，低平的平原地貌条件，使得水文条件的变化对人类文化产生显著影响。

首都师范大学学报编辑部李拓宇副编审做了题为"西藏昌果沟遗址地区环境背景分析"的报告。昌果沟遗址位于西藏南部雅鲁藏布江中游支沟阶地上，是新石器时期重要的农耕遗址。报告人重点介绍了遗址附近的一个全新世风成砂剖面（简称CGG）的研究进展及对其沉积物常量元素地球化学特征的分析结果，并同雅鲁藏布江流域中上游、青藏高原东北缘和黄土高原上未发现农作物遗存、仅发现粟或大麦一种遗存及发现粟和大麦两种农作物遗存附近风成剖面沉积物的结果进行了对比。报告人认为：①CGG剖面常量元素含量同雅鲁藏布江中游黄土剖面的基本接近，但同其他区域差异较大；剖面Al、Fe和K含量较高，高于雅鲁藏布江中上游、青藏高原东北缘未发现农作物和仅发现大麦遗存附近的风成剖面。②CGG剖面化学蚀变指数（CIA）值为57.22，属于低等风化强度，但高于雅鲁藏布江中上游、青藏高原东北缘未发现农作物和仅发现大麦遗存附近的风成剖面；剖面Ca含量/Mg含量为0.99，低于所有剖面；剖面K含量/Na含量为1.06，高于所有剖面；剖面硅铁铝率低于雅鲁藏布江中上游、青藏高原东北缘未发现农作物和仅发现大麦遗存附近的风成剖面。③CGG剖面同青藏高原东北缘发现两种作物遗存地区剖面常量元素和比值有一定相似性，如与仅发现粟或大麦一种农作物遗存附近剖面相比，Al、Fe和K含量较高、Ca含量/Mg含量较低。

山东省文物考古研究院饶宗岳助理馆员做了题为"焦家遗址大汶口文化城墙与壕沟使用过程的地学考古观察"的报告。山东大学考古与博物馆学系在焦家遗址发现了一批大汶口文化中晚期高等级墓葬、房址及城墙与壕沟等重要现象，并揭示了发掘区内"早期居住址—墓地—晚期居住址"的三阶段式聚落功能区的变化历程。报告人介绍了土壤微形态、粒度分析、植硅体等方法的应用，并以此为基础重建了焦家遗址大汶口文化中晚期城墙与壕沟"兴建—使用—废弃"的完整过程及其背后的聚落变迁历程。结果表明，焦家壕沟开挖于河漫滩相粉砂质沉积物上，先民使用开挖壕沟所得的沉积物修筑了第一期城墙。在壕沟使用期间，降水为沟内带来短期流水，土壤侵蚀堆积构成了壕沟内沉积物的主要来源。人类在壕沟附近的活动较为频繁，并利用清淤所得的沉积物修筑第二期城墙。最终，随着壕沟内侧聚落功能的变化，先民逐步放松了对壕沟的管理，城墙壕沟先后废弃。在其主要使用阶段，城墙、壕沟客观上发挥着阻挡来水、聚落防御的功能，其社会意义亦不应忽视。

二、生业与环境

该专题内容主要涉及环境变化与生业和文化发展的关系，共有6位学者进行了宣讲。

中国科学技术大学科技史与科技考古系张居中教授做了题为"末次冰消期及以后东亚文化格局的演进：一个文化迁徙的假说"的报告。对于新石器时代前期北方的平底器文化系统和南方的圜底器文化系统的形成、发展和融合，报告人从末次冰消期海平面大幅上升的角度进行了推演和分析。圜底器文化系统的共同因素只能是在近距离共同生存的情景之下长期形成的，空间范围似乎只有东海大陆架和琉球海槽周边可能性较大，几大河之间的入海口附近大陆架上宜居的地方可能都分布有人类群落。随着海平面阶段性的急剧上涨，海面急剧上涨100～120米，惊慌失措的人们大踏步地向陆地迁徙。冰消期及以后，大体距今7000年基本稳定下来，人类定居并发展农业。通过对比古南北方人群的基因组，发现早在9500年以前，南方人群和北方人群就存在分化现象。北方内陆族群和南方沿海族群因气候演化海平面上升导致的大迁徙事件促使南北文化大融合。该事件发生在距今9500～8500年间。代表亚洲北方人群的平底器文化传统最南缘的裴李岗文化，与代表亚洲东南部人群的圜底器文化传统的贾湖文化的强烈碰撞，不仅催生了鼎文化传统，逐渐扩大了影响范围，而且产生了影响中华文化数千年的礼乐文明的萌芽，逐渐形成了中华文明的特质，为此后中华文明的形成奠定了坚实的基础。

中国科学院南京地理与湖泊研究所李春海副研究员做了题为"早全新世气候事件对中国东南地区新石器文化和早期稻作农业的影响——以湖

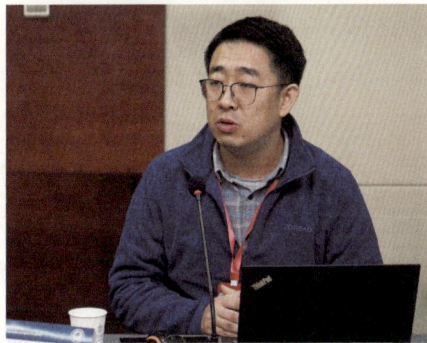

参会代表发言

西遗址为例"的报告。早期农业的起源和发展深受气候变化的影响。报告人介绍了浙江省永康市湖西遗址环壕剖面孢粉、地球化学（针铁矿和赤铁矿）和植硅体的相关研究结果，并据此重建了距今8700～8100年期间植被、气候环境和稻作农业的状况，对相关问题进行了探讨：①距今8700～8500年期间，气候温和较湿润，遗址周边主要生长以禾本科为主的草本植物，较高浓度的水稻植硅体表明稻作农业存在。②距今8500～8200年期间，孢粉浓度显著下降，针铁矿和赤铁矿比值揭示气候干旱，植硅体浓度在此期间发生明显的波动。在距今8500年左右，上山文化遗址数量显著减少，上山文化衰落。干旱事件可能是上山文化衰落的主要原因。③距今8200～8100年，孢粉浓度和地球化学指标指示气候转向湿润，水稻植硅体和中国芒浓度显著升高，这说明古人扩大稻作农业。永康湖西遗址多学科研究说明，干旱事件对早期稻作农业有显著影响。干旱事件促使先民认识到农业的重要性，加重对稻作农业的依赖，但不利的气候环境阻碍了稻作农业的扩展，一俟气候适宜，农业在生产和生活中的比重就迅速增加。

中国社会科学院考古研究所王树芝研究员做了题为"青海官亭盆地青铜时代遗址木炭遗存指示的生态环境与木材利用"的报告。利用剖面采样法在鄂家、辛家、清泉旱台、鲍家、二方、喇嘛峰、文家沟、中川农场8个考古遗址中采集了20份齐家文化时期和辛店文化时期的木炭样品，并对其中大于4mm的1544块木炭进行鉴定，发现有松属（*Pinus L.*）、云杉属（*Picea Dietr.*）、冷杉属（*Abies Mill.*）、杨属（*Populus L.*）、柳属（*Salix L.*）、桦属（*Betula L.*）、榆属（*Ulmus L.*）等38种木本植物。研究结果表明：在齐家文化时期官亭盆地阶地上分布着阔叶林和果树，黄土丘陵地带分布着针阔混交林，山地分布着寒温性针叶林，沟谷则分布了一些喜温、耐水湿类的植物；辛店文化时期，灌木明显增加，阔叶林中增加了榆属、榛木属、铁木属、黄栌属等树种，喜温、耐水湿类树种减少。气候重建的结果显示辛店文化时期的气候略差于齐家文化时期，但两个时期的年降水、年均温都略高于现今。官亭盆地先民对林木资源的利用主要集中于薪柴、建材以及食用、药用方面。

兰州大学资源环境学院杨晓燕教授做了题为"青藏高原的早期籼稻遗存：种植还是贸易"的报告。对第二次青藏高原综合科学考察中新发现的日喀则吉隆县孔桑桥遗址（2676m a.s.l）的植物遗存，以及文化层堆积物中的古DNA进行了研究，发现了炭化籼稻颖果、籼稻的古DNA序列，并提取和鉴定出水稻茎叶的扇形植硅体、并排哑铃形植硅体、大量乔松（*Pinus griffithii*）及其他植物的木炭。出土炭化籼稻的直接测年结果（656～774年）为公元8世纪前后的唐朝初期；木炭结果显示孔桑桥遗址所处环境为混生有少量针、阔叶树的乔松林；虽然水稻茎叶植硅体通常被认为是本地种植的证据，通过乔松指示的热量指标，结合青藏高原南部已有的古气候记录，认为孔桑桥遗址所处位置无法种植籼稻，这些水稻茎叶的植硅体可能来自于茎叶制品。蕃尼古道是唐代连通中国和印度、中国和尼泊尔的唐蕃古道的重要部分，孔桑桥遗址所在的吉隆沟是蕃尼古道的重要关口；结合周边的考古资料和文献记载，推测驯化于南亚北部、于公元8世纪前后进入青藏高原南缘的籼稻，很有可能通过唐蕃古道继续传播，并进入中国东部地区。

福建师范大学地理科学学院左昕昕副研究员做了题为"东南沿海地区早期水稻种植的微体化石证据及其与环境变化的关系"的报告。该研究对位于闽江下游的大坪顶遗址进行了详细的植硅体分析，在曾经出土过东南地区最早水稻遗存（约距今7500年）的遗迹中发现了大量来自水稻茎叶的植硅体类型，并且在该遗址早期遗存的陶片中发现了稻壳印痕，陶土的植硅体分析也发现了典型的水稻植硅体类型，指示水稻驯化程度的鱼鳞纹饰＞9个的水稻扇形植硅体占比超过30%，远高于已经建立的野生稻水稻扇形鱼鳞纹饰标准，说明早在距今7500年前后东南沿海地区的先民就已经开始种植水稻了，这更新了前人关于东南沿海地区不存在早于5000年原始农业的认识。对比区域早中全新世海平面与海岸线变迁的历史，报告人认为东南地区早期水稻种植的出现与中全新世的高海平面和福州盆地的最近一次海侵相关，高海平面驱使的不断后退的海岸线和海侵形成的"福州湾"为北方稻农的南下提供了良好的天然通道，这种新石器早期东南海岸带地区的人海关系与北方长江下游地区的海进（侵）人退的关系形成鲜明的对比。

郑州大学历史学院许俊杰副教授做了题为"溱水流域全新世环境演化与聚落、生业经济关系"的报告。该研究通过对溱水流域区域地貌调查及多个沉积剖面的研究，重建了晚更新世晚期以来研究区地貌、水文演化过程；借助于仰韶中晚期柿园遗址的植物浮选结果，梳理并重建了溱水流域新石器早期至二里头不同时期的生业模式；最后，探讨了全新世早中期环境演化同聚落、生业模式变迁的关系。研究结果表明，晚更新世晚期，溱水流域处于快速、持续的淤积阶段，河谷为厚层的次生马兰黄土所填充，距今9000年，河流下切，T3阶地形成；距今9000～4000年，溱水又处于不断加积状态，河谷两岸存在着多个小型的湖沼；距今4000年前后，柿园遗址附近河流下切，T2阶地形成；距今4000年之后，溱水又经历多次的淤积与下切，并最终在历史时期形成了T1阶地。柿园遗址植物浮选结果表明，仰韶文化晚期溱水流域开始了稻粟混作农业，只是这种生业模式只存在于河谷地带及中大型聚落中，其他丘陵及高台地地区仍旧以粟黍等旱作农业为主；龙山至二里头文化时期，水稻种植扩散至河谷地带的中小聚落；但总体来说，溱水流域新石器早期至二里头文化时期先民仍以旱作农业为主，新石器末期多种作物的出现提高了先民承受自然灾害的能力，并对早期中华文明的形成起到了加速作用。

三、环境考古和人地关系综合研究

该专题内容主要包括有关人类活动、古环境和人地关系的一些综合、宏观的研究与思考，共有6位学者进行了宣讲。

北京大学城市与环境学院莫多闻教授做了题为"中国环境考古百年发展历程"的报告。研究者将环境考古学在中国的发展划分为前后两个时期，即20世纪20～60年代环境考古研究的初创和早期发展时期，20世纪70年代至今环境考古学科的建立和快速发展时期。20世纪20～60年代，随着中国考古学的兴起和初步发展，中国的考古学家和地质学家，以及一些被中国政府聘任的地质学家和考古学家，在对一些重要遗址进行考古发掘

参会代表发言

和研究的同时，也进行了一些环境考古方面的研究。这一时期，环境考古的学科概念尚未提出，与环境考古相关的研究实践主要是针对考古遗址的地层研究和遗址及邻近区域的地形测绘、地貌与沉积过程的研究、大量动植物遗存的研究、气候与环境的推测性分析。20世纪70年代以来重视环境的考古学理念显著增强，古环境与考古学研究的结合逐渐增多，环境考古学科逐渐建立起来并迅速发展。尤其是20世纪80年代环境考古学科的概念提出之后，研究队伍不断发展壮大，学科建设不断完善加强，许多新的自然科学技术得到应用，相关研究课题大量增加。由此，在全国范围内开展了大量的环境考古研究，研究内容涉及所有自然环境要素和人类文化要素，取得了非常丰硕的成果，形成了遗址形成过程的环境考古研究、古代自然环境与人类行为相互关系研究、遗址和区域的环境考古综合研究、古代人类文化变迁机制的环境考古研究等主要学科领域。

中国文化遗产研究院曹兵武研究馆员做了题为"大仰韶与龙山化——管窥史前中国文化格局的关键性转变"的报告。仰韶文化的形成与解体，是早期华夏形成过程中的重大事件。仰韶文化可以说是中国史前最早以南稻北谷两种农业文化融合形成的、以农业经济为基础的多元一体格局中的一支区域性文化，因借助了全新世大暖期的良好时机和黄河中游的区位优势，向北方和西方黄土高原地带大规模扩张，从而奠定了早期华夏族群的人口、语言与文化等基础。而仰韶文化盛极而衰之后的解体及其引发的龙山化转型，不仅在仰韶故地形成诸多源流复杂的后仰韶文化，而且还因为小麦、牛羊等新经济因素的引入，较早开启了人口、经济、社会和文化的相互碰撞重组以及交叠融合，正是在后仰韶时期的龙山时代的区域竞逐过程中，各地普遍开始了自己的文明化进程。作为仰韶故地核心的中原地区经过对四面八方各种文化因素的兼容并包和融合创新，加上黄河中游地区冲积平原的发育形成，为史前中国相互作用圈中各区域性文化传统提供了新的逐鹿之地，使得二里头文化在区域文化传统间日益强化的竞争过程中最终脱颖而出，确立了早期中国文化相互作用圈中的华夏正统地位。

南京信息工程大学海洋科学学院毛龙江教授做了题为"长沙铜官窑文化兴衰的环境背景研究"的报告。长沙铜官窑遗址附近石诸坪剖面很好地记录了近1500年以来（唐中晚期以来）野火历史以及人类社会活动的演变过程。通过野外采样和分析测试，参照可靠OSL、AMS-^{14}C测年和考古数据断代，利用沉积物中高分辨率炭屑和黑炭数据，探讨该区域1500年来的火灾与气候干湿、洪水、植被和人类生产方式变化的相互作用过程。结果表明：距今1350～1180年期间（650～820年相当于唐朝中晚期），由于此时长沙铜官窑正处发展鼎盛时期，区域生物质燃烧明显增强，大量山林遭受焚毁，致使该区域山林植被覆盖大幅度下降（70%下降到50%），导致该流域范围内水土流失加剧；距今1180～600年（820～1400年，五代、宋元时期），气候波动频繁，由于持续性强降雨，该区域处于洪水高发期，而此时铜官窑面临衰落，区域生物质燃烧保持较低水平；距今600年至今（1400～1911年，明清时期），气候寒冷而湿润，随着该区域人口不断增长，人们垦殖和樵采活动日益严重，使得区域生物量燃烧的规模达到前所未有水平，生态环境进一步恶化。近1500年的炭屑和黑炭记录表明未来火灾模式可能取决于季节性季风气候变化和人类土地利用相互作用及其对东亚季风气候的响应。

暨南大学文学院郭明建副教授做了题为"万年前后华北地区先民与环境的互动"的报告。距今10000年前后，华北地区的气候在整体向暖湿发展的过程中，发生了新仙女木和距今8200年两次降温事件；在动植物资源方面，最大的变化则为披毛犀、猛犸象等大型动物的灭绝。这一时期，华北地区的遗址经历了距今13000～11000年期间的繁盛期、距今11000～9000年期间的衰退期以及距今9000年之后的复兴期。通过环境与文化的对比研究，发现距今13000～11000年期间，新仙女木事件对人类活动的影响不大，先民依赖发达的细石器技术等，发展出强化的狩猎经济；距今11000～9000年期间，由于披毛犀、猛犸象等动物的灭绝，遗址严重衰退，先民发展广谱经济以适应恶劣的环境；距今9000年之后，尤其随着距今8200年降温事件的结束，华北地区陆续进入发达的新石器时代定居社会。

中国社会科学院考古研究所王辉副研究员做了题为"对古代人地关系研究的几点思考"的报告。他认为，人地关系是人群的技术、社会结构、认知等文化特征在特定自然环境中的反映。其中，人类活动具有第一性的地位，发生于一定自然条件下的人类活动形成了人地关系。在客观的自然环境所产生的限制作用的基础上，人类对自然环境的认知是影响人类活动的更为直接的因素。这种认知取决于行动者的文化传统、技术储备、社会阶层乃至思想意识等。因此，不可能用单一的环境因素来解释复杂的文化和社会现象。因为自然环境本身并非影响人地关系的唯一因素，而且与此相关的环节也只是一个复杂过程中的部分内容。另外，古环境研究所揭示的古代自然环境状况与古人所需的自然条件之间也还存在一些不匹配的现象。而且，不同性质的人类活动对环境条件的需求还有时间尺度上的选择，比如旱作农业所要求的只是夏半年的雨热同季。这些因素导致两者之间的相关性存在不同程度的缺失。人地关系视角下的古环境研究应该以了解古人类活动的特点为基础，对自然环境作用的认识也要置于文化系统的大框架之中，在文化与环境的互动中考虑自然环境的意义。

中国科学院自然科学史研究所任小林助理研究员做了题为"嵩山东麓晚更新世晚期—全新世环境演变与人地关系"的报告。他通过对嵩山东麓双洎河流域多个剖面的光释光测年和理化指标分析，探讨了中原地区晚更新世晚期以来的气候变化、地貌演化与人地关系。约距今50000年到晚更新世末期，双洎河中游沉积了20米厚的河湖相沉积和冲积次生黄土。晚更新世晚期至全新世之交，双洎河流域不同地点均有不同程度的下切。总体来说，这次下切的规模和幅度都不大，干支流主要河段只下切数米左右。这次下切之后，溱水中下游从距今8000～4000年之间是个持续加积的过程，也是第二级阶地（T2）堆积物逐渐形成的时期。河谷与阶地、台地之间的高差较小，湖沼广布，是气候、地貌、水文环境最适宜的时期。约距今4000年之后，双洎河干支流发生一次下切，规模逐渐加大，其中干流中游的下切幅度最大，深度达15米以上。沿河地带晚更新世末期形成第三级阶地，全新世中晚期形成第二级阶地，适宜人类活动的区域不断扩大。仰韶时代，人类聚落逐渐从山前黄土丘陵向更低、更平坦的河谷平原扩散，这与仰韶时代生业模式的转型（农业取代狩猎采集经济成为主

分组研讨会现场

体）密切相关。龙山时代，聚落有进一步向干支流河谷地带汇集的趋势。全新世中期嵩山东麓优越的地貌、水文环境和土地资源，为农业的扩展、聚落的扩大和古城址的出现提供了环境条件。

会议最后进行了简短的闭幕式，由北京大学城市与环境学院莫多闻教授做了会议总结。他认为，本次研讨会反映了中国近些年环境考古的一些可喜进展：首先，包括沉积物古DNA在内的一系列古环境和人类遗存分析技术及方法被广泛应用于环境考古研究中，体现了研究技术方法的快速进步；其次，不仅有很多的具体案例研究，也有多年研究积累基础上关于环境适应模式、文化形成环境动因等方面的理论探索；再次，以环境与文化互动的系统性思维，聚焦于生业经济起源与传播、资源利用与开发、灾害影响及相关环境治理工程、居址和聚落形态形成与演变、文化兴衰演化、文明起源过程和机制等诸多考古学前沿问题，取得了有说服力的成果；最后，一批较好掌握古环境、考古学和人地关系分析理论与方法的青年学者快速成长起来。这些不仅是过去多年取得的成绩，更是今后进一步发展的基础。相信中国的环境考古研究一定能在"努力建设中国特色、中国风格、中国气派的考古学"进程中做出卓越的贡献。

执笔：王　辉
审核：莫多闻

水下考古专业委员会

时　　　间：2021年10月18、19日

地　　　点：文博城三楼3-2贵宾室

主　持　人：刘延常　王结华　王新天　崔勇

线下参会代表：宋建忠　孙　键　冯雷　姜波　刘延常　丁见祥　瞿杨

王结华　崔勇　邓启江　辛光灿　梁国庆　赵荦　张凝灏

线上参会代表：周春水　邱玉胜　朱祥德　于海明　甘才超　刘志岩　佟宇喆

王泽冰　孟杰　司久玉　詹森杨　杨小博　魏超　周强

孙兆峰　张碧健　黄翔　朱世乾　王希　时萧　王光远

金涛　梅术文　周兴　陈浩　蔡喜鹏　王新天　刘淼

付琳　吕睿　韦革　陈启流　贾宾　朱纬　符洪洪

肖达顺　赵峰

　　2021年10月18日下午至19日上午，水下考古专业委员会组织了两场学术研讨，共有50余位专家学者参会，18位学者以线上、线下两种方式

线下参会代表会场合影

分别进行了报告。学术研讨围绕"水下考古理论、技术与方法""水下考古调查、发掘与研究""港市与海洋文化"和"水下文化遗产的发现、保护与研究"四项专题展开，报告了近年来山东沿海、长江口、浙江沿海、西沙群岛等海域水下考古的新发现和新收获，对中国水下考古三十余年理论、方法、技术的探索与总结进行了深入思考，就港口、码头、沉船、外销瓷、航线航路、海洋文化等与水下文化遗产研究密切相关的领域进行了深入探讨和交流，充分代表和展现了国内水下考古研究领域的学术前沿。

一、水下考古理论、技术与方法

第一场专题讨论"水下考古理论、技术与方法"，由宁波市文化遗产管理研究院院长、研究馆员王结华主持。

辽宁省文物考古研究院冯雷副研究馆员"磁法在水下考古中的应用——以甲午沉舰为例"，介绍了磁法探测的工作方法和在水下考古工作中的案例。磁法探测水下目标物具备高效快速、无损探测等优点，不受复杂的水下地质环境与水下能见度影响，适宜于水下文物的探测与保护。水下考古运用磁法开展北洋海军甲午沉舰的调查工作，先后探知了多艘沉没于海底的北洋军舰——致远、经远、定远，以及超勇舰等，为进一步的水下考古调查工作提供参考。

山东省水下考古研究中心司久玉馆员"水下考古设备的思考与研究——以山东为例"。水下考古学是田野考古学在水域的延伸，是运用考古学所特有的观点和研究方法对人类水下文化遗产开展调查、勘探、发掘和研究工作。随着科技考古，特别是高科技考古装备慢慢在考古发掘、保护等环节的使用，考古信息的采集越来越多元化，传统的考古方法和考古装备不再能完全满足考古学研究的需要，对水下考古设备的研究与研发急需进入实质性阶段。为推动山东文物事业高质量发展，搭建高水平水下考古设备研发平台。

上海大学丁见祥教授"浅谈大陆架考古及其潜力"，认为大陆架考古不是一个新领域、新问题，包括大陆架在内的海陆接触敏感地带（如海岸带、潮间带等湿地分布区域）的考古学探索一直是学术界的热点，出现了大量研究成果。中国境内也开展了不少同类工作。在总结大陆架考古基础上，通过对不同环境状态下相关案例的介绍分析，阐述了海洋和水下考古对探讨史前人类、滨海环境之间的适应和互动关系方面的独特优势。从水下考古、海洋考古和田野考古彼此交流合作的角度，可深入探讨大陆架考古的发展潜力和发展路径。

宋建忠先生主持会议

广东省文物考古研究院崔勇研究馆员"水下考古测绘数据融合技术——从西樵山石燕岩水下测绘谈起",集中介绍了目前已被广泛应用于文物考古领域的空间数据采集技术。随着测绘技术领域的不断拓宽以及考古发掘对测量精度的要求,空间数据采集手段从传统的坐标测量仪器逐渐往整体空间数据获取设备上转移。以西樵山石燕岩遗址为例,其具备了陆地和水下双重属性,所以采用了不同的测绘方法,地面三维激光扫描获取的点云数据和三维成像声呐系统获取的点云数据坐标系统不统一,无法将两者直接应用,必须通过不用软件的格式转换,将二者转换到能使用同一软件打开的格式,通过软件手动完成石燕岩水上水下的激光点云和声呐点云数据的完整拼接。

四川省文物考古研究院刘志岩副研究馆员"四川彭山江口遗址——中国内河考古新尝试",主要介绍了四川彭山江口遗址的考古发现,并着重介绍了该遗址三个发掘年度的工作方法与成果。近年来考古学家通过田野调查最终确定了四川彭山的江口遗址即是张献忠船队沉没处。江口遗址是一种特殊类型的内河水下遗址,具有水深较浅、能见度差、覆盖层厚和文物体积小等特点,考古学家在该遗址的发掘过程中设计并首次在中国境内实践了一套新的考古工作方法—围堰考古,将工作环境由水下转换为陆地,并使用RTK和三维激光测量等技术进行信息提取和记录。

二、水下考古调查、发掘与研究

第二场专题讨论"水下考古调查、发掘与研究",由广东省文物考古研究院副院长、研究馆员崔勇主持。

威海市博物馆周强馆员"近现代沉舰调查对水下考古工作者的挑战"，认为随着近现代沉舰水下考古工作的开展，很多新的问题不断出现。致远舰、经远舰、定远舰等甲午战争沉舰相继被发现，致远舰餐盘、格林炮、经远舰名铭牌、定远舰铁甲等一大批有代表性的文物出水，对中国水下考古起到了重要的推动作用。首先，近现代沉舰体量巨大、结构复杂，又涉及近代史重大事件，调查工作需要近代史、造船工业史、科技发展史等多学科的学术支撑。其次，近现代舰船原始档案难以查找，目前在近代造船工艺、国内引用西方技术史等很多领域的研究国内尚属空白。同时，由于近现代沉舰调查难度大、周期长、危险性高，往往需要水下探测、水下打捞等第三方机构配合，在项目管理上有更高要求。这些都给从事近现代沉舰调查的水下考古工作者带来更多新的挑战。

山东省水下考古研究中心王泽冰副研究馆员"山东沿海的沉舰沉船调查与研究"，介绍了先后在庙岛群岛、威海湾、青岛胶州湾、日照桃花岛等海域发现的多处沉船、沉舰遗迹。沿海区域发现的沉船遗迹多为散落的遗物堆积，木质船体多已消失。域内出水文物多为明清时期民用器皿，极少见到质量高的精美器形，多为民间生活用品。近现代沉舰的水下考古工作，主要依靠资料的搜集和海洋物理探测方式探寻水下沉船遗迹，物探扫测工作在水下考古工作中承担的任务越来越重要，探测技术和探测方法的提高，对寻找水下遗迹的工作具有极其重要的作用。

山东省水下考古研究中心孟杰馆员"山东沿海明清海防遗址调查与研究"，集中介绍了山东地区沿海明清海防遗址。山东所处的地理位置，使其成为拱卫京城的重要海防门户，自古至今也为兵家所重。洪武时期，明政府在山东沿海的莱州、宁海州一带设置了诸多军寨用于屯兵。之后在山东沿海建有众多卫、所，并在卫、所中间错落建设若干巡检司。至清代，在沿海防御要冲、面向海面来犯处建设有炮台。永乐年间，明朝政府设置了登州、文登、即墨三营。援朝御倭战争期间，又设置王徐营、莱州营，并短暂设立过潍县营。清代晚期，以李鸿章为首的洋务派推动成立了北洋海军，以刘公岛为核心重新修筑炮台等防御工事（荣成水师营归建于北洋海军）。2021年山东省水下考古研究中心组织开展海防遗址调查工作，先后实地调查、登记493处明清海防遗址（含相关遗址）。

上海市文物保护研究中心的翟杨研究馆员"长江口二号沉船遗址水下考古新进展"，概括性介绍了2016～2021年长江口二号沉船遗址的水下考古调查情况，通过侧扫声呐、多波束声呐、浅地层剖面声呐等海洋物探设备，结合专业潜水员探摸，确认了沉船的基本信息。长江口二号沉船遗址位于上海市崇明区横沙岛东北，长江口北港下段主槽。出水遗物大体上可以分为三大类：船体构件与属具，船载货物，其他散落遗物等。船体构件与属具有桅杆、船板、铁锚、棕绳、木滑轮等；船货以瓷器为主，有青花、粉彩、青釉、钧红釉瓷器与紫砂器等；此外，还发现青瓷高足碗、铁矿物、金属钻头等散落在沉船周边的遗物。根据沉船特征及船载文物，基本确定沉船为清同治年间的海上贸易商船，有着非常重要的社会价值和现实意义。

国家文物局考古研究中心梁国庆副研究馆员"里斯本丸号沉船调查与初步认识"，主要介绍了"里斯本丸"号沉船的基本信息以及水下考古调查情况。1942年，日本运输船——"里斯本丸"经过中国浙江舟山群岛海域时，被美国潜水艇"鲈鱼号"击中，并于次日沉没。2014年，考古部门首次开展"里斯本丸"号沉船线索调查，并发现了疑似沉船位置。2019年，国家文物局水下文化遗产保护中心（现国家文物局考古研究中心）、浙江省文物考古研究所、舟山市文物保护考古所联合组队，对该疑似沉船进行水下考古调查。该调查采用新技术，并结合文献对比，确认该沉船即为"里斯本丸"号沉船。"里斯本丸"号沉船遗址的调查，不仅有利于对"里斯本丸"号沉船事件的研究，而且延展了水下考古学科研究的下限。

三、港市与海洋文化

第三场专题讨论"港市与海洋文化"，由山东省水下考古研究中心主任、研究馆员刘延常主持。

山东大学姜波教授"沙特塞林港遗址考古发掘与初步研究"，对沙特塞林港（Al-Serrian）遗址开展的两次联合发掘情况做了介绍。2018～2019年度，国家文物局水下文化遗产保护中心与沙特国家考古中心联合组队，取得了令人瞩目的重要成果：发现并确认了古海湾、古航道和被流沙掩盖的季节河遗迹，解决了塞林港建港之缘由；发掘出大型建筑遗址，并清理出一批珊瑚石墓葬，为探究海港遗址的内涵提供了重要的考古证据；出土了包括中国瓷器在内的诸多文物精品，为海上丝绸之路研究提供了十分珍贵的考古资料。通过此次发掘，初步显现出红海之滨海港遗址的历史风貌。该考古工作的特点之一是田野考古、水下考古、遥感考古三位一体，从陆地、海洋、空中对塞林港遗址进行了全面的调查、发掘与研究，取得了超乎预期的成果。

天津市文化遗产保护中心甘才超副研究馆员"清代天津港市的发展——以天津卫故城东城墙遗址出土闽南瓷器为中心"，重点讨论了清代北方地区重要的交通枢纽和货品集散地天津港。清代中期之后，运河逐渐衰落，海路逐渐成为来往天津贸易的主要通道，天津沿海贸易主要包括渤海湾内的粮豆贸易以及闽粤、江浙地区互通有无的南北贸易。清代沿海贸易中闽粤商船最为活跃，闽粤地区的商船多搭载本地货物到天津地区进行互通有无的商业贸易，从天津卫故城东城墙遗址出土大量闽南地区瓷器可以印证当年繁荣昌盛的南北贸易。

山东省水下考古研究中心杨小博馆员"山东沿海港口、码头的调查与研究"，主要介绍2021年6～7月山东省水下考古研究中心对渤海湾南岸的古代港口、码头进行的调查，并收集整理了相关遗址信息。山东半岛突出于渤海与黄海之中，与辽东半岛遥相对峙，向东越过黄海就是朝鲜半岛和日本列岛；近海海域中散布着299个岛屿，岸线总长668.6千米。目前文物普查在册的港口，仅有龙口港栈桥码头、昌邑下港、下营海关衙署、下营古港井口天妃庙及套里古港等。山东省内各单位已就登州港、威海卫、昌邑下营、昌邑厫里、利津铁门关、垦利海北等遗址进行过调查研究。

厦门大学王新天副教授"浙江宁波明州罗城城墙遗址（望京门段）考古发掘与研究"介绍明罗城遗址考古发掘的最新进展。2016年8月至2017年6月，宁波市文物考古研究所联合厦门大学对望京门遗址进行了考古勘探和发掘，发现明州罗城城墙（望京门段）始筑于晚唐，系用黏土堆筑而成，分为主体城墙和附筑墙体两部分，主体城墙较高，内外两侧等距离栽埋永定桩，附筑墙体较低，倾斜状附筑于主体城墙内侧。北宋中期，明州罗城城墙（望京门段）内外两侧用砖包砌，所采用的城墙砖与《营造法式》所载的走趄砖、条趄砖一致，夯土工艺与结构也与晚唐迥异，为研究

参会代表发言

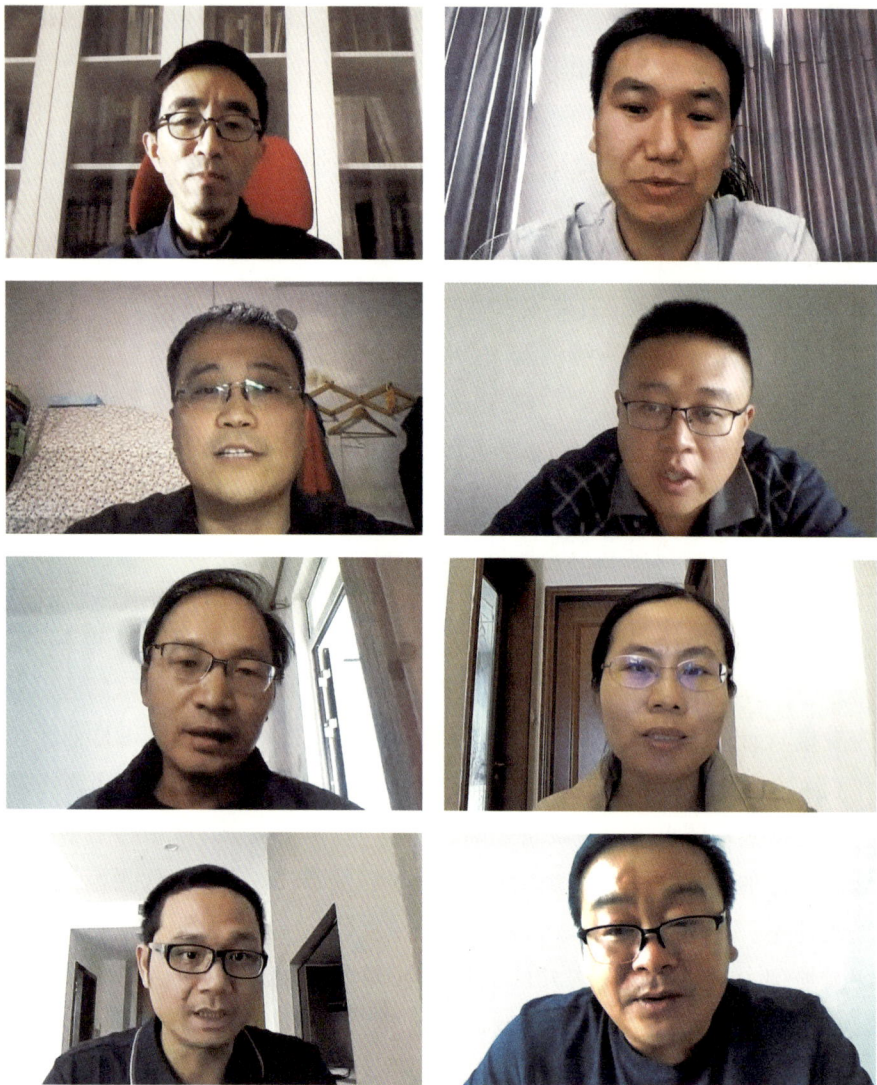

参会代表发言

唐宋时期江南地区城墙的营建工艺提供了重要资料。

宁波市文化遗产管理研究院梅术文馆员"井头山遗址与史前海洋文化"介绍了井头山遗址的考古发掘进展及其文化内涵。井头山遗址发现了陶器、石器、骨器、木器、贝器、编织物等各类遗物近400件和数量极为丰富、具有海洋特色的动植物遗存，以及灰坑、食物储藏坑、密集贝壳堆积之上的烧土堆、树根和器物加工、食物处理场所等生活遗迹。结合周边钻探，以及国外同时期贝丘遗址资料来看，在一期发掘区西北高处缓坡上应该存在当时人类的生活居址。与同区河姆渡文化相比，井头山遗址距海岸线更近，对海洋的依赖性更高。总之，井头山遗址具有鲜明、浓厚的海洋文化属性。贝丘遗址的研究应该在构建本区域考古学时空框架体系的基础上，重视生业形态、海岸环境的研究，再综合沿海聚落研究，还原出当时人群依赖、开发、利用海洋的社会生活状态。

四、水下文化遗产的发现、保护与研究

第四场专题讨论"水下文化遗产的发现、保护与研究"，由山东大学文化遗产研究院海洋考古研究中心主任、教授姜波主持。

山东省水下考古研究中心刘延常研究馆员"山东省涉水文化遗产保护研究相关问题思考"，认为山东水域环境多样，用水治水历史悠久，涉水文化遗产丰富，对研究阐释人类起源、海岱历史文化区的形成、文明形成与早期国家的产生、东夷文化与齐鲁文化的形成发展、文化交流融合与传播、丝绸之路等诸多学术课题具有重要意义。"十三五"时期，山东省水下考古研究中心采购了多波束测深仪等水下物探设备，组建了全国第一支独立的物探队伍；完成威海、日照和烟台市庙岛群岛沿海水下文物资源陆地调查工作；完成东平湖、庙岛群岛、桃花岛等水域物探扫测工作，开展定远舰遗址水下考古调查工作。"十四五"期间，将围绕山东海疆、黄河和运河三条线性文化遗产带开展保护研究工作：一是摸清家底，开展水下文物资源陆地调查工作；二是以课题统领科研，积极探索水下考古学科建设；三是加强资料整理与考古阐释工作；四是强强联合，构建规范高效的管理体系。

厦门大学刘淼教授"宋元以来'北洋'航路上瓷器的运销"，结合宁波、上海、太仓、天津、烟台等港口城市及周边陆地遗址，以及东北亚的朝鲜、日本等海外遗址中发现宋元至明清时期瓷器资料，还有中国沿海及日本海域发现的沉船资料，探讨宋元以来东亚沿岸港口变迁及北上航路不断变迁、扩展的过程。其中，"北洋"是指唐宋时期以环中国海海洋文化圈中的黄海、东海为中心的航海地带，包括南北沿岸航线及东亚陆岛间跨越东海、黄海、渤海的航路网络。

广东省文物考古研究院肖达顺副研究馆员"'南海Ⅰ号'沉船考古年代学刍议"，探讨了"南海Ⅰ号"的考古年代学问题。2020年，"南海Ⅰ号"沉船基本提取完船内船货，至今仍在清理沉箱内船外海泥堆积。在超过18万件（套）的出土遗物中，"南海Ⅰ号"沉船发现铜钱中的最晚年号为"淳熙元宝"，又见一件德化瓷罐上有"癸卯"年墨书。此外还发现其他纪年款的遗物，如被认为是"磁灶窑"的"丙子"年款陶罐等。同样，爪哇沉船也有"丙辰年""丙子年□"字款。各种层位堆积和有年代学意义的出土器物对探讨"南海Ⅰ号"所涉及的考古年代学问题有重要意义。

分组讨论会现场

　　中国（海南）南海博物馆张凝灏馆员的发言题目是"2021年西沙群岛水下考古新收获"。石屿二号沉船遗址位于西沙群岛石屿东侧的珊瑚礁礁盘上，2010年水下文物普查时发现并确认。2021年5～6月，国家文物局考古研究中心与中国（海南）南海博物馆联合组队对西沙群岛石屿二号沉船遗址进行了钻探试掘。通过表层调查、钻孔勘探和探沟试掘，基本摸清了石屿二号沉船遗址的保存现状，遗址海床表面散落有少量的陶瓷器残片。采集出水的遗物主要有青花、青白釉、卵白釉、青釉和酱釉瓷器五类，其中青花瓷器分别来自德化、龙泉和磁灶等窑口。对于元代对外贸易、航线航路、海上丝绸之路等课题研究具有极高的学术价值。

　　10月19日下午，水下考古专业委员会召开了第二次工作会议，会议主要内容有水下考古专业委员会人员调整、《中国考古学会水下考古专业委员会章程》修改、专业委员会成立以来工作总结及2022年工作计划等。

执笔：辛光灿

审核：邓启江　梁国庆

古代城市考古专业委员会

时　　　间：2021年10月18日下午

地　　　点：文博城三楼甘棠厅

主　持　人：唐锦琼　杨树刚

线下参会代表：刘海旺　闫向东　樊温泉　裴静蓉　孙明利　周润山

线上参会代表：黄晓芬　蒋晓春　魏　旭

2021年10月18日下午，中国考古学会古代城市考古专业委员会利用线上、线下相结合的方式举行了研讨。研讨除了聚焦于城市考古的新发现和新收获，还对城市考古的理念和方法、城市的构成设施和要素等多个问题展开了讨论。

河南省文物考古研究院院长刘海旺研究馆员以"黄河流域城市化进程

线下参会代表会场合影

中古代都城考古与保护的理念与方法探索"为题，介绍了城市考古与保护国家文物局重点科研基地在古代城市考古、保护和利用中的研究进展。在报告中他高屋建瓴地指出古代城市考古综合性最强，受社会发展和人口、资源、环境影响制约最为显著。刘院长以西安、洛阳、郑州和开封的案例研究，系统地总结了黄河流域古都城市考古与保护的理念方法，探索城市化进程中的城市考古与文化遗产保护的新模式。

多名学者介绍了古代城市考古的新收获和新思考。河南省文物考古研究院的杨树刚以郑州商城为例，介绍了郑州商城的考古收获，认为其是当时规模最大、等级最高的城邑，是商王朝的都城。他对城址内的功能分区状况做出了初步推断。杨树刚还介绍了在近年来郑州商城的考古工作中有意识地开展的以复原城市发展变迁为目标的城市考古工作，通过多个项目逆复原出从二里冈到明清时期的遗存分布状况，为总结古今沿用型城址的城市考古工作模式提供了新的案例。

河南省文物考古研究院的樊温泉以"保护传承视域下郑韩故城的城乡建设"为题，系统介绍了新郑市政府和当地文物主管部门在郑韩故城的考古工作和保护及利用实践中摸索出来的理念——"故城发展，文保先行"。正是这一理念的一贯坚持和切实施行保证了郑韩故城考古发掘的正常进行，加强了郑韩故城遗址的各项保护工作，使历史文化遗产得到了很好的传承和弘扬，妥善解决了城乡建设中存在的问题，实现了"双利"方针。

太原市文物考古研究所的裴静蓉汇报的题目是"魏晋北朝晋阳城的建设"。她通过文献记载与考古资料，指出晋阳古城遗址由城址、墓葬区和宗教祭祀区三部分组成，是一处较为完整、全面、系统的大型城市遗址。通过分析，她指出晋阳城由东周肇建时的军事重镇，到魏晋北朝时期发展成政治、军事、经济和文化中心。

苏州市考古研究所孙明利的报告题目是"苏州古城的考古学观察"。苏州是典型的古今重叠型地方城市。他在城市考古理论方法的指引下，系统梳理了苏州古城历年的考古发现，结合南宋《平江图》等古代舆图，考察分析了现代城市中所遗留的古代城市痕迹，并据以复原被埋在地下的古代城市的平面规划和布局，考察古城沿革过程。

河南省文物考古研究院的周润山介绍了开封州桥及附近汴河遗址的考古发现。这次发掘揭露出汴河河道及其南北两岸、州桥本体，为研究北宋东京城的城市布局结构提供了重要的资料，对研究北宋东京城内大运河的具体形态、修筑方式、运河管理运行机制等方面具有重要的意义，为研究古代中国制瓷业发展、运河漕运、南北交流、社会商业发展状况等提供了重要资料，更是对古今重叠型城市的发展演变研究的新的模板。

参会代表发言

除了城址本身的发展演变研究，还有学者从其他角度对古代城址的考古工作进行探讨。安徽大学历史学院的蒋晓春以"梁式城门向拱券式城门的转变"为题，揭示出抬梁式门洞和拱券式门洞的兴替过程。北宋晚期，扬州出现了首座确切的拱券式城门。到南宋晚期，拱券式城门在整个南方地区迅速流行并成为城门的主流形式。在这一演替过程中，军事因素是关键原因。

扬州市文物考古研究所的魏旭以"古代扬州城外道路交通初探"为题介绍了对扬州城外道路交通体系的初步认识，并指出道路的古今沿用是扬

分组研讨会现场

州地区城市考古中的普遍现象和显著特征。

通过研讨，学者们充分沟通和交流了古代城市考古的方法、理念，以及最新收获，更是领会到古代城市考古在中国现代考古学中所具有的重要地位，对于展示中华文明风采，弘扬中华优秀传统文化的重要价值。学者们还认识到古代城市考古工作是一个漫长的过程，只有继续秉持先辈们的历史使命感和责任感，发扬严谨求实、艰苦奋斗、敬业奉献的优良传统，才能为建设中国特色、中国风格、中国气派的考古学奉上自己的力量。

执笔：唐锦琼

审核：刘海旺

建筑考古专业委员会

时　　　间：2021年10月18、19日

地　　　点：文博城四楼4-2贵宾室

主　持　人：徐怡涛　钱国祥　刘　瑞　袁东山

线下参会代表：徐海峰　周学鹰　马　晓　汪　芳　李晖达　王书林　吴　伟

线上参会代表：易　立　林　源　彭明浩　王贠赟

　　2021年10月18日下午至19日，在第三届中国考古学大会举行期间，建筑考古专业委员会展开了为期一天半的学术研讨。共有来自中国社会科学院考古研究所、故宫博物院、浙江省文物考古研究所、重庆市文化遗产研究院、成都文物考古研究院、北京大学、南京大学、西安建筑科技大学等单位的15名学者通过线下和线上参会相结合的方式做了学术报告，并参与了交流和讨论。报告议题涉及新石器时代至明清时期的建筑考古研究、建筑考古学方法论及建筑遗产保护利用等方面。

线下参会代表会场合影

一、新石器时代至南北朝时期建筑考古

10月18日下午为专业委员会报告和讨论的第一场，以新石器时代至南北朝时期建筑考古为主题，由北京大学考古文博学院徐怡涛教授主持。

南京大学历史学院副教授马晓以龙山时代岱海老虎山文化房址为例，对其中半窑洞性质房址提出了自己的见解。她先从建筑结构的角度阐释了窑洞与地窨子的差异，根据遗址面貌，对照国内外的民族志资料，对地窨子的选址、建造方式、居住文化等进行了详尽的分析，提出了判断该地区窑洞和地窨子遗址的依据，对遗址中一些房址进行了重新判断——可能属于地窨子类型的建筑遗址。这为更好地认识新石器时期的建筑遗址，为判断建筑遗址类型和进一步复原研究提供了思路，具有重要的学术意义。

南京大学历史学院博士研究生何乐君代周学鹰教授做了报告，探讨了汉代墓葬（阴宅）与地面住宅建筑（阳宅）之间的内在联系。报告利用丰

参会代表发言

富的考古实物材料，从史前时期的居址和墓葬谈起，认为地下墓葬自诞生之日起，就应是对地面住宅的表征，是地下的居住场所。汉代以后，墓葬由抽象模拟地面建筑向比较具象地模拟地面建筑转化，并从平面布局到空间立体造型都逐渐"宅第化"。因此，他认为要重视研究汉代墓葬建筑本身，出土的明器、画像砖石及与其关系密切的地面祠堂、阙观等考古材料。这对研究汉代建筑史、建筑考古等具有重要的价值。

北京大学考古文博学院研究员彭明浩对忻州九原岗壁画墓墓门上的建筑图像进行了再探讨。他认为墓葬建筑图像不应独立考察，而需首先将其置于墓葬空间中分析。他结合九原岗壁画墓中的绘画表现形式，辨析其所表现的建筑形象，指出墓门上的建筑图像所表现的建筑布局和结构都非完全写实，而是为了适应墓葬空间形式和表达意向进行了一定程度的改造和重构。他认为，该建筑图像所反映的建筑是典型的五开间门殿式建筑，而非门楼。其结构并不超前，当时尚不存在"双柱"和"斜栱"等特殊做法。此外，他通过对建筑构件细节的分析对比，判定该墓葬年代属于北朝偏晚的北齐时期，丰富了我们对当时建筑的认识，也让我们重新思考墓葬建筑壁画的解读方式。

其后，参会学者对史前房址的性质确定和复原，以及九原岗壁画墓中的建筑图像进行了热烈讨论，对于九原岗壁画墓中的建筑图像是门楼还是门殿，是庑殿还是歇山，是否是斜栱，以及门的性质意义都发表了意见，并对建筑平面和建筑结构及复原的关系进行了探讨。

中国社会科学院大学考古系硕士研究生王贠赟利用ArcGIS软件建立起战国秦汉云纹瓦当考古分布的地理信息系统，对收集的云纹瓦当材料进行信息数字化处理和系统整理后，她讨论了云纹类型、时代分期以及流变关系。她细化和校正了一些先前瓦当研究中的年代分期，并对云纹的源流进行了探讨。这一研究可加深我们对云纹瓦当的认识。

中国社会科学院考古研究所研究员钱国祥对汉魏洛阳城遗址进行了详尽的梳理、介绍和研究。他从宫城格局出发，依次介绍了以太极殿院落为中心的南部朝殿区和北部显阳殿及西游园寝殿区的考古收获。接着他对遗址中门址、殿址等建筑的遗迹现象和叠压打破的层位关系进行了细致分析，对各门楼的位置、形制和结构及太极殿的开间演变进行了深入的研究。这是北魏洛阳城的最新研究成果，对中国古代城市和宫殿布局的研究有着非常重要的价值和意义。

其后，参会学者对瓦当云纹的来源及与雷纹的关系，以及北魏洛阳宫中轴线问题、太极殿开间问题和建筑基础等细部做法进行了热烈的讨论。

二、隋唐两宋时期建筑考古

10月19日上午为专业委员会报告和讨论的第二场，以隋唐两宋时期建筑考古为主题，由中国社会科学院考古研究所研究员钱国祥主持。

西安建筑科技大学建筑历史与遗产保护研究所教授林源和博士研究生张淙洲通过在线直播发言。林源教授首先介绍了该校建筑考古方面的人才培养和课程设置，以及已完成的多项考古遗址的复原研究工作。接着以唐东都洛阳上阳宫园林遗址复原研究为例，介绍了她对建筑遗址复原研究方法及建筑考古学的思考。她认为，遗址考古信息、历史文献和建筑史知识与理论缺一不可。接着张淙洲详细介绍了洛阳九洲池遗址的复原研究，他运用建筑史学的理论与方法，以考古发掘成果和历史文献为依据，推测四号基址应为瑶光殿遗址，在九洲池的总体布局中处于统率地位，兼具赏景与交通两个主要功能。在此认识的基础上，对瑶光殿遗址进行形制复原：根据遗址数据推算其营造尺，进而确定其建筑性质及建筑等级；根据赏景的功能确定其层数为二层殿阁；根据交通的功能确定其交通组织方式；根据考古基址柱础与台基残面的关系推测其平座做法为永定柱造，并根据唐代建筑实例和法式做法推测其上部结构。

北京大学考古文博学院馆员王书林以唐宋时期建筑遗址中出土的砖为研究对象，通过分析唐武成殿-宋文明殿遗址的用砖情况和历代用砖制度，认为从隋至宋已形成较为稳定的用砖逻辑，用砖尺寸与建筑重要性密切相关，即重要建筑用大砖、厚砖，次要建筑用小砖、薄砖，其中墁地方砖较条砖具有更强的等级象征意义。她通过比较唐代重要建筑遗址用砖数据，指出砖的边长数据偏小，但厚度数据呈正态分布，从而认为砖的厚度比边长更能反映用砖差异。在此基础上结合《营造法式》，推断砖瓦尺寸可能与材分制度存在比例关联。这一判断对建筑材料的研究及遗址的复原有着积极的意义。

成都文物考古研究院研究馆员易立梳理了唐宋时期成都城内街道的文献记载和考古发现情况，阐明了不同时期成都城内街道路面由早及晚发生了两大主要变化：一是路面宽度不断缩减，由唐五代时期的10～20米，大幅收窄至南宋至元代的2～3米，应与人口的聚集、商业的繁盛和城市化进程的加速所带来的"侵街"现象直接相关；二是南宋初年用砖砌筑路面，替代了原来的夯土或瓦砾路面，并且无论在铺砌方式还是用砖形制上，都是南宋时期行在和地方重要州府砖砌道路的官方做法，当系仿效江浙的结果，同时也与南宋成都的政治和经济地位相符。

浙江省文物考古研究所副研究员李晖达系统介绍了绍兴南宋皇陵建筑

钱国祥先生主持会议

基址的发掘与研究工作。他首先从文献入手,梳理了南宋皇陵攒宫制度的营建理念和风水思想,接着详细介绍了包括帝陵上宫享殿建筑夯土台基和攒宫石藏、一号和二号陵园遗址的考古发现和研究复原工作。这些建筑遗址规模宏大、平面清晰,为认识南宋皇陵攒宫制度、南宋官式建筑制度以及皇家陵园制度和变迁提供了丰富的资料和研究基础。

三、宋元至明清建筑考古,建筑考古学方法论及建筑遗产保护利用

10月19日下午为专业委员会报告和讨论的第三场,以宋元至明清时期建筑考古、建筑考古学方法论及建筑遗产保护利用为主题,先后由中国社会科学院考古研究所研究员刘瑞和重庆市文化遗产研究院研究员袁东山主持。

重庆市文化遗产研究院研究员袁东山介绍了钓鱼城范家堰遗址。这是目前钓鱼城经系统发掘的规模最大的遗址,出土了丰富的遗迹和遗物。该组建筑群的发现对晚段城址考古、建筑考古等均具有重要意义,但其时代与性质在学术界仍存在一定争议。通过范家堰遗址出土遗物对比分析和文献资料梳理研究,推断范家堰遗址的时代为宋末元初,性质为衙署建筑。由此可知范家堰遗址应是宋元(蒙)战争时期迁至钓鱼城的合州及兴元戎司的衙署治所。

中国考古学会理事、故宫博物院研究员徐海峰以清宫造办处旧址的发掘为例,指出紫禁城考古遗存的性质属重叠型城址类考古,紫禁城考古的理念、方法、手段,概括起来就是"最小干预、微创发掘、见面即停、拼

参会代表发言

缀复原"。他按照层位关系，从晚至早地详细介绍了遗址中清代造办处、明中晚期砖铺面、明早期大型建筑基址磉墩以及元代堆积层四个主要时期的考古发现，为我们了解清代造办处建筑遗址布局、形制及功能，明代早期大型宫殿建筑的格局、性质，正确认识和理解明早期紫禁城营建历史，探析元大内宫城与明清紫禁城因袭演变提供了重要的考古材料，也进一步完善和丰富了紫禁城考古的理念与方法。

故宫博物院工程师吴伟介绍了大高玄殿研究型修缮保护案例。汇报人作为项目负责人，首次将建筑考古的理念和方法引入该项目的实施过程中，对建筑本体上的信息按照营建次序、修缮更替以及叠压打破的关系和规律进行全面、细致和系统的提取、记录和分析，他重点讲述了大高玄殿屋面、木作和彩画油饰不同时期叠压打破的历史信息发现与信息记录和考古学研究过程，获取了以往未曾发现的不同时期的建筑技艺信息和"透物见人"的历史，揭示出古建筑所蕴含的历史信息比我们想象的要更加复杂，不同匠人或地域技艺的差别有时候超越了建筑形制特征的时代差异。最后他呼吁建筑考古也需将更多注意力放在古建筑修缮保护项目的考古研究中来。

北京大学考古文博学院教授徐怡涛指出，中国古代建筑受其文化制约，最重要的特征为等级秩序。它存在于建筑的总体格局、单体形制、构件造型、装饰纹样、色彩构图等直观可见之处，也存在于建筑的用材、用料、比例、关系等隐含之处。他结合南汉国宫殿建筑遗址一例，从总体格局研究、营造尺及建筑群秩序研究到木作复原，步步推进，向我们展示了中国传统建筑常见等级秩序特征运用于建筑遗址考古发掘和研究的方法和规律。

北京大学建筑与景观设计学院教授汪芳关注到，乡村民居等乡土建筑遗产，作为世代居民生产、生活的组成部分，也在社会变迁中无声无息地逐渐消失。她以河南省三门峡市陕州区地坑院为研究对象，对其在城镇化影响下的发展变迁进行了长达十余年的跟踪调查，揭示其作为文化遗产保护面临的主要挑战和消失的原因，并探讨未来合适的保护利用方式。该研究将为未来传统村落保护、遗产价值挖掘等方面提供经验和见解。

报告结束后，参会学者围绕建筑学与考古学如何更好地融合合作，考古遗址如何更好地提取建筑信息和复原，建筑遗产如何记录和有效保护等重要议题进行了热烈讨论和交流，对建筑考古发展和未来都充满信心和期待。

会议最后，由重庆市文化遗产研究院研究员袁东山做学术总结。第三届中国考古学大会建筑考古专业委员会的报告，反映了学术界对建筑考古学的关注，涉及建筑时代广、类型多样，还覆盖了方法论、建筑材料及文化遗产保护等方面的研究，展现了建筑学与考古学多学科合作的良好态势和广阔前景。通过讨论，对建筑考古的内涵、意义及重要性有了更深入的认识。本次学术研讨会搭建了很好的学术交流平台，为推动建筑考古学的研究和发展起到了积极的重要作用。未来，在推进学科交融、推进建筑遗址科学发掘和科学认知等方面，专业委员会将组织更多的学术活动，发挥更大作用，为构建中国特色、中国风格、中国气派的考古学贡献学术力量。

执笔：王书林　吴　伟
审核：钱国祥　徐怡涛

分组研讨会现场

考古教育专业委员会

时　　　间：2021年10月18、19日

地　　　点：天鹅城二楼虢都厅

主　持　人：赵宾福　施劲松　郑君雷　夏保国　刘再聪　钱益汇　张钟云
　　　　　　杨效雷　段天璟

线下参会代表：王京传　隋　璐　张志鹏　邰向平　符永利　刘再聪　陈　果
　　　　　　雷　然　孙　璐　陈洪波　程嘉芬　王　帅

线上参会代表：腾兴建　贾旭东　吴　双　吴松岩　卜　琳　戴　玥　郝园林
　　　　　　马军霞　张继华　陈　博　李冬冬　马　赛

　　2021年10月18日下午至19日，考古教育专业委员会在天鹅城国际酒店二楼虢都厅会议室进行了分组讨论。来自全国20所高校的21位代表参加了线下讨论。代表们围绕考古人才培养、教育理论、实践教学、课程设置、课程思政建设等方面进行了精彩汇报，展开了热烈讨论。

主持人和参会代表发言

分组研讨会现场

　　赵宾福指出，高校考古专业建设应在"三名"即"名师、名课、名教材"和"三实"即"实物、实验、实践"上下功夫，从而提升人才培养的保障条件。施劲松认为，应从学科发展的角度看待考古学人才培养，大学考古教育要有前瞻性。郑君雷阐述了考古教育的格局与现状，辨析了考古教育的层次，指出考古教育在初等、中等和高等教育等层次中应有的作用和任务。段天璟就高校田野考古实践教学基地建设的设计思路和实践进行了探讨，提出了完善制度、科学布局、加强师资、加大投入、合理产出的建设方案。刘再聪就学界关注较少的考古学者何士骥先生的学术活动与生平进行了讨论。夏保国、陈洪波、郜向平、王京传、陈果、符永利、雷然等就不同类型高校考古文博专业建设、文博专硕培养等工作中面临的机遇与挑战及其对策进行了深入交流。程嘉芬就高等院校考古文博专业情况进行了统计分析。王帅、孙璐、隋璐、李冬冬、陈博等就课程思政、课程设计、虚拟仿真等方面进行了充分的交流。

　　会上，代表们纷纷表示，我国考古教育事业迎来了重大发展机遇，进入了历史上最好的发展时期，考古教育工作者们将继续发扬优良传统，为履行习近平总书记赋予考古教育事业的"要积极培养壮大考古队伍，让更多年轻人热爱、投身考古事业，让考古事业后继有人、人才辈出"[①]的神圣使命而努力奋斗。

执笔：段天璟

审核：赵宾福

――――――――

　　① 习近平：《建设中国特色中国风格中国气派的考古学　更好认识源远流长博大精深的中华文明》，《求是》2020年第23期。

宗教考古专业委员会

时　　　间：2021年10月18、19日

地　　　点：天鹅城二楼2-2会议室

主　持　人：李裕群　张善庆

线下参会代表：陈悦新　李振光　龚巨平　解　峰　董华锋　张　铭　陈晶鑫
　　　　　　　夏立栋

线上参会代表：陈　伟　高继习　黄雯兰　孙晓峰　魏文斌　吴　荭　夏朗云
　　　　　　　杨效俊　姚桂兰　丁曼玉　谈北平　张媛媛

　　2021年10月18日下午至19日，第三届中国考古学大会举行期间，宗教考古专业委员会开展了为期一天半的学术研讨。来自中国社会科学院考古研究所、中国文化遗产研究院、山东省文物考古研究院、河北省文物考古研究院、吉林省文物考古研究所、南京市考古研究院、张掖市文物保护研究所、麦积山石窟艺术研究所、北京联合大学、浙江大学、山东大学、中山大学、四川大学、兰州大学等科研院所和高校的22位学者及博士研究生以线上、线下相结合的方式进行学术报告和交流研讨。此次研讨会共包括"地面寺院""石窟寺"和"单体造像及其他"三组议题。

线下参会代表会场合影

一、地面寺院

10月18日下午为专业委员会学术报告的第一场,包括近年来佛教地面寺院遗址考古发掘与研究的7场学术报告,由中国社会科学院考古研究所李裕群研究员主持。

南京市考古研究院龚巨平研究馆员首先详细梳理了南京佛教遗存资料,然后系统介绍了西营村南朝佛寺遗址2019年8月至今的考古发掘成果。通过考古勘探和发掘,可确认该佛寺遗址现存面积约7000平方米,呈现出以佛塔为中心、"前塔后殿"的形制布局。佛寺中轴线上自南向北主要建筑为山门、塔基、佛殿及两处附属连廊基址,另发现配套的砖铺地面、中轴路道和台阶、排水设施等遗迹。出土遗物包括南朝泥塑佛教造像残件和大量莲花纹瓦当、筒瓦、板瓦及大型石柱础等建筑构件,其中带釉佛像残件为南京六朝时期所少见。西营村遗址为南京乃至南方地区迄今发现年代最早、保存最好、布局最为完整的佛寺遗址,有望填补南朝佛寺考古的空白,对研究南朝时期的佛寺布局和建筑技术具有重要的学术意义,出土的大量佛教遗物为探讨佛教造像样式及东亚佛教文化传播提供了珍贵的实物资料。该佛寺的发现,同时也为探讨六朝建康城的功能分区和结构布局提供了重要资料。

山东省文物考古研究院李振光研究馆员介绍了2018～2021年博兴龙华寺遗址隋唐时期寺院基址的考古发掘收获。该寺院遗址共发现北朝、隋、唐三个时期的寺院基址。佛寺坐北朝南,由北侧的讲堂及东、西廊庑,东、西配殿,院落,中部大殿,南侧山门及山门外活动广场遗址等部分构成。遗址中早、晚期建筑的垫土、淤积层和夯土基址改建、扩建遗迹丰富,保留了大量能够反映建筑坍塌过程的屋面瓦件。寺院内另发现造像埋藏坑4个、铜钱埋藏坑2个、铁器埋藏坑1个。出土遗物包括类型丰富的石质、白陶、铜造像及大量陶瓷器和建筑构件。龙华寺遗址的发现为研究北朝至隋唐时期佛教寺院的形制布局及其演变过程、寺院建筑的营建方式提供了重要的学术资料。

吉林省文物考古研究所解峰副研究馆员系统介绍了2016～2021年吉林省珲春市古城村1号、2号佛教寺院遗址的考古发掘成果。1号寺院遗址始建于5世纪前后,沿用至渤海国中晚期。建筑遗址已被破坏殆尽,仅发现墙基槽等遗迹。在地层堆积及现代沟坑中清理出大量带有北朝晚期风格的石质造像残件及带有"壬子年六月作"铭文的瓦当。2号寺院遗址位于1号寺院西南约200米处,包括早、晚两期佛寺遗迹。早期佛寺始建年

参会代表发言

代不晚于渤海国早期，晚期佛寺始建于渤海国中晚期。早期佛寺叠压于晚期佛寺之下，目前仅发现墙基基槽等遗迹。晚期佛寺布局清晰，已揭露出5座大型夯土基址，并清理舍利地宫1处。原生倒塌堆积中出土大量建筑构件及佛教造像残件、壁画残块等遗物。古城村1号寺院遗址是我国东北地区迄今发现最早的地面佛寺遗址，为探讨高句丽佛寺布局和佛教在本地区的流行时间与途径等问题提供了重要线索。2号寺院遗址对研究唐代东北地区佛寺结构布局、舍利瘗埋制度具有重要意义。

河北省文物考古研究院陈伟副研究馆员结合正定开元寺南遗址宋元时期的考古发掘资料，深入探讨了这一时期该区域的市民信仰情况。宋元时期，开元寺以南区域属于一个相对独立且商业化色彩颇为浓厚的社区，尽管此时开元寺已趋于衰落，但社区内部却新兴建出一些小型寺庙作为宗教活动的重要场所。该区域内出土大量小型陶质造像，另有许多造像系沿用或改自北朝至唐代白石造像，同时发现大量以小型香炉为主的供养用具，这些可能与专营佛教用品的店铺有关。此外，还发掘出多处住宅中的压胜遗存，一方面反映出丰富的民俗信仰，另一方面也提示发掘者注意辨别区分窖藏与此类遗存。开元寺南遗址深刻反映出宋元时期具有浓厚世俗化、家庭化色彩的市民信仰和该社区繁荣的工商业活动。

兰州大学张善庆教授运用石窟图像与佛教仪轨相结合的研究方法，对敦煌莫高窟第72窟进行个案研究。他认为此研究方法之于敦煌莫高窟研究具有重要的学术意义和可行性，一方面是因为敦煌佛教仪轨文献数量庞大，形式多样，能够提供全面的文献支撑，另一方面是敦煌石窟洞窟类型多样，可以为研究的深入开展提供全面的资料。通过对该窟窟顶图像的整体分析，认为窟顶的千佛文本依据敦煌二十卷本《佛说佛名经》，但工匠抄写佛名时具有选择性，窟顶的千佛名号次第较为混乱。千佛图像属于佛名经经变，高居窟顶，并非用于阅读，而是与礼忏活动有关，其作用亦与整个洞窟的设计理念相合。

浙江大学陈晶鑫博士从地面佛寺与石窟关系的视角，以重庆新津石佛寺、四川安岳毗卢寺及浙江杭州圣果寺遗址为例，对宋明时期川东渝西与杭州地区的相关寺院遗址进行比较研究。研究认为，上述三处遗址呈现出两种布局形式，一种是石窟造像位于地面佛寺主体建筑内，构成寺院布局中主体建筑的有机组成部分，如石佛寺与毗卢寺遗址；一种是石窟造像位于地面佛寺主体建筑外围，但仍处于寺院范围之内，属于寺院从属建筑，如圣果寺遗址。出现此种差异的原因可能是川东渝西地区这一时期的石窟造像多以独立石包存在，建寺规划时可将石包完全纳入主体范围，而杭州地区多以摩崖造像为主，窟前可用空间有限，建寺时地面建筑独立规划，与造像所在分别营建。

中国文化遗产研究院黄雯兰馆员以茶胶寺庙山建筑为个案介绍了柬埔寨吴哥庙宇的考古学研究情况。她通过将茶胶寺与其他庙山建筑对比分析，认为茶胶寺延续了吴哥王朝开创之初庙山建筑形制与工艺传统，但同时又处于庙山建筑的转型时期。结合考古发掘及碑铭研究成果，她认为茶胶寺营建过程可分为三个时期：第一期是初创与中断阶段，寺院主体庙山建筑可能仅完成了基台部分；第二期是庙山建筑的改、扩建阶段，寺院建筑的主体部分基本完成；第三期是庙山建筑的停工和续建阶段，寺院因遭受雷击而停工，并在举行救赎仪式后继续建造。诸多迹象表明该建筑并未彻底完工。

二、石 窟 寺

10月19日上午为专业委员会学术报告的第二场，包括近年来石窟寺遗址考古调查、发掘与研究的7场学术报告，由兰州大学张善庆教授主持。

中国社会科学院考古研究所李裕群研究员以"从邺城到晋阳——古代

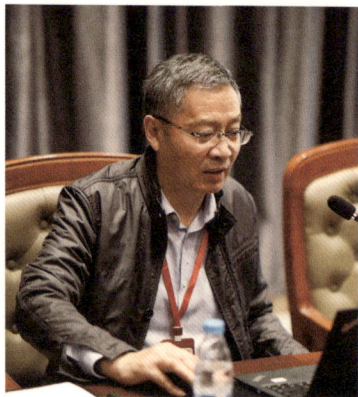

参会代表发言

交通路线上的北齐石窟"为题，对古代石窟与交通路线及都城的关系进行分析与研讨。他首先详细梳理了东魏北齐时期，邺城与晋阳之间两条交通主干道，即滏口道和井陉道。通过实地调查八赋岭道上的沟口、庆城和霍城三处北齐小型石窟，认为三处石窟在洞窟形制、造像题材与样式方面皆反映出邺城响堂山和太原天龙山主流石窟的影响。同时，探讨了上述小型石窟造像中三佛造像的题材，对石窟寺与古代交通路线的关系进行分析，最后指出八赋岭道是东魏北齐时期皇室往来并、邺之间最重要的路线之一。

中国考古学会理事、北京联合大学陈悦新教授以"须弥山石窟北朝洞窟的分期与供养人"为题，认为须弥山的48座北朝洞窟可分作三期。第一期洞窟年代上限约在500年前后，下限至北魏灭亡的534年；第二期洞窟的开凿时间大致在西魏时期（535～556年）；第三期洞窟的开凿时间为北周时期至武帝建德三年灭佛（557～574年）。结合历史文献，认为北魏和西魏中小型洞窟的供养主可能为具备一定经济实力的世家与庶民，另可能有僧人开窟，形制特殊的穹隆顶洞窟很可能与中亚粟特人有关，鲜见的双层礼拜道中心柱窟的供养人可能也与西来流寓的民族有关。北周大型洞窟的供养人与都城长安的关系密切，中小型洞窟与北魏、西魏的情况相近。

中国社会科学院考古研究所夏立栋博士从五个方面系统介绍了新疆鄯善吐峪沟石窟新近发掘与研究进展。首先，吐峪沟石窟新发现一批与石窟寺营造工程相关的遗迹，可从斩山崖面的视角切入，还原石窟寺营造次第，进行遗址整体的分期研究。其次，高昌郡至高昌国时期，高昌石窟以"凉州模式"为基础，充分吸收于阗、龟兹地区地面寺院和石窟营造理念，形成了融会东西、内容独特的"高昌样式"。再次，重点介绍了吐峪沟新出文书所见丁谷窟寺摩尼教团的情况。随后，对西州回鹘佛教石窟寺在功能分区、洞窟类型与组合、遗物等方面的发现与研究进行了详细解说。最后，介绍了吐峪沟发掘出土的汉文、胡语文书和壁面题记情况，其中大量的寺院行政文书，为探讨中古时期丁谷窟寺运作体系和僧团日常生活图景提供了全新资料。

麦积山石窟艺术研究所张铭副研究馆员结合国家文物局颁布的《中国石窟寺考古中长期计划（2021～2035年）》，重点介绍了麦积山石窟考古工作所取得的研究成果和新时代的工作目标。他认为，新时代麦积山石窟考古工作的主要任务是要保证落实麦积山石窟考古报告编写计划。要通过科学制定近、中、长期考古工作计划和任务目标，开展全面的石窟考古调查，广泛开展对外合作，同时进行与麦积山石窟相关的重大专题研究，全面推进麦积山石窟考古工作的跨越式发展，为建设中国特色、中国风格、中国气派的考古学事业添砖加瓦。

兰州大学魏文斌教授系统梳理了1925年陈万里自泾川南石窟寺携归北大北朝造像碑的保存和研究情况，论证此石并非《南石窟寺之碑》碑额。其后，将造像碑碑阳造像同该地区出土的带纪年造像进行比对，推定此碑年代为北周时期，并认为该造像碑样式在陇山以东的固原、泾川、华亭、平凉等地均有相似遗存，时代从北魏延续至隋代。这一地区地近关中，佛教艺术一方面受到关中地区影响，但同时也表现出比较明显的地域特征。

张掖市文物保护研究所姚桂兰研究馆员详细介绍了近年来张掖地区石窟寺遗址的考古调查成果，主要包括以下三个方面：在文物保护方面，申报实施了马蹄寺石窟保护规划、马蹄寺石窟群南北寺等七个单元的基础设施建设、岩体加固、壁画塑像修复、安防、数字化保护等20余个项目。在编写石窟寺报告方面，与中国社会科学院考古研究所合作整理、编写、出版马蹄寺石窟群和文殊山石窟考古报告。此外，完成了马蹄寺石窟群区域内460余座浮雕舍利塔龛的全面考古调查，编写完成了考古调查报告，在此基础上建立了马蹄寺石窟群电子数据库。

三、单体造像及其他

10月19日下午为专业委员会学术报告的第三场，包括围绕单体造像及相关问题的7场学术报告，由南京市考古研究院龚巨平研究员主持。

四川大学董华锋副教授指出四川新都"正因寺梁千佛碑"长期以来被认为雕刻于萧梁大同六年。经重新调查、补充辨识题刻、比对样式、分析雕琢次第，他认为此碑虽然可能始凿于南朝，但目前已无初时痕迹，所谓"梁大同六年题刻"为后期追记，现存造像均雕刻于晚唐至五代时期。碑首的蟠龙年代最早，大致雕刻于咸通二年。碑身正、背面及两侧面的千佛、主龛、菩萨和天王像雕刻略晚，年代为咸通四年。碑首二龙之间的造像和碑身右侧面斜抹棱平面上的立佛最晚雕刻，年代可能为晚唐五代时期。就造像内容而言，位于碑首的所谓"接引佛"实为一身"药师佛"。此药师佛下横刻的佛右足迹及二者形成的组合颇具地域特色。碑身两侧面下部的四天王像带有确切题名，是同类造像研究的可靠"标型器"。

麦积山石窟艺术研究所夏朗云研究馆员对麦积山第127窟正顶部大飞行菩萨的身份进行探讨。首先，他认为位于洞窟正顶部、以大飞行菩萨为中心的"经天飞行图"可以指示出整座洞窟壁画情节的发展方向，故而对于大飞行菩萨身份的认定尤显重要。其后，通过将第127窟内图像与佛典比对，结合此窟形成的历史背景，认为此身大飞行菩萨与往生西方净土有关，推断此窟的主要宗教功能为超荐西魏皇后乙弗氏往生西方净土。

山东大学高继习副教授讨论了玄奘所建大慈恩寺塔的形制及其影响，认为该塔塔身模仿了5世纪笈多王朝佛陀伽耶精舍多层方塔，同时可能还参考了犍陀罗迦腻色伽大塔和那烂陀寺佛塔形制。玄奘所建大慈恩寺塔在中国产生过广泛深远的影响，陕西西安小雁塔、周至仙游寺法王塔，云南大理崇圣寺千寻塔等唐塔形制皆为此例。同时，玄奘在塔身内供养经像舍利的方式在唐代及之后的佛教界也都颇有传承。

陕西历史博物馆杨效俊研究馆员以"法隆寺金堂壁画、五重塔内塑像所见武周风格"为题，将日本奈良法隆寺金堂壁画、五重塔内塑像与武周时期长安光宅寺七宝台、敦煌莫高窟第332窟、大云寺涅槃变碑像等代表性佛教建筑进行比较研究，认为法隆寺金堂壁画、五重塔内塑像呈现武周风格，其舍利崇拜主题、建筑与图像程序皆受到长安、洛阳和敦煌佛教艺术及佛舍利崇拜制度的影响。

四川大学考古文博学院博士研究生谈北平在整理四川资中新见炽盛光佛造像资料的基础上，结合四川青神及大足北山、石篆山等地的炽盛光佛造像，认为炽盛光佛与星曜的图像粉本应出自长安，而后分别传至四川和敦煌地区。资中西岩的炽盛光佛图像是经过蜀地寺院进一步创作后出现的。另外，资中西岩炽盛光佛处于"由动至静"的过渡阶段，在佛像姿势、手势、持物、牛车及星曜数量、特征及服饰等方面均发生较大变化，体现出星曜观念在民间的不断深入和蜀地浓厚的道教文化传统。

四川大学考古文博学院博士研究生张媛媛以山西太原崇善寺五十三参图像为例，探讨了图像的沿用与改进现象。通过逐一比对崇善寺善财童子五十三参册页画与北宋晚期惟白禅师所作《佛国禅师文殊指南图赞》（简称《图赞》），认为两者存在沿用、替换和增删现象。在不违背经文的前提下，尽可能忠实地沿用《图赞》图像；对于相抵触部分，会严格遵照经文记载删改；为充实画面，会依据《华严经》增加部分情节；为了图像的平

分组研讨会现场

衡，会调整人物面向和构图。其后，又对这三种现象出现的原因进行了细致分析。

中山大学社会学与人类学学院博士研究生丁曼玉以"宋代买地券中'鬼母'考——兼论《太上元始天尊说北帝伏魔神咒妙经》成书年代"为题，首先搜集、整理了宋代买地券中涉及"鬼母"的内容，通过将买地券中鬼母所处的地狱背景及其身份、功能、形象等与《太上元始天尊说北帝伏魔神咒妙经》（简称《北帝伏魔神咒妙经》）中的文献记载进行比对，认为两者高度重合，从而认为买地券中所载"地下（老）鬼母"应出自《北帝伏魔神咒妙经》，或与其同源。最后，论证了《北帝伏魔神咒妙经》的成书年代至晚当在唐末五代以前。

各组研讨会结束后，参会学者围绕发言议题进行了热烈讨论和充分交流。会议最后，中国社会科学院考古研究所李裕群研究员进行学术总结。第三届中国考古学大会宗教考古专业委员会的三场学术报告议题涉及的时代和地域广泛，类型丰富多样，既有突破性的考古发掘、调查成果，又有对石窟寺考古重要问题和研究理念、方法论层面的积极探索，研究成果令人振奋，中国石窟寺考古的未来必将光明远大。

执笔：夏立栋

审核：李崇峰　李裕群　何利群

边疆考古专业委员会

时　　　间：2021年10月18、19日

地　　　点：天鹅城二楼2-1会议室

主　持　人：魏　坚　丛德新　李新全　安文荣　陈国科　李文瑛　李林辉

　　　　　　乔　虹　张文平　白劲松　夏格旺堆

线下参会代表：戴宗品　王立新　宋玉彬　刘文锁　邓宏文　林　强　张建华

　　　　　　陈国科　吕红亮　王飞峰

线上参会代表：郭　物　巫新华　艾力江　仝　涛　余建立　牛健哲　刘晓东

　　　　　　魏明江　刘　伟　徐　坤　褚金刚　宋国栋　党　郁　王仁芳

　　　　　　杨谊时　刘兵兵　王倩倩　李国华　阮秋荣　于建军　何　伟

　　　　　　闵　锐　彭　万　刘　长　李　珍　覃　芳　杨清平　何安益

　　　　　　王晓琨　陈晓露　任　冠　梁会丽　黎海超　刘　翀　冯　宝

　　　　　　富宝财　郝园林　毕德广　李雪欣　林　栋　旦增白云

　　　　　　罗布扎西　艾克拜尔·尼牙孜

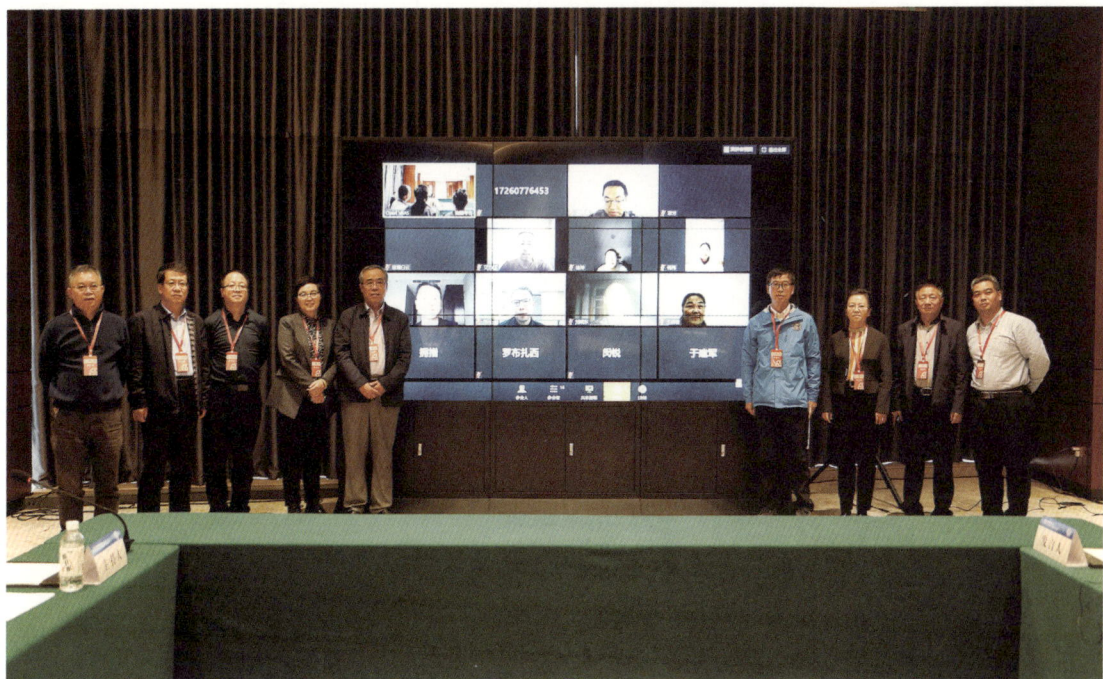

部分线上线下参会代表会场合影

为深入学习贯彻习近平总书记"9·28"重要讲话精神，努力建设中国特色、中国风格、中国气派的考古学，同时为纪念仰韶文化发现暨中国现代考古学诞生100周年，中国考古学会于2021年10月17~20日在河南省三门峡市召开仰韶文化发现暨中国现代考古学诞生100周年纪念大会和第三届中国考古学大会（2021·三门峡）。会议由中国考古学会、中国社会科学院考古研究所、河南省文物局、河南省三门峡市人民政府主办，河南省考古学会、河南省文物考古研究院、河南省三门峡市文化广电和旅游局共同承办。

受疫情影响，此次会议采取线上线下相结合的方式。根据大会安排，中国考古学会边疆考古专业委员会参会代表先后参加仰韶文化发现暨中国现代考古学诞生100周年纪念大会开幕式，参观庙底沟仰韶文化博物馆、虢国博物馆、仰韶村博物馆、仰韶村国家考古遗址公园，参加第三届中国考古学大会（2021·三门峡）闭幕式等。其中10月18日下午、10月19日全天为边疆考古专业委员会学术研讨时间。10月18日下午发言分为两场，第一场会议主持人为中国社会科学院考古研究所边疆与民族考古研究室主任、中国考古学会边疆考古专业委员会常务副主任委员丛德新研究员，辽宁省文物考古研究院书记李新全研究员。会议伊始由中国人民大学历史学院、中国考古学会边疆考古专业委员会主任委员魏坚教授致辞，魏坚教授回顾了边疆考古专业委员会成立以来进行的主要工作，强调边疆考古学作为中国考古学的重要组成部分，要以考古发现为基础，进行跨地域、跨学科综合研究。边疆考古专业委员会不但要为建设有中国特色、中国风格、中国气派的考古学而努力，而且在铸牢中华民族共同体意识、阐述中华民族多元一体进程中应发挥自己的作用。

随后魏坚教授开始边疆考古专业委员会的第一场发言，发言题目是"中国北方农牧交融与畜牧业起源发展进程的思考"。本文选取内蒙古中部、辽西和新疆北部地区作为研究对象，在归纳考古发掘材料的基础上，利用动、植物考古，环境考古和体质人类学研究的最新成果，结合^{14}C测年和 DNA 检测数据，以更为广阔的蒙古高原和欧亚草原的视野，探讨了中国北方农牧交融和畜牧业起源的过程，认为从早期以采集和狩猎为主的大型聚落，到采集和狩猎存在下的农业聚落的繁荣，再到农耕的衰退和畜牧业经济的最后形成，而这一发展进程是生态环境变迁、文化适应和古代族群的迁徙等因素交互作用的结果。

吉林省文物考古研究所所长安文荣研究员、徐廷研究员的发言题目是"金东夏国南京城的考古发现与确认"。磨盘村山城坐落于吉林省图们市长安镇磨盘村七组一处相对独立的山体之上，它三面被布尔哈通河环绕，地势险要，易守难攻，扼守延吉盆地的最东缘，是连通黑吉两省，东出大海的重要通道，地理位置十分重要。山城城墙利用自然山势，沿山脊和山腹修筑，平面呈阔叶状，周长4549米，现存城门7座，角楼2处，2006年被国务院公布为第六批全国重点文物保护单位。为了准确认识山城的年代、性质和布局，配合国家考古遗址公园建设，经国家文物局批准，吉林省文物考古研究所自2013年起对该遗址进行了连续8年的主动性考古发掘工作。在低空激光遥感和滤植技术的配合下，在城内调查、勘探发现各类人工台地、建筑、院落等遗迹近500处，呈现出重西轻东的布局特点。解剖墙体6段，清理城门3座，角楼1处，确认山城城墙早期石构，晚期土筑，始建于公元7世纪。累计发掘面积6405平方米，共发现大型建筑基址20处，院落2座，小型房址15个、排水沟渠2条以及灰坑40余个，出土遗物超过5000件。确认遗址内主要包含早晚两期文化遗存，其中晚期遗存以青灰色建筑构件为代表，属金末东夏国遗存，早期遗存以红褐色建筑构件为代表，年代在7～8世纪。磨盘村山城南高北低、三面环河的地貌特征正合文献记载元军佯攻东北，突袭西门，居高临下，攻陷南京的战斗场景。遗址内"天泰四年五月造"铜印的出土以及大量高等级建筑的发现，从考古学角度证实了东夏国南京城的空间位置、遗存特征和空间布局，填

部分线下参会代表会场合影

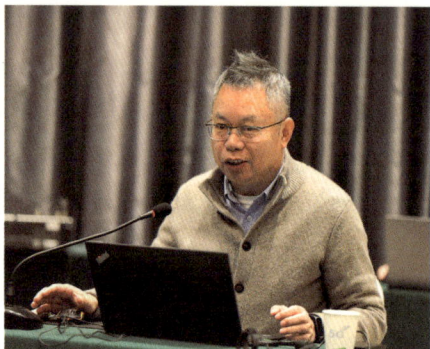

参会代表发言

补了东夏国考古工作的空白。城内红褐色瓦件分布范围广，东区建筑群多边形建筑基址规格等级高，早期石构墙体砌筑工整，种种迹象表明，该城很可能与大祚荣"遂率其众东保桂娄之故地，据东牟山，筑城以居之"的渤海立国之地密切相关。磨盘村山城的考古发掘，是我国边疆考古的又一重要成果，为边疆史地研究提供了全新的资料，有利于筑好东北边疆地区长治久安的历史根基，对中华文明和中华民族多元一体进程研究具有重大的政治社会意义。

内蒙古自治区文物考古研究院院长张文平研究员的发言题目是"呼和浩特市武川县坝顶北魏祭祀遗址考古新收获"。坝顶北魏祭祀遗址位于内蒙古自治区呼和浩特市武川县大青山乡坝顶村西南约1千米处的大青山蜈蚣坝坝顶之上。该项目为内蒙古自治区文物考古研究院申报的国家文物局主动性考古发掘项目，累计发掘面积1900平方米。2019~2021年，通过三年的考古发掘，首先，厘清了坝顶北魏祭祀遗址的形制结构，自内而外由祭坛、内环壕、内垓、外垓、外环壕五部分组成。其次，基本厘清了祭坛的起建、使用及废弃年代关系。最后，通过考古发掘与史料结合，认定坝顶遗址的性质功能，为北魏阴山皇家祭祀遗址。呼和浩特市武川县坝顶北魏祭祀遗址的考古发掘及其性质的认定，不仅填补了魏晋南北朝时期皇家祭天遗存的一个空白，也为寻找金陵以及北魏盛乐旧都的考古学研究工作提供了重要的线索。

甘肃省文物考古研究所所长陈国科研究员的发言题目是"河西走廊地区透闪石玉矿开采年代的考古学观察"。近年来河西走廊地区一批与透闪石玉料开采和利用相关的聚落址的确认，为探讨该地区早期透闪石玉开采年代提供了重要资料。通过层位学、类型学分析，结合 ^{14}C 测年，初步认为自公元前2000年以来的近2000年间，河西走廊地区一直进行着透闪石玉矿的开采，且经历了西城驿文化或齐家文化—四坝文化或齐家文化—骟马文化早段—骟马文化晚段或中原汉文化等几个主要阶段，基本勾勒出了河西走廊地区早期透闪石玉料的开采历程。

青海省文物考古研究所副所长乔虹研究员的发言题目是"近年来青海史前考古新发现"。近年来，青海省考古工作者通过不懈努力，完成了多项抢救性考古调查与发掘和主动性考古发掘项目，考古工作成果主要表现在：一是考古项目涉及的文化遗存年代跨度大，更加明晰地揭示出青海史前时期的发展脉络。二是考古工作区域已经覆盖到全省范围内，包括青南的玉树、果洛地区，新发现不断丰富和深化区域内的文化内涵。三是为解决学术问题而开展的主动性考古项目成果比较丰硕，通过学术研究课题和多学科跨领域研究，进一步推进考古工作的精细化以及综合研究的深度和广度。

下午第二场发言的主持人为吉林省文物考古研究所所长安文荣研究员、甘肃省文物考古研究所所长陈国科研究员。

新疆文物考古研究所所长李文瑛研究员的发言题目是"小河文化研究"。小河文化分布于新疆塔里木盆地中东部地区，兴起于公元前3千纪下半叶，公元前2千纪上半叶一度繁盛，公元前2千纪下半叶逐渐衰落并最终消失。小河文化遗存迄今已发现十余处，最具代表性的是深处罗布泊西南荒漠的小河墓地，以小河墓地的发现为代表，可将这一文化命名为小河文化。小河文化在发展过程中很可能形成了以克里雅-小河墓地为代表和以古墓沟-咸水泉墓地为代表的两个类型，两类型区别的主要原因可能是由社会文化发展的不平衡性所造成。小河文化既具有鲜明的地域特色，又有来源于欧亚北部草原地带的文化因素，也有来源于欧亚东部的文化因素，很可能还有来自其他方面的因素。从目前的发现看，小河文化与哈密天山北路为代表的林雅文化之间，有过密切的影响与互动。小河文化的源流、文化要素的构成、文化发展进程研究中尚有许多问题需要继续探索。小河文化反映出夏商时期塔里木盆地青铜时代文化的独特性、多元性和复

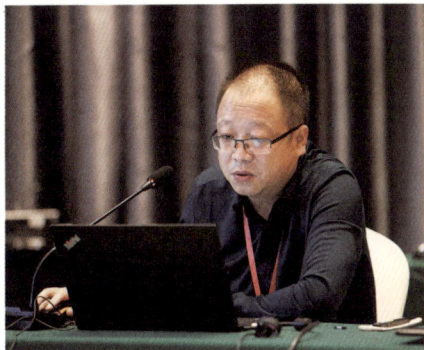

参会代表发言

杂性，为新疆史前考古文化、史前社会原始宗教、信仰的研究提供了极其丰厚的资料，同时，也极大地拓展了我国西北地区乃至欧亚大陆早期历史、文化交流、人群迁徙、人地关系等多学科、多领域研究的视野。

西藏自治区文物保护研究所所长李林辉研究员的发言题目是"西藏近年考古新发现"。西藏所在的青藏高原，南起喜马拉雅山脉南缘，北至昆仑山、阿尔金山和祁连山北缘，西至帕米尔高原和喀喇昆仑山脉，东部以横断山脉的南麓或东麓为界；青藏高原的东及东北部与秦岭山脉西段和黄土高原相接。近年来，西藏考古针对不同时段考古学研究目标，分别有目的、有计划地开展了一系列考古工作，新发现如雨后春笋般涌现，新成果也开始集中呈现。目前，西藏史前考古亟须解决的问题是：人类何时、从何方、沿何路线进入高原？又是如何在高原腹地定居？且目前针对此目标展开的尼阿底遗址发掘、梅龙达普洞穴遗址发掘、夏达措遗址发掘、切热遗址发掘、苏热遗址发掘、玛布措遗址发掘，都取得了不同程度的收获。同时，近年西藏早期金属时代考古，在推动这一时段的考古学文化研究、政治实体初兴研究方面，有了实质性进步，例如格布塞鲁遗址、曲龙遗址、桑达隆果墓地、皮央东嘎遗址的考古发掘工作。吐蕃时期的政治、经济中心位于拉萨、山南一带，但是因为城市的扩张和长期沿用，致使这一区域的考古工作曾经在很长一段时间内没有进展，但是近年新发现的当雄吐蕃墓葬、山南那龙墓葬、吉隆顶恩布墓葬、拉萨温江朵遗址等都为吐蕃时期考古提供了新资料。吐蕃以后，佛教遗迹在西藏考古学研究对象中占了很大的比例，西藏石窟寺调查研究，在2016～2020年期间，不断通过各类"国家社会科学基金项目"，以及"全国（西藏）石窟寺专项调查"项目，在西藏石窟分布数量、地域、时间、内涵研究上都有了新的突破。而作为受地势严重影响而相对"闭塞"的世界第三极之地，青藏高原交通路线调查研究也是近年西藏考古新发现的重要工作之一，我们先后开展了"唐蕃古道""茶马古道""南亚廊道"三条交通网络的调查。

云南省文物考古研究所副所长戴宗品研究员的发言题目是"古滇国发现的金器及相关问题讨论"。位于滇池东南岸的昆明晋宁石寨山，在1956年发现了滇王金印，证实了司马迁《史记·西南夷列传》记载的古滇国的真实性。随着石寨山、李家山等大批古滇国时期墓葬的发掘，发现这是一个被忽略的先秦至秦汉时期的富庶邦国，出土了总数逾2000件的黄金制品。对古滇国金器的器类、用途、工艺及来源初步研究表明，拥有的黄金数量很大，主要用于殓葬装饰、武器与马匹装饰、身体装饰，锻造、铸造、珠化、镀金等工艺齐备。其中的器类、装饰纹样等既与三星堆—金沙遗址出土金器具有传承关系，又大量吸收了北方草原饰牌类金器的装饰艺术风格，并且受同期波斯艺术的影响，是一种兼收并蓄的多源头黄金艺术共同作用下成长起来的独特现象，在世界黄金艺术品中有着自己特殊的地位，与中原地区的同时期黄金制品有着明显的区别。

广东省文物考古研究所刘长副研究员的发言题目是"粤西南地区南朝至唐代遗存的新认识"。2007年广东省文物考古研究所在配合粤西南的洛湛铁路岑（溪）茂（名）段建设的抢救性发掘中发现了一批极具特色的遗存，年代为南朝至唐代，学界常称之为"俚人文化"遗存。长期以来，学界未对此类遗存予以足够关注，本文拟在以往发现和研究的基础上，结合目前所见材料，试就此类遗存的文化特征、命名、分布范围、分期年代等问题提出一些新的认识。

19日上午第一场发言的主持人为新疆文物考古研究所所长李文瑛研究员、内蒙古自治区文物考古研究院院长张文平研究员。

辽宁省文物考古研究院书记李新全研究员的发言题目是"辽东地区战国晚期至西汉初期几批遗存年代辨析"。辽东地区在战国晚期被东扩的燕国所统辖，并设有辽东郡，但燕国对辽东地区的统治据学者研究是据点式的。目前发现的几批这一时期的考古材料如辽阳徐往子战国墓、新城战国墓；沈阳热闹路战国墓、沈阳四〇一库战国墓、抚顺莲花堡遗址、本溪上堡青铜短剑墓、丹东凤城刘家堡子遗址与瓮棺墓等有些在年代判定上存在问题。通过对辽东地区几批战国晚期至西汉初期的考古材料的年代分析，明确了辽阳的徐往子墓、沈阳热闹路墓、沈阳四〇一库墓的年代为战国晚期。辽阳新城墓、本溪上堡石棺墓、丹东凤城刘家堡子遗址与瓮棺墓的年代为西汉初期。抚顺莲花堡遗址的铁器虽可早到战国晚期，但铁器的使用寿命要远比陶器长，不排除铁器的铸造年代为战国晚期，使用年代可能已经进入西汉初年。莲花堡遗址的中原文化泥质灰陶绳纹罐与刘家堡子瓮棺墓、上堡石棺墓出土的同类器物几乎一致，从陶器的视角来看，其年代已经进入西汉初年。上堡石棺墓还出土了两把东北亚系青铜短剑，关于这种类型青铜短剑的年代问题，传统的认识是在战国末至西汉初，通过研究，可以明确它的年代能晚到西汉初期，这对于我们认识这种类型的东北亚系青铜短剑的年代下限问题具有很大的参考价值。

黑龙江省文物考古研究所副所长刘晓东研究员的发言题目是"从考古学发现看靺鞨民族的历史贡献"。靺鞨民族是历史上有"海东盛国"之称的渤海国的建立者。靺鞨民族主要的活动范围是我国黑龙江和吉林的东部地区、俄罗斯境内黑龙江中下游北岸和滨海地区的广大境域。据文献记载，两汉时期这里生活着挹娄、沃沮、夫余、豆末娄等十余个族群。这一时期该区域存在滚兔岭、团结、蜿蜒河、桥南、东兴、东康等多种考古学

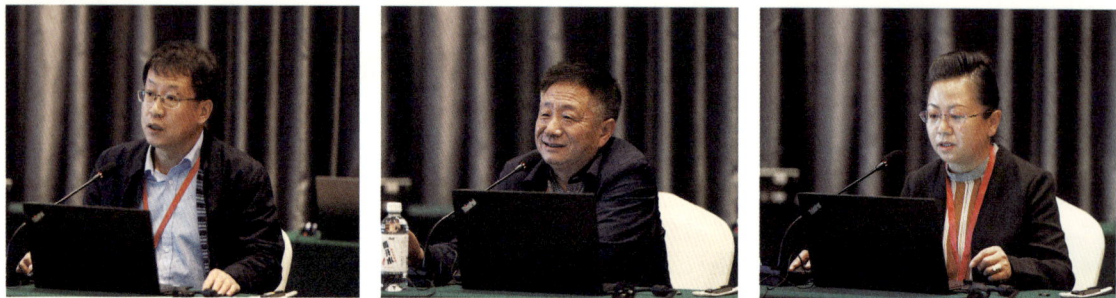

参会代表发言

文化和类型，虽不能与文献中所述人群一一对应，却也真实地反映了当时族群林立、各自相安的局面。魏晋南北朝时期，勿吉和靺鞨称谓先后出现在文献记载中。考古学研究的过程中，勿吉、靺鞨民族的代表性遗存得到了有效辨识。研究认为，"肃慎—挹娄—勿吉—靺鞨"的发展传承关系中，族名变化的原因是不同的。肃慎、挹娄和勿吉的变化是因不同称谓的人群因实力和影响力的变化而分别成为区域人群的代表，而勿吉到靺鞨的转变则是因为称谓在以音传记的过程中发生的音转和用字的变化。从魏晋时期开始，这一区域的考古学文化面貌逐渐同一，前期的滚兔岭、团结、蜿蜒河、桥南、东兴、东康等考古学文化消失，取而代之的是似与蜿蜒河类型具有传承关系的同仁文化，即现在所称的靺鞨文化，这一考古学文化中也存在着如滚兔岭、团结等考古学文化的一些因素，反映出区域内生活的各个人群在这一时期开始了实质性的文化融合。隋唐时期，这一区域内出现了诸如粟末、白山、黑水、拂涅、安居骨、伯咄、号室等多个族群，他们都被称作靺鞨，且粟末靺鞨建国受唐册封后，有一个"始去靺鞨号专称渤海"的称谓变化节点，或可说明这些族群的"靺鞨"称谓不只是被称作，很可能是他们自身的认可，他们已经形成了"靺鞨"的民族认同。渤海灭亡后，靺鞨民族的称谓变成了"女真"，一般研究认为这是"珠申""肃慎"的记音。这一变化很可能是在这一时期原称"肃慎"的人群强大起来成为族群的代表。《金史》中也有"金之先出靺鞨氏，本号勿吉"的说法，说明即使民族的称谓发生了变化，但"靺鞨"的民族认同依然存在，并且对后世形成了重要的影响。魏晋隋唐时期，靺鞨民族其区域内形成了实质上的文化统一，形成了区域内人群的民族认同，建立了区域内的第一个地方政权，接受唐王朝的册封，与周边区域建立了紧密的联系。靺鞨民族所做出的历史贡献，对多元一体的中华民族形成发展产生了深刻的影响。

内蒙古自治区文物考古研究院宋国栋研究员的发言题目是"内蒙古苏

尼特右旗吉呼郎图匈奴墓群考古发掘新收获"。吉呼郎图匈奴墓群位于内蒙古自治区锡林郭勒盟苏尼特右旗额仁淖尔苏木吉呼郎图嘎查,由120座墓葬组成。2020年10月,内蒙古自治区文物考古研究院与北京师范大学历史学院合作,发掘墓葬2座。2021年7月至今,发掘墓葬17座,目前发掘工作仍在持续进行中。墓葬的地表皆有封石堆,多数为圆圈形,墓葬结构全部为竖穴土坑式,单人葬,头朝西北或东北。发现1例共用同一封石堆的同茔异穴墓(M32、M33),在已发表的匈奴墓葬资料中非常少见。葬具多为一木棺一木椁或一木棺一石椁的组合形式。木棺四壁及顶板上装饰有大量柿蒂花形铁饰,棺头部位有日月形铁饰。M10柿蒂花形铁饰位于菱形网格铁条的中央。多数木棺的北侧有头箱,用于放置随葬遗物,主要有陶器、铜器、铁器、漆器、骨器、牛马羊殉牲骨。陶器多以泥质灰陶壶和夹砂黑陶罐的组合形式出现。铜器主要为铜镜和铜扣,M11出土了1件完整的带柄铜镜,其余铜镜皆残破。铁器主要有马镳衔、铁灯、铁带扣、铁镞等。骨器主要有弓弭、骨筷等。动物殉牲骨以头和蹄的组合形式出现,骨骼表面普遍有焚烧痕迹。吉呼郎图匈奴墓群是我国阴山以北、戈壁以南草原地区发现的第一处匈奴墓群,填补了内蒙古草原地区匈奴遗存分布的空白。此次发掘初步了解了墓葬的结构、遗物组合类型,获取了许多珍贵的实物材料,通过多学科合作研究,必将在匈奴考古研究中取得一些新突破。

呼伦贝尔博物院院长白劲松研究员的发言题目是"呼伦贝尔地区新石器时代考古发现"。距今1万年左右,呼伦贝尔地区迈入了新石器时代早期阶段,在呼伦贝尔的海拉尔河、伊敏河等流域和呼伦湖水域、额尔古纳河流域以及嫩江流域,以采集和渔猎为主的原始先民们采石制器,慧心琢玉,烧土为陶,挖穴为家,率先告别了荒蛮和蒙昧。在呼伦贝尔境内分布的居住址、墓葬、祭祀坑、石器打制场等共计二百余处,其中作为中国文明起源的"多元一体"重要组成部分,也是中国新石器时代文化分布最北地点的哈克遗址文化内涵深厚,不仅有地层,有居住址,有墓葬,而且出土遗物以精美玉器、细石器、骨器、陶器等为代表,颠覆了人们对于草原文明开端的浅显认识的界限,是呼伦贝尔新石器时代细石器遗址的典型代表,对划分和确立中国东北地区细石器文化的类型及其渊源具有重要的价值。通过对呼伦贝尔地区新石器时代考古发现,打制石器的发现分布、石器制作技术、工具组合进行具体介绍和分析对比,探究了呼伦贝尔地区新石器时代打制石器独特面貌的形成原因。深入地研究了呼伦贝尔地区新石器时代考古发现和呼伦贝尔地区丰厚的人文历史,极大地延展了中国历史的轴线,科学地展示出中华文明起源发展的历史脉络,对于研究人类社会发展、生态保护、民族形成、中华民族多元一体进程都具有一定的现实意义。

第二场发言的主持人为青海省文物考古研究所副所长乔虹研究员、呼伦贝尔博物院院长白劲松研究员。

甘肃省文物考古研究所所长陈国科研究员、刘兵兵副研究员的发言题目是"武威地区唐代吐谷浑王族墓葬的布局及相关问题探讨"。吐谷浑王族墓群位于甘肃省武威市西南，地处祁连山北麓，主要分布于武威南山区南营水库以西，冰沟河与大水河中下游北岸的山岗之上。通过持续开展的考古调查、勘探和发掘工作，共发现吐谷浑王族墓葬23座，发掘墓葬10座。从目前的考古发现及研究来看，武威南山区至少存在两个吐谷浑王陵区，即大可汗陵区和阳晖谷陵区，时间上先后相承。两陵区内墓葬均分布零散，整体呈现出"大集中，小分散"的基本特征。墓葬皆营造在一个个山岗之上，坐北朝南，"牛岗僻壤、马鬣开坟"，独具特色。墓群年代集中在唐早中期，墓葬均具有唐早中期高等级墓葬的基本特征，以唐代葬制为主，葬俗兼有明显的吐谷浑文化、西域文化、草原文化因素。该墓群的发现与研究，揭示了吐谷浑民族融入中原文明体系的史实，为铸牢中华民族共同体意识提供了文化自信。

中国社会科学院考古研究所边疆民族与宗教考古研究室主任丛德新研究员的发言题目是"新疆博尔塔拉河流域高海拔地区青铜时代遗址发现的意义"。近年来，在新疆西天山地区的博尔塔拉河流域，发现了青铜时代的遗址和墓葬，并进行了正式的发掘。结合调查的材料，在海拔1500～2300米的区域内，均发现了面貌相似的遗存。可贵的是，在海拔2800米以上的高海拔处，也发现了青铜时代的遗存。这些遗址均以3～4处，甚至更少的房址为特点；结合温泉县阿敦乔鲁遗址和胡斯塔遗址等处的发掘资料，在综合了环境、气候等资料，以及民族学材料等研究基础上，认为这可能是早期转场游牧的生业形式，即存在春、秋或夏、冬牧场的定期转场游牧活动。

新疆文物考古研究所于建军研究员的发言题目是"新疆阿勒泰地区青铜时代考古学文化研究"。近年来，在新疆阿勒泰地区的考古工作有了较大的发展，通天洞遗址的发现，成为具有重要历史意义的标志性事件，该遗址不仅仅将新疆有人类活动的历史上推到4.5万年，而且还从一定程度上廓清了该地区青铜时代考古学文化发展的脉络，如通天洞遗址中发现的早期陶片、距今5200年的大麦、小麦，以及距今约5000年的黍，从一定程度上为研究早期农业文明的相互影响提供了重要线索，发现的锡青铜管饰件，也为研究早期青铜时代的源流打下了基础，结合近来在阿勒泰地区对古墓葬的发掘收获，可以判断出切木尔切克乡与阿凡纳谢沃文化、奥库涅夫文化之间的关系，对于厘清阿勒泰地区即阿尔泰山南麓青铜时代考古学文化的发展脉络有着重要的意义。

青海省文物考古研究所副所长王倩倩研究员的发言题目是"青海喇家遗址考古新发现"。喇家遗址坐落于青海省东部官亭盆地，位于民和回族土族自治县官亭镇喇家村，分布在黄河北岸的二级阶地，海拔1800米左右，占地面积约67.7万平方米。1999~2007年，中国社会科学院考古研究所甘青队、青海省文物考古研究所、民和县博物馆联合对其进行了历时9年的考古发掘。2013~2019年，为配合喇家国家考古遗址公园的建设，青海省文物考古研究所联合四川大学等多家单位开展了第二阶段的田野工作。两个阶段共发掘面积9000多平方米，取得了许多突破性的新发现，入选2001年度"全国十大考古新发现"，并被国务院确定为全国重点文物保护单位。第二阶段的发掘由青海省文物考古研究所联合四川大学历史文化学院、成都文物考古研究院、喇家遗址博物馆，历时7年，取得了一系列较为重要的考古收获。发掘面积近6000平方米，清理遗迹450余处，出土了丰富的生产和生活遗物，逾2000件，以齐家文化遗存为主，兼有马家窑文化、辛店文化、汉晋遗存等。通过对不同地点的发掘，不仅对每个区域遗存布局有了新认识，而且发现每个地点的文化内涵都不相同，提示喇家遗址理应存在一定的功能分区，对于探索喇家遗址齐家文化聚落布局与演变等研究具有重要的意义。发现大量重要的齐家文化遗存现象，包括被地震毁坏、严重变形、出土非正常死亡人骨的房址，附属设施健全、二次利用、器物组合特殊的房址，喇家遗址第一座陶窑，防御性设施壕沟，首次发现齐家文化人、畜合埋的祭祀坑，大型排水冲沟，数量众多、出土器物丰富的窖穴及平面呈方形的灰坑等，还有权杖头、带柄石刀、玉钺、玉璧、卜骨、仓形器、陶盉、敛口瓮等重要遗物，丰富了喇家遗址的文化内涵，深化了对齐家文化的认识，可以窥见喇家遗址是同时期齐家文化的中心聚落。新揭露多处地震、洪水、山洪等史前灾害迹象，个别区域还提供了灾难堆积之间的重要层位关系，这些新资料进一步丰富了学界对喇家遗址齐家文化时期聚落的最终毁灭和废弃过程的认识，也更加凸显了这处灾变遗址的特殊性、复杂性和重要性。马家窑文化、辛店文化、汉晋遗存的发现与清理，拓展了喇家遗址的外延，对于了解喇家遗址不同时期文化面貌及聚落变迁提供了新材料。

19日下午第一场发言的主持人为西藏自治区文物保护研究所所长李林辉研究员、云南省文物考古研究所副所长戴宗品研究员。

西藏自治区文物保护研究所副所长夏格旺堆研究员的发言题目是"西藏史前墓葬的类型及其演进"。近几年以来，西藏自治区境内发现了几十处新的史前墓葬，时间跨度为公元前1600～公元1000年。这些墓葬都经过科学考古发掘，获得了比以往任何时候都更多的年代学数据、史前考古学文化信息，对于建立西藏史前考古学文化的时空框架提供了更大的可能性。尽管新发现的墓葬类型没有超过以往数据，但在形制和考古文化内涵、面貌、认识等方面已经远远超过了以往的工作。本研究通过对近年新发现的十几处不同区域、不同生态环境背景下的西藏史前墓葬材料的观察，主要从墓葬类型与形制、年代与分期、葬式葬俗、生业模式等方面入手，对史前西藏的丧葬习俗、考古学文化的演进、社会发展面貌等问题进行初步的思考。

西藏自治区文物保护研究所何伟副研究员的发言题目是"西藏札达县桑达隆果墓地考古发掘"。桑达隆果墓地位于西藏阿里地区札达县，是一处沿用近千年（公元前300～公元700年）的重要墓地。该墓地墓葬分布密集、打破关系复杂，多样的墓葬形制和大量的出土遗物，呈现出了西藏西部早期的考古学文化特征，可从中初窥当时当地的社会结构、生业模式之端倪，同时与喜马拉雅山脉南麓、新疆、中原及西藏其他区域的交流在此也留下了痕迹。墓葬分布在县城以北的象泉河北岸一级台地上，并以桑达沟为界，分为东、西两区。桑达隆果即藏语Sangsdar lung mgo的音译，意为"桑达沟口"。桑达隆果墓地从公元前366年一直沿用到公元668年，时间长达1000年之久。在这1000年期间，桑达隆果墓地表现出了不同时段的考古学文化特征，大致可分为三期。桑达隆果墓葬是目前探索西藏西部早期丧葬习俗最系统的墓葬材料，反映出当时、当地先民们有同时随葬明器、实用器两类器物的传统，以及随葬食物和毁器的习俗。

云南省文物考古研究所闵锐研究员的发言题目是"金沙流域考古新发现与新思考"。金沙江中游从云南丽江石鼓镇到四川屏山县新市镇绵延1200多千米，为高山峡谷区，气候比较干燥，沿岸小盆地内光照和水资源丰富。中游地区南北两岸四川、云南境内共有14条支流长度超过100千米。为配合乌东德水电站、白鹤滩水电站等大型工程基本建设，云南省文物考古研究所近年来在金沙江中游发现遗址和墓地40余处，大致分为四个集中的区域：虎跳峡区域、渔泡江流域、龙川江流域、巧家县境内，其中龙川江流域和金沙江北侧的雅砻江流域是发现最集中的区域，年代跨度也比较长。该区域内支流遍布，是文化传播与民族迁徙的通道。金沙江各支流在早期遗存的形成过程中起到重要作用，重要发现都分布在支流附近。金沙江中游流域内的四大集中区域，从新石器时代起就密切联系并一直延续到秦汉时期，但各区域也保持了区域自身的风格。

四川大学考古文博学院博士研究生、沈阳市文物考古研究所林栋副研究员的发言题目是"辽代帝陵的考古学初步观察"。古代帝王是封建社会的最高统治者，拥有至高无上的权力和地位。帝王陵寝是古代墓葬中规模最大、等级最高、文化内涵最丰富的，具有极高的历史和考古研究价值。有辽一代，历经9位皇帝，共修建10座帝陵，葬于5大陵区。辽代帝陵在充分吸收借鉴中原王朝汉文化基础上，也体现出了契丹草原民族的自身特色，处在我国古代帝陵发展的重要阶段。新世纪以来，随着祖陵和乾显二陵主动性考古工作的深入，新发现成果不断丰富，为辽代帝陵的进一步深入研究创造了条件。报告拟在较为全面收集现有资料的基础上，对各陵的陵区兆域、陵园结构、玄宫享殿、奉陵城邑和出土遗物等进行了考古学视角的初步观察和分析比较，进而将辽代帝陵的发展演变情况分为三个阶段，并对各阶段辽代帝陵特点产生的历史背景进行初步的探索。

中国社会科学院考古研究所王飞峰副研究员的发言题目是"高句丽卷云纹瓦当研究"。高句丽卷云纹瓦当是目前发现最早的高句丽瓦当，根据其发展演变可以分为前后两个阶段，前期流行铭文卷云纹瓦当，后期则使用无铭文卷云纹瓦当。同时高句丽卷云纹瓦当在直径、当面构图和制作工艺等方面也表现出一定的特点。特别值得关注的是桓仁凤鸣遗址发现的无铭文卷云纹瓦当为寻找朱蒙庙和朱蒙墓提供了重要线索，在高句丽考古学研究中具有非凡的价值。

执笔：丛德新　王飞峰
审核：魏　坚　丛德新

考古年代学专业委员会

时　　　间：2021年10月18日

地　　　点：天鹅城二楼会盟厅

主　持　人：孙　波　张家富　吴小红

线下参会代表：王树芝　邓成龙　秦　岭　杨颖亮　陈相龙

线上参会代表：韩　非　葛俊逸　刘春茹　孙雪峰　弋双文　周亚利

　　　　　　　宝文博　童　艳　许晨曦　张　普　楼建龙

　　2021年10月18日下午，考古年代学专业委员会举行了学术研讨会，参会代表共19人，其中线下代表8人，线上代表11人。考古年代学专业委员会是2021年刚刚成立的新专业委员会。会议开始前，先由专业委员会主任吴小红教授介绍了专业委员会成立的初衷、筹备的过程以及专业委员会的基本情况。

　　研讨会分为上下半场举行，上半场由山东省文物考古研究院孙波研究员主持，下半场由北京大学城市与环境学院张家富教授主持。参会代表共

线下参会代表会场合影

做报告13场，内容涵盖考古学研究中主要使用的几种测年方法，包括^{14}C测年、释光测年、磁性地层学定年、树轮定年、ESR和铀系测年等，既有理论方面的介绍，也有多种测年方法在考古学中的应用，同时还探讨了^{14}C年代数据在考古学研究中的使用现状和存在的问题。

一、应用于考古学研究中的多种测年方法及其最新进展

吴小红介绍了^{14}C年代研究方法的新进展。一方面，提取单组分化合物开展年代测定成为目前^{14}C年代测定技术的一个新亮点，特别是使用该方法开展陶器残留物分析和年代测定，提供了直接利用陶器开展年代测定的新举措。另一方面的革新发生在^{14}C数据的处理和分析层面。贝叶斯统计方法的应用与^{14}C树轮校正曲线的使用相关联，使得考古背景信息、样品年龄等相关信息可以先验条件的方式进入数据分析过程，为^{14}C年代数据与考古问题的结合提供了有效途径。考古遗址^{14}C数据大量积累，采用大数据分析方法开展相关问题的研究，比如与地理信息系统的结合，观察古代人口在空间范围内随时间变化的情况等。^{14}C树轮校正曲线这些年也在不断被修正和更新，IntCal20曲线有了不少改进。所有这些进展为^{14}C测年方法在考古领域的应用开辟了新的视野。

张家富介绍了释光技术的新进展以及在考古学中的新应用。释光技术在考古测年的应用仅次于^{14}C测年技术，尤其是对不含有机碳或年代超出放射性碳测年范围的考古遗址，甚至对某些遗址，释光技术是唯一可应用的测年方法。释光测年最大的优点是测年物质（主要是石英或长石颗粒）的普遍性，地表沉积物中几乎都含有这些矿物；第二大优点是测年范围比较广，从几十年到几十万年，甚至有的样品测得上百万年。除常用的沉积物释光测年，现在还发展了释光的岩石表面暴露测年和埋藏测年。此外，该技术现在还用来检测遗址地层的完整性和古物的加热历史等。释光技术近年在考古学上的新应用，尤其是在旧石器考古上的应用，在人类起源和迁徙研究方面发挥了越来越重要的作用，能够解决考古中的许多问题。

邓成龙介绍了磁性地层学的原理以及在考古遗址定年中的应用。磁性地层学不是独立的定年方法，是间接定年方法，是综合地层年代学，需要与生物年代学、同位素年代学、气候地层学、天文年代学相结合。由于有高精度同位素年代标定，高精度天文调谐年代标定，高精度^{14}C和钍年龄对地磁漂移的年代标定，使得磁性地层学成为高精度定年方法。由于非洲、东南亚地区和中国（东亚）地层特点不同，在非洲和东南亚地区，磁性地层学只能作为同位素年代学的辅助手段，而在中国（东亚）第四纪地

参会代表发言

层（尤其是早于80万年前的早期人类遗址剖面）定年主要依赖于磁性地层学。

　　王树芝回顾了树木年轮分析的历史，阐述了树轮年代学的概念，定年的基本原理，样品的采集、加工、定年、测量，年表的建立和气候的重建。树轮年代学是目前考古学研究中最精确的考古测年方法，可以精确到年，甚至到季节，能为考古学文化的研究提供精确的年代标尺，还可以对^{14}C年代进行校正。树轮还是古代环境的记录器，能为古气候和古环境的重建提供高分辨率的代用资料。柴达木盆地东缘集中分布着祁连圆柏天然林，尚有稀疏的老龄林木，且青藏高原东北部高寒、干燥的气候和祁连圆柏木材坚实、耐腐的材性，使当地历史时期墓葬的椁木和棺木能很好地保存。老龄现生树木和出土古木的存在使柴达木盆地东缘成为祁连圆柏树轮年代学研究的理想区域。王树芝以柴达木盆地东缘考古遗址出土木材的树木年轮分析为例，说明了树木年轮分析在考古中的应用：利用古木建立长序列的年轮年表；利用精确定年的树木年轮年表确定墓葬年代并结合考古出土文物对青海考古学文化进行研究；从树轮里提取气候信息，分析气候对古代文化的影响。

　　许晨曦介绍了树木年轮在考古学中的应用。树木年轮作为年代学和气候环境变化指标具有定年准确、分布范围广、分辨率高、连续性好的特征，因此可以用于考古学研究。主要有三方面的应用：①年代学：树轮年代学的基础是交叉定年，其原理在于树木的生长受到某些气候要素的限制和影响，适宜的和不适宜的气候会导致树木年轮有宽窄变化。同一地区或邻近地区的树木具有相对一致的年轮宽窄变化模式，通过对比考古样本树轮的宽窄变化与区域标准年表的变化，确定考古样品的年代。该方法的定年结果可以精确到年，但需要时间跨度较长的区域树轮标准年表。②古气候环境重建：利用树轮的宽度、密度和碳氧同位素的变化，可重建季节尺度、年际－千年尺度的温度、降水、干旱等变化，为研究气候变化与人类活动的关系提供古气候证据。③考古木材的溯源研究：不同地区树木宽窄、密度和同位素的变化具有区域特征，通过对比将考古样品的不同指标与同时期的不同区域的树轮指标进行对比，可以判断考古树木样品的来源，为研究人类利用资源的方式提供证据。

弋双文对秦岭地区多个遗址点的黄土地层，开展了石英SAR-OSL、TT-OSL和钾长石pIRIR290等多种释光测年技术的对比测试和分析。结果显示，石英SAR-OSL信号非常强，呈快速衰减趋势，适合于释光测年研究，但其通常局限于4万年（200 Gy）以内。石英TT-OSL的信号尽管总体上较弱，仍呈明显的衰减趋势，并具有较高的测试上限（在900 Gy时信号仍未达到饱和）；钾长石pIRIR290的信号总体上较强，至少在700 Gy内可获得较好的剂量恢复结果，表明其可应用于最近20万年以来遗址点的测年。不同测年结果综合对比研究表明，在一定的范围内石英SAR-OSL、TT-OSL和钾长石pIRIR290具有较好的可比性，由此最终获得了具有多种释光测年结果交叉检验的遗址点较为可靠的年代框架。尽管如此，值得注意的是，同一样品不同粒径（4～11 μm和63～90 μm）的石英SAR-OSL测年结果间也存在明显的差异。同时，部分样品的石英TT-OSL和钾长石pIRIR290测年结果整体上较石英SAR-OSL出现明显的高估，可能与信号的稳定性、剂量残留提取等多种因素有关。因此，在应用这些方法进行黄土旧石器遗址点测年研究时，应对其进行必要的方法学检验。

秦岭就中国考古[14]C年代数据的现状、特征与问题做了报告。随着[14]C测年方法在考古学中的普遍应用，[14]C测年数据积累的数量也日益增长，利用大数据建模技术对[14]C数据进行分析，进而讨论人口规模变化（SPD）的研究项目成为国外考古学年代数据应用中的一个前沿课题。国内目前已有非考古专业的学者进行了尝试，但由于没有对已有材料（测年数据）的质量和代表性预先进行评估，无法获得有效的分析结果。秦岭等人在全面收集整理目前发表的考古[14]C年代数据的基础上，对已有数据的总体状况和基本特征进行归纳，对数据的质量进行评估，并针对数据的不平衡性和不匹配性提出问题。通过已有数据存在问题和潜力的分析，对今后考古学

中的 [14]C 测年工作提出新的要求，对进一步通过年代数据开展人口研究的有效性提出相关建议。

宝文博阐述了 SPD 方法在中国考古学人口研究中的应用。随着考古学研究中测年数据的不断增加，运用大数据方法处理这些数据越来越受到考古学家的重视，而利用考古学研究中累积的大量 [14]C 数据进行人口考古学研究就是最近几年发展起来的一个重要考古学研究领域。在充分收集目前正式公布的考古遗址 [14]C 年代数据的基础上，利用累积概率分布方法（Summed Probability Distribution，SPD）对中国新石器时代到商周的人口规模的变化进行了研究。结果显示新石器时期到商周阶段，人口变化总体呈现波动式增长的趋势。另外，还就 SPD 这种方法的适用条件和局限性进行了探讨。

二、多个遗址的考古年代学研究

韩非介绍了湖北建始龙骨洞遗址化石层年代研究。我国的鄂西－三峡地区已发现密集的古人类化石遗址，是研究早期人类在东亚生存与演化及迁徙的重要区域。其中湖北建始龙骨洞遗址因同时发现了"古爪哇魁人"和巨猿化石以及丰富的哺乳动物化石而备受国内外学者关注。多年来该遗址化石层年代的确定主要基于古地磁和生物地层年代学研究，但对古地磁极性柱对比的解读存在争议。此次，通过电子自旋共振与铀系分析相结合的方法，对出自建始龙骨洞西支洞化石层上部和下部的哺乳动物化石样品进行了年代测定，结果显示两套地层中各自两颗动物化石的年龄均分别具有较好的一致性，其加权平均年龄分别为距今 111.5 万年 ±5.1 万年和距今 158 万年 ±9.6 万年。根据前人对建始龙骨洞遗址东洞与西洞的地层划分与对比，此次获得的化石测年结果更支持施林峰（2006）对龙骨洞东洞的古地磁极性柱对比方案。尽管对建始龙骨洞"古爪哇魁人"化石种属的归类目前还存在一定分歧，但遗址化石层中出土的部分石制品带有明显的人工打制痕迹（Li *et al.*, 2017）。考虑到迄今尚未发现巨猿或其他古猿加工石器的直接证据，建始龙骨洞遗址是目前全球已知的早期人类与巨猿共存的最高纬度记录。

葛俊逸介绍了辽宁金牛山古人类遗址最新光释光和铀系测年研究。东亚中更新世古老型人类如大荔人、金牛山人、华龙洞人、许家窑人和许昌人等，被认为是晚期智人的姊妹群，但具有独立的演化历史，对研究东亚智人属的多样化过程和早期现代人的起源等具有重要意义。但是，迄今对于古老型智人的演化历史及其与其他人种演化上的联系仍不明晰。作为该种群的重要代表，位于我国东北地区的金牛山人一般被认为出现于26万年前后，可能生活于寒冷的冰期环境。但是，亦有学者提出其年代可能存在一定低估。本次研究对辽宁金牛山人地点出土人类化石的7～8层开展了详细的钾长石红外释光和碳酸盐铀系测年。结果表明，金牛山人年代为40万年前后，生活于温暖的间冰期环境。综合已有研究结果，提出东亚古老型智人可能对应于欧洲大陆地区的尼人和海德堡人，但是具有独立的演化历史，并且与东亚直立人及早期现代人具有一定演化上的联系。

孙雪峰介绍了南京大学团队对秦岭地区旧石器时代遗址的测年研究工作。秦岭地区是我国旧石器时代人类定居和演化的中心地带之一，遗址基本保存于黄土堆积中，所处地层成壤作用较强，发育弱黄土-古土壤条带。遗址定年研究主要采用磁性地层学和释光测年方法，同时结合黄土-古土壤地层对比，以及铝铍埋藏测年、U系测年等独立测年方法。自2004年春季以来，南京大学团队在秦岭地区对部分已发现和发掘的重要遗址进行测年研究，至今已经完成了46个遗址的综合定年。应用古地磁定年，在龙岗寺-3遗址发现了Cobb Mountain极性事件（约120万年）；在月亮湖、吴台村等遗址发现了Jaramillo正极性亚时（约100万年）；在关门岩、上白川、吴家沟、庙口等遗址发现了B/M界线（约78万年），获得了良好的古地磁年代约束；应用释光SAR-OSL、TT-OSL、pIRIR$_{290}$多方法测年对比，测得了较多遗址的年代，基本集中在距今25万～3万年；应用黄土-古土壤地层对比法获得了距今78万～25万年多个遗址的年代；应用铝铍埋藏测年获得刘湾、吴家沟等遗址的独立年代；应用U系测年获得柳陂酒厂、长阳人等遗址的年代。根据这些遗址的黄土-古土壤序列和年代框架，该研究构建了人类演化与冰期—间冰期的基本关系，提出气候变化驱动人类以秦岭为中心和"庇护所"南、北迁移的设想，强调了中更新世气候转型（MPT）的驱动作用。这些研究为深入理解秦岭地区旧石器工业脉络、气候变化与人类演化历史提供了重要的地层、年代约束和环境背景。

三、其他相关研究

刘春茹探讨了石英ESR信号特征与受热温度的关系，并展望了其在考古学研究中的前景。石英是沉积物中最常见的一种矿物，常被用于释光和电子自旋共振测年。他们对大同火山群不同深度烘烤层样品的石英Al心和Ti-Li心ESR信号特征进行了对比，结果表明：①在深度80厘米处的温度超过400℃；②烘烤层的石英Al心和Ti-Li心ESR信号的灵敏度发生明显变化，受热温度越高，敏感性越强；③不同烘烤温度下，石英Ti-Li心ESR信号强度与石英Al心ESR信号强度的比值发生明显变化，受热温度越高，比值越大。由于不同烘烤温度下，石英Al心和Ti-Li心ESR信号特征发生明显的变化，与未受热的湖湘沉积物明显不同，具有温度指示意义，有望应用于考古研究中的相关沉积物或含石英文物的受热历史研究。

周亚利报告了浑善达克沙地全新世以来气候变化与人类适应的关系。人类为了生存的需要，通过不同的生产生活方式的转变以及人口的迁移来适应不同地区的自然气候和环境条件，其居住点的分布密度和数量、使用的生产工具等就会因地而异。通过对浑善达克沙地全新世以来的气候变化资料和考古资料综合分析，初步得到沙地全新世以来的气候变化与人类适应的关系：距今8000~4000年，全新世大暖期，此时遗址点数量较少，居住点密度小，生产方式以狩猎为主，耕耕农业发达；距今4000~2000年，气候处于由暖湿向干冷转变的时期，人类对环境的适应能力仍然很弱，沙地除东部的克什克腾旗遗址点数量和居住点密度有所增加外，其他地方人类遗迹显著减少，甚至很多地方没有了人类踪迹，此时主要以畜牧业为主；距今2000年以来，气候干冷，而人类的适应能力大幅增加，

参会代表发言

分组研讨会现场

遗址点数量和密度增多，此时出现农牧交错并行发展。因此，在人类文明的发展过程中，气候影响人类生产生活方式；当人类文明发展到一定程度时，可以小范围影响自然环境。

最后，年代学专业委员会主任吴小红教授做了总结发言，感谢大家的支持，希望作为一个新的专业委员会，大家共同努力，把专业委员会的作用发挥出来，加强交流与合作，共同促进考古年代学研究的发展，为中国的考古事业做出年代学方面的贡献。

执笔：杨颖亮
审核：吴小红

数字考古专业委员会

时　　　间：2021年10月18日下午至19日上午
地　　　点：天鹅城二楼2-5会议室
主　持　人：杨　林　王宁远
线下参会代表：李　刚　刘建国　杨瑞霞　李　哲（天津）张　海
　　　　　　　李　哲（内蒙古）
线上参会代表：何　捷　党安荣　张仲伍　宋　晋　闫丽洁　赵向莉

　　数字考古是在计算机技术支持下，考古学研究中集成运用现代测绘、遥感、三维重建、地理信息系统、虚拟现实、数据库和网络等技术，充分

线下参会代表会场合影

采集并运用调查、勘探、发掘和文献等空间与专题信息进行考古综合分析、研究的理论和技术方法，是信息时代考古学发展的必然趋势。目前数字考古已经贯穿考古研究的全过程，成为考古研究必不可少的技术支撑和分析工具。

2021年10月18日下午至10月19日，来自国内科研院所和高校的14位参会代表通过线下和线上的方式参加了在三门峡召开的第三届中国考古学大会数字考古专业委员会的学术研讨。18日下午及19日上午的主题报告分别由杨林研究馆员和王宁远研究员主持。会上发言的13位代表围绕遥感考古调查、区域数字考古、考古数据分析三个主题，就边疆清代军台设施、长城等遥感考古调查、遥感与GIS技术在区域和大遗址的应用、考古时空数据分析方法和案例等内容做了专题报告，并进行了广泛交流和深入讨论，研讨会最后，数字考古专业委员会主任刘建国研究员进行了学术总结。

一、遥感考古调查与遗址三维测绘研究

遥感技术一直是考古探查的重要手段，其覆盖范围广、无损探测等优势，极大程度上节约了地面田野调查的人力、物力成本，尤其对于一些地域广泛、地理环境恶劣（如西北沙漠地带）的区域，其独特优势更加明显。随着地面和无人机三维数据获取和建模技术的普及，遗址三维信息的记录和应用越来越普及。本次研讨会的专题报告中，遥感考古调查和三维测绘为主题的报告具有一定的代表性，有五位代表结合具体遗址研究做了主题报告。

中国国家博物馆李刚研究馆员以"巴楚牙喀库都克遗址遥感考古调查——兼论清后期巴楚-柯坪戈壁军台的分布与差异"为题，针对遥感在边疆清代军台设施中的应用做了详细介绍。该项研究结合历史文献及多个时期遥感影像对巴楚至柯坪之间的清代后期戈壁军台遗址进行了调查。首先根据全国第三次文物普查资料，结合《新疆图志》等历史资料中相关线索，发现了疑似清代雅哈库图克军台的雅克库都克古道遗址，随后从相关文献记载资料中提取雅哈库图克军台位置信息，利用历史影像目视解译标注军台所在疑似区域，再对疑似区域进行了实地无人机低空摄影数据采集，根据采集数据分别构建了遗址区域数字正射影像（DOM）、数字地表模型（DSM）以及数字平面图，并对遗址区域地理环境进行综合分析，将综合分析结果与历史资料进行对比，最终确认雅克库都克古道遗址即为雅哈库图克军台所在地。参照上述方式，该研究最终确认了史料中五处清代

参会代表发言

后期军台遗址所在地，即雅哈库图克军台、色瓦特军台、车底库勒军台、图木舒克军台、齐兰军台，为新疆军台规制与等级研究提供了新资料。

内蒙古大学蒙古历史学系的李哲副教授做了题为"大兴安岭林下遗址遥感考古初探：发现辽始祖'奇首可汗'墓？"的报告。大兴安岭及周边地区常被认为是我国北方诸民族的发源地，但由于林区的不易抵达性和遮蔽作用，长久以来该地区的考古调查研究一直较为薄弱。随着遥感技术的快速发展，尤其是无人机机载激光雷达技术的成熟，为林下考古研究带来了前所未有的机遇。神山遗址位于大兴安岭南端，处于绰尔河北部的神山（博格达山）顶部，该区域植被茂密、山路难行，给传统考古调查带来了重大难题。本研究通过综合运用高分辨率遥感卫星数据、无人机航空摄影测量技术、无人机激光雷达探测技术，并结合田野调查记录、史料文献等，在地理信息系统的支持下对神山遗址开展了较为详细的遥感调查研究，首次较为全面地展现了遗址群的真容真貌，同时，结合实地调研情况，初步认为该遗址为奇首可汗陵墓所在地，为北方民族的考古研究提供了新材料、新视角，为我国森林地区考古，特别是大兴安岭地区的民族考古调查提供了坚实的技术例证。

中国社会科学院考古研究所刘建国研究员以"聚落考古与人地关系研究"为题，从无人机三维数据获取和建模在聚落考古研究中的应用角度，介绍了通过无人机数据获取与建模对江汉平原早期聚落、赤峰石城地貌环境与遗址选址以及聚落水利设施分析。无人机拍摄与多视角三维重建技术的发展为聚落遗址的三维重建提供了新的机遇。运用无人机拍摄聚落遗址的高重叠度数字影像，可以建立整个遗址的数字三维模型，全面获取聚落遗址空间信息，记录下遗址拍摄瞬间的保存状况。数字三维模型能够生成高分辨率的正射影像图、数字表面模型等成果，研究者在计算机中可以对整个遗址进行观察、分析和模拟，为遗址的结构、布局等研究提供精确的数据模型资料。快速、精确的聚落遗址三维空间数据获取与资料分析，能够为遗址的地形测绘、空间分析、数据存档等提供高精度的数据支持，使快速提取与分析遗址的微地貌特征成为可能。一些无人机拍摄的影像具有空间位置信息，三维重建后导出的正射影像图、数字表面模型等拥有准确的坐标参照数据，能够与其他大范围的地形数据、遥感信息等进行空间叠置等分析，将聚落遗址置入周边环境中进行研究和探讨，解读聚落遗址的形成、发展与演变过程，为区域聚落考古调查、分析和古代人地关系研究探索出新的途径。

郑州市文物考古研究院赵向莉馆员做了题为"基于新型测绘技术的双槐树遗址田野考古绘图研究"的报告。双槐树遗址是一处距今5300年前后的都邑性聚落遗址，为保证其文化遗存资料获取的全面性、准确性、实时性等，文物考古测绘工作者通过无人机航测技术、三维建模和裸眼二三维联动测图技术等新型测绘技术，获取该遗址核心区及周边控制地带地形地貌、勘探遗迹、发掘探方、探沟等航摄影像与控制点数据，建立遗址实景三维模型、正射影像、数字地面模型，编绘遗址大比例尺地形图、考古勘探遗迹分布图、考古发掘遗迹平面图、考古发掘探方剖面图等数字线划图。新型测绘技术不仅具有数据获取简单、省时省力、精度高、全面性强等优势，且在数据处理及后期图形编绘方面具有易操作、工作效率高、准确性强等优势，为田野考古绘图提供了新的技术支持。

山西师范大学地理科学学院的张仲伍教授以"无人机遥感在文物保护中的方法及应用——以内蒙古自治区长城遗址保护为例"为题，重点介绍了无人机遥感技术及多光谱遥感NDVI分析在长城遗址保护中的应用。无人机遥感技术是在低空快速获取分辨率高的空间遥感信息的应用技术，具有高时效、高时空分辨率、高机动性、云下低空飞行和克服云雾干扰等优势；NDVI一般常用于判定植被叶绿素含量的指数，可反映植被长势和营养信息，适用于植被生长状态和植被覆盖度的监测，值越高表明植被覆盖度越高。通过基于无人机遥感技术的三维建模图和NDVI图分析总结长城遗址保护现状、植被覆盖率对于遗址的保护作用和无人机遥感技术在文物保护中的优势作用与劣势作用。通过NDVI分析得出，长城遗址保护现状主要是受到风沙侵蚀的破坏，使得墙体倒塌和被沙子掩埋；植被可以减弱大风对裸露地表的作用，植被覆盖率高的地方可以增加地表粗糙度和降低风速，减少风沙的侵蚀，进而保护长城遗址。无人机遥感技术在文物保护中的优势体现在操作方便、限制条件少，拍摄分辨率高、飞行精度高和对文物进行数字化保护的优势；劣势体现在受天气状况限制和无人机飞行限制，无人机飞行限制主要是电池续航能力不足。无人机遥感技术可以对文物进行数字化处理，建立数字化模型，创新保护手段，展现文物独特魅力。

二、专题和区域数字考古综合研究

浙江省文物考古研究所的王宁远研究员对GIS与RS在浙江考古中的应用作了详细介绍，该研究以浙江省为例，探讨并总结了遥感与GIS技术在浙江考古中的应用历程、应用成果和未来发展方向。收集了覆盖浙江省范围的20世纪30～70年代的历史影像、历史地图、现代影像，部分是二维影像，有些可生成三维立体模型，部分是激光雷达数据，从而形成了丰富的浙江省多源遥感影像数据库。根据影像特性、应用目的和研究需求选择合适的数据分析软件和展示管理软件，对浙江省资料进行整合、处理、分析和应用。经过处理的遥感影像用于考古遗址的前期调查与勘探，为考古发掘提供重要依据。后期结合遗址的性质、年代、位置、面积、顶底标高、文化层厚度等发掘成果形成更加丰富的数据库，该数据库资料可以导入到随身携带的移动客户端，实现实时在线查看所有数据，同时还可在线查看三维立体模型，极大程度上提高了考古调查与勘探的效率。此外，还利用GIS强大的空间分析功能对遗址点进行空间处理和分析，不仅分析遗址相互间的关系，也分析遗址与环境的关系，进而研究人地关系，同时也结合影像数据建立更大范围内的遗址预测模型，已实现在杭州良渚、绍兴宋六陵、台州章安故城等多地区的应用。

中国科学院空天信息创新研究院的杨瑞霞副研究员以"大遗址数字考古实践与思考"为题做了报告。首先对遥感考古、数字环境考古、空间考古、数字考古、大遗址等相关概念进行了梳理，并对数字考古在考古调

参会代表发言

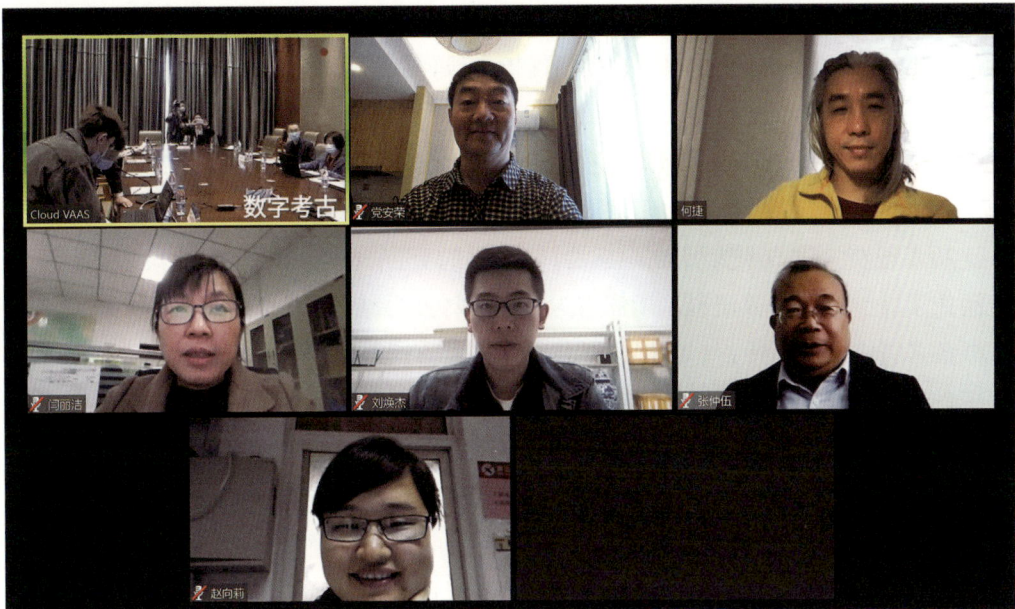

参会代表发言

查、勘探、发掘以及遗址展示与保护、研究等方面的主要作用进行总结。随后，分别以豫东冲积平原沟渠遗迹及平陶城、点军台遗址为例，介绍了遥感考古探测和发现考古遗迹的过程，以郑州商城遗址和开封顺城门遗址为例，介绍了面向对象的大遗址历史档案资料数字化整理的流程，以及考古发掘现场三维数字化记录、建模和信息提取的过程。基于商代墓葬藏地环境解析相关案例介绍了数字环境考古的相关应用。最后，通过分析目前大遗址数字考古的实践，认为在以空间信息技术为核心的数字化技术逐渐融合到考古学科的过程中，跨学科的应用需要解决的关键问题是技术的适用性和应用效果，进而提出未来大遗址数字考古需要关注的几个问题：①基于多技术和多元数据的大遗址综合调查；②大遗址考古发掘的数字化记录与数据管理；③考古历史资料的数字化整理与标准化处理；④大遗址数字化重建与虚拟复原；⑤大遗址考古数据资料的标准化与共享。

哈尔滨工业大学（深圳）建筑学院何捷教授做了题为"中国大陆早期垂直摄影历史遥感影像及其应用"的报告。从19世纪航空摄影出现以来，由于能够追溯大范围遗址景观的第一手影像材料，因而在考古学、文化遗产等研究领域得到了广泛应用。由于军事和测绘制图的要求，特别是从两次世界大战之间开始垂直摄影开始成为更为规范化的信息采集方式。中国大陆地区的大规模系统化垂直摄影航空影像也在这个时间段开始发展，在冷战时期则有更长时间段和更广阔空间范围的数据采集，记录了快速城市化之前的历史环境信息，是非常有价值的考古资料。目前可以系统地公开获取的中国大陆地区垂直摄影历史遥感影像数据集基本源于美国"照相侦察"（photo reconnaissance）体系，数据解密后可从美国国家档案和记录管理局（NARA）和美国地质调查局（USGS）系统查询与获取，按数据时段及数据形式大约可以分为二战末期"中美合作测图"航测影像、美国Corona间谍卫星影像以及U-2间谍飞机影像三个大类，涵盖1944~1945年以及20世纪60~70年代早期到中期的广泛地区。目前在考古学和文化遗产保护领域，除相对易于获取且数据覆盖区域较广的解密Corona间谍卫星影像有部分应用之外，其他数据集由于各种限制而少有问津。本研究对这三个数据集进行介绍，分析其数据来源、覆盖时空区域、影像特点、校正及制图方式等，并通过实际考古调查与遗产保护支撑案例讨论这些数据集的应用，进一步分析未来应用的潜力和适当模式。

天津大学建筑学院李哲研究员以"基于遥感·数字·景观考古学联合方法获得长城体系化新知"为题，对科技手段在长城考古中的应用做了详细介绍。针对长城这种超大尺度文物建筑群体、文化线路遗产，单纯依靠地面踏勘或手工测绘很难在短时间揭示全部遗产资源及其内涵价值，也不能局限于一种先进方法或技术手段，而是在不同的作业阶段综合利用遥感考古、数字考古、景观考古三种科技考古学方法：包括使用基于无人机平台的超低空遥感考古方法采集高分辨率图像与三维数据、发现潜在实物遗存；使用智能化的数字考古手段解决长城全线/全域海量图像与数据资料的分类、检索、对象识别与目标提取难题；再以景观考古学的观察方法揭示长城防御体系各处遗存之间的规划层级、应援关系以及人工遗存与周边地形环境之间的耦合关系。应用上述科技考古手段目前已获得相当数量、各种类型的长城新知，但存在相对繁杂琐碎的问题，本研究将其分门别类进行梳理，以整理出清晰的技术路线和成果体系，服务于长城考古发现、场景还原、文献验证、价值阐释、现状监测等各类工作。

清华大学建筑学院党安荣教授做了题为"长城文化遗产保护的数字孪生研究"的报告。基于长城文化遗产保护与利用的本质特征和长城学理论，首先明确了空间信息技术方法作用于长城文化遗产保护与利用的内涵。并借鉴数字孪生理论与方法，结合新型空间信息技术发展趋势，提出了长城文化遗产保护与利用的新技术方法。该方法以"循证分析"与"科学推演"两部分为关键内容，涵盖长城文化遗产数据采集、模型构建、定量分析、虚拟修复、展示利用等五个方面的技术方法。该方法不仅立足于解决长城文化遗产数字化的表观与外形，更要揭示长城文化遗产的内涵与实质，有助于从根本上实现长城文化遗产体系的有效保护与永续利用。

三、考古数据分析方法和区域分析

北京大学考古文博学院的张海副教授以"蒙特·卡洛方法在考古学研究中的应用"为题做了报告。蒙特·卡洛方法是计算数学中用于随机抽样和统计检验的一种特殊算法，是计算机时代的产物，在当今统计数学、大数据分析中具有独特的作用。蒙特·卡洛方法在定量考古学中也有广泛的应用。考古学研究中应用蒙特·卡洛方法可以方便地依据考古数据自身的分布特征求解概率问题，能够起到其他定量分析方法不易或无法达到的效果。第一，蒙特·卡洛方法支持下的考古学空间分析。以牛河梁遗址的16处地点为例，在GIS视域分析工具的支持下，蒙特·卡洛方法不仅可以帮助解决特殊遗址或地点在视觉景观中的显著性问题，而且可以有效模拟计算视域网络。第二，蒙特·卡洛方法支持下的考古学时间分析。以^{14}C概率总和分布模型SPD为例，引入蒙特·卡洛方法不仅可以帮助解决考古学的时间不确定性问题，而且能够有效提高SPD模型的预测精度和效率。第三，蒙特·卡洛方法支持下的地貌过程分析。以河流地貌演化为例，在GIS水文分析工具的支持下，蒙特·卡洛方法可以模拟河流地貌的不稳定问题，帮助划分河流地貌单元。第四，蒙特·卡洛方法支持下的时空过程分析。近来，德国考古学家通过对5000余件近东、印度等地的史前量器的测量计算，应用蒙特·卡洛模拟了各地早期市场贸易的情况，得出早期市场产生的自发性特征的结论。认为在现代计算手段的支持下，蒙特·卡洛方法在考古学的定量分析中具有非常广阔的应用前景。

天津大学建筑学院的博士研究生刘焕杰以"宏观视角下史前聚落与水

参会代表发言

系时空关系研究——以内蒙古赤峰市敖汉旗地区红山、夏家店下层和夏家店上层文化为例"为题做了报告，利用GIS水文与空间分析方法，从宏观视角按照红山文化、夏家店下层文化、夏家店上层文化三个时期对敖汉旗地区聚落时空分布与水系的水平、垂直距离和级别进行研究。结果表明两者之间关系紧密，但整体来看聚落对水系的依存关系逐渐降低：①随全新世大暖期气候波动、河流水量和农业在经济生活中作用的变化，聚落与水系的水平距离不降反升，由100米以内逐渐增大到300～500米；②生业经济的转变和防御、祭祀等特殊需要，导致聚落与水系的垂直距离由10～30米逐渐减小为10米之内，并在此过程中呈现出"一高一低"的两极分化现象；③受聚落形态与社会组织结构影响，对水系的利用由无意识、被动逐渐转为有意识、主动，各时期除在1级水系附近分布聚落最多外，其他各级水系的分布情况存在差异，与不同级别水系呈现"分散-集中-松散"的整体关系。研究为史前聚落人地关系、古环境与生业、社会复杂化发展等问题提供了新的解释。

河南省科学院地理研究所闫丽洁助理研究员分享了基于地貌形态的河南地区新石器至夏商时期聚落规模等级演变研究。该研究根据河南省地貌区划将河南地区分为三门峡-洛阳黄土丘陵区、太行山山地丘陵区、桐柏大别山山地丘陵区、嵩山-熊尔山-伏牛山山地区、黄河冲积平原、淮河冲积平原六大区，以河南地区新石器时期至夏商时期4095处聚落（包括裴李岗时期186处，仰韶时期979处，龙山时期1710处，夏商时期1220处）为对象，通过选取遗址面积、遗址文化层厚度、有无城垣、有无壕沟、其他重要遗迹遗物等要素，采用聚类分析方法，对区域内新石器时期至夏商时期聚落规模等级在六大地貌区划中进行划分。以GIS空间分析方法分析不同地貌分区中的聚落规模等级演变过程，采用GIS空间统计分析方法，分析不同规模等级聚落间的数量、密度、遗址域的分异。认为：①区域内不同地貌分区聚落规模等级差异较大。②随时代演进其最高等级聚落的面积越来越大，其数量在同期聚落中占比却越来越小。③各时代的聚落数量有明显的等级分布特点，具有金字塔形层级结构，规模等级最高的聚落相当于塔尖，规模等级为中级的聚落相当于塔身，规模等级最低、数量最多的小型聚落相当于塔底。通过对河南地区聚落规模等级划分研究，为社会分化、聚落形态演化、文化迁移等重要领域的研究工作提供依据与帮助。

讨论阶段，各位代表纷纷发言。中国国家博物馆杨林研究馆员提出要充分发挥专业委员会的作用，吸纳更多从事数字考古相关领域的专家和青年学者加入进来，促进数字考古领域的深化研究和应用普及。多位代表

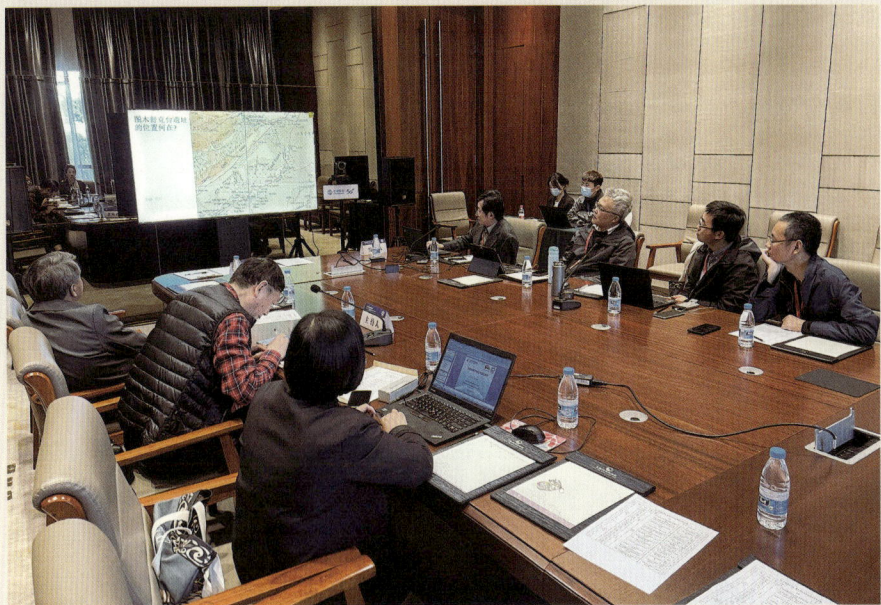

分组研讨会现场

发言认为目前数字考古中，GIS是整合考古海量信息的重要工具，考古遗址的时空关系表达也非常重要，多维度数据采集技术普及和数据分析有待加强，建立中国考古数据管理标准和遥感历史影像数据库很有必要。研讨会最后，专业委员会主任刘建国研究员对各位代表的报告进行了点评和总结，尤其对青年数字考古学者的研究进行了充分肯定和鼓励，提出今后数字考古专业委员会将进一步增强沟通和交流，深化研究和应用，为建设中国特色、中国风格、中国气派的考古学提供数字考古理论方法和技术支撑。

执笔：杨瑞霞
审核：刘建国